herausgegeben von
DR. ALFRED BLUMENTHAL
DR. WILHELM OSTERMANN

PAUL HEIMANN
GUNTER OTTO
WOLFGANG SCHULZ

1/2 Unterricht

ANALYSE UND PLANUNG

W0061617

HERMANN SCHROEDEL VERLAG KG

Hannover · Dortmund · Darmstadt · Berlin

10. unveränderte Auflage 1979

© Hermann Schroedel Verlag KG, Hannover, 1965
Herstellung C.W. Niemeyer, Hameln (Weser)
ISBN 3-507-**36310**-0

INHALTSANGABE

ZUR EINFÜHRUNG

Die weit verbreitete Reihe A der „Auswahl" – mit bisher sechs Heften – enthält ausschließlich pädagogische Aufsätze, die erstmalig in der Zeitschrift „Die Deutsche Schule" veröffentlicht wurden. Sie hatten sich für die Entwicklung unseres Schulwesens als so bedeutsam erwiesen, daß es notwendig wurde, sie nach Themen zu ordnen und für die Lehrerbildung und -fortbildung zur Verfügung zu stellen.

Diese neue Reihe B enthält dagegen pädagogische Abhandlungen, die bisher an keiner anderen Stelle veröffentlicht wurden. Sie wird dadurch deutlich gekennzeichnet, daß in ihren Heften aktuelle Probleme des Unterrichts und auch der Schulorganisation behandelt werden, und zwar in einer Weise, die erkennen läßt, daß es dabei nicht allein um die theoretische Erörterung dieser Probleme geht; ihre Lösungen sollen vielmehr an eindrucksvollen Beispielen oder – noch besser – an überzeugenden Grundmodellen des Unterrichts und seiner Organisation aufgezeigt werden.

Nur dann kann erwartet werden, daß der Lehrer grundlegende Erkenntnisse und neue Anregungen übernimmt und daß sie in seinem Unterricht wirksam werden.

Beide Reihen – und damit dürfte ihre Verbindung unter dem Titel „Auswahl" gerechtfertigt sein – bieten Arbeitsgrundlagen an für pädagogische Arbeitsgemeinschaften, für Studienseminare, für die Übungen der Pädagogischen Hochschulen und nicht zuletzt für die Lehrerkonferenzen.

Es wird sich in dieser Reihe B – das ergibt sich aus unserer pädagogischen Situation – hauptsächlich um die Erörterung und Klärung didaktischer Probleme handeln.

Die Didaktik wird offensichtlich noch lange im Mittelpunkt pädagogischer Überlegungen und Untersuchungen stehen. Ihr gegenwärtiger Stand bietet ein recht vorläufiges und unklares Bild. Bis heute hat sich hier nicht einmal ein tragfähiger Konsensus über Gegenstand und Methode herausgebildet. Das gilt sowohl für die Terminologie, in der wir sprechen, als auch für die Methoden, mit denen wir arbeiten, und erst recht für die vorläufigen Lösungen.

Sowohl Ziel und Zweck dieser Reihe als auch die Art, pädagogische Fragen aufzugreifen, zu untersuchen und zu beantworten, werden eindeutig und unmißverständlich an diesem ersten Band aufgezeigt.

Ein Arbeitskreis Berliner Pädagogen, der sich seit langem zielstrebig und erfolgreich bemüht, einen wirksamen Beitrag zur Entwicklung einer didaktischen Theorie in lehr- und anwendbarer Form zu leisten, legt in diesem Band seine Ergebnisse vor. Sie erstrecken sich auf die theoretische Grundlegung, ihre Auswirkung im Unterricht, aufgezeigt an 10 Beispielen aus verschiedenen Fächern, und auf ein Modell praxisgerichteter theoretischer Ausbildung — das Didaktikum.

Die Herausgeber

Juni 1965

PAUL HEIMANN

Didaktik 1965

Analyse und *Planung* von Unterricht setzen eine intakte *didaktische Theorie* voraus. Nun ist im deutschen Bildungsraum an vielfältigsten theoretischen Ansätzen kein Mangel. Die Frage ist nur, ob diese Ansätze in ihrer derzeitigen formalen Beschaffenheit noch in der Lage sind, die unterrichtlichen Probleme von 1965 wissenschaftlich klären und praktisch lösen zu können. Denn seit den bedeutsamen, der Didaktik gewidmeten Hochschultagen des Arbeitskreises der Pädagogischen Hochschulen in Tübingen (1959) und Trier (1962) sind innerhalb dieses Bereiches überraschende Veränderungen eingetreten, die uns erneut zu einer Revision unseres didaktischen Denkens zwingen.

I

Bemerkenswerterweise sind es nicht schul- und unterrichtsimmanente Anlässe gewesen, die das *pädagogische Feld* in eine *plötzliche Unruhe* versetzt haben, sondern die allseits bekannten technischen, wissenschaftlichen, politischen, gesellschaftlichen und kulturellen Entwicklungen der letzten Jahrzehnte, in deren Sog erst jetzt und mit Abstand *Bildung, Schule* und *Unterricht* in der ganzen Welt geraten sind, so daß z. B. der überall deklarierte „Bildungsnotstand" verständlicherweise mehr als politisches und ökonomisches denn als pädagogisches Problem diskutiert wird. Nichtsdestoweniger werden es schließlich doch *schulorganisatorische* und *didaktisch-methodische Veränderungen* sein, die als Antwort auf jene außerschulische Bewegung den künftigen Stil unserer Bildungsarbeit weitgehend modifizieren werden.

Organisatorische Veränderungen sowie inhaltliche und methodische Neuordnungen dieser Art sind allerorts bereits im Gange. Sie werden sichtbar in den letzten konkretisierenden Gutachten des Deutschen Ausschusses, in behördlichen Denkschriften zur inneren Schulreform, in wichtigen Beschlüssen der Kultusminister-Konferenz z. B. zur Umgestaltung der Oberstufe des Gymnasiums, für das sogar eine neue Fachgruppierung in Gestalt der Gemeinschaftskunde geschaffen wurde.

Die eigentlich schockierende Wirkung geht jedoch von dem plötzlichen Auftreten ganz neuartiger Konzeptionen des Lehr- und Lerngeschehens aus, die ihr Entstehen auf der einen Seite bestimmten *technischen Fortentwicklungen* (Fernsehen, Lehrautomaten, Rechengeräten) auf der anderen Seite der Entfaltung *neuer Wissenschaftszweige* (lerntheoretische Forschung, Kybernetik, Informationspsychologie) verdanken und die, wenn sie didaktisch realisierbar wären, eine Revolution unseres traditionellen Unterrichtsbetriebes zur Folge hätten.

Es sind vor allem *drei Innovationen* dieser Art, die in der Unterrichtspraxis und -theorie der letzten Jahre eine Rolle zu spielen begonnen
haben:

1. das Modell der *Unterrichtsprogrammierung*, das auf lerntheoretische
Forschungsergebnisse in den USA zurückgeht und einen grundsätzlichen
Methodenwechsel impliziert, der auch weitgehende strukturelle Verände-
rungen der Schulorganisation im Gefolge haben würde,

2. die Integration des *Fernsehens* in die Bildungsarbeit der Schule, für die
es bereits sehr unterschiedliche Modelle in vielen Ländern der Welt gibt
und die vor allem in der Gestalt der schulinternen Fernsehsysteme zu
einer neuartigen Rollenverteilung innerhalb des Lehrbetriebes und zu
einer unerwarteten Renaissance rein darbietender Lehrformen führen
würde,

3. das Eindringen *kybernetischer* und *informationstheoretischer* Betrachtungsweisen in die Pädagogik, die uns den Lehr- und Lernprozeß als
didaktische Variante eines Regelkreises verstehen lehren, welcher seinen
Schwerpunkt in der Informationsaufnahme, -verarbeitung und -speiche-
rung besitzt und die mit einem mathematisch definierten Informations-
begriff arbeiten.

In den Verhandlungen der Nürtinger Symposien (1963/64) und der Berliner Konferenz über programmierten Unterricht und Lehrmaschinen
(1963) findet man in etwa angedeutet, welche Perspektiven sich aus der
Existenz solcher Konzeptionen für die didaktische Theorie und Praxis
ergeben. Dabei geht es nicht einmal so sehr um die Assimilation dieser
neuen didaktischen Modelle, sondern vielmehr noch um die in ihrer Folge
zu erwartenden Veränderungen der gesamten Unterrichtsorganisation
und ihres bisherigen Methodenpotentials, das davon mitbetroffen wäre.
In einer solchen Situation einen *unterrichtstheoretischen Neuentwurf* vor-
zulegen ist ein ausgesprochenes Risiko. Die in diesem Buche zu Worte
kommenden Erziehungswissenschaftler, Schulpädagogen und Fachdidak-
tiker wagen es trotzdem, nicht weil sie den Anspruch erheben, mit ihren
theoretischen Überlegungen und Methoden alle jetzt auf uns zukommenden Probleme lösen zu können, wohl aber in dem Bewußtsein, daß die
hier vertretene Art der didaktischen Theorie- und Begriffsbildung der in
Bewegung geratenen didaktischen Gesamtsituation von heute angemesse-
ner zu sein scheint als die einiger anderer Systeme.

II

Die auf den folgenden Seiten abgehandelte und an Unterrichtsbeispielen
konkretisierte didaktische Konzeption geht in ihren Anfängen zurück auf
das im Jahre 1960 an der Pädagogischen Hochschule Berlin eingerichtete
„Didaktikum", das als Stätte der schulpraktischen Ausbildung eine zen-

trale Funktion für die Integration aller Studiendisziplinen übernehmen und das permanente Zusammenwirken von Theorie und Praxis experimentell verwirklichen sollte. Die erste literarische Fixierung dieser neuen Konzeption erfolgte 1962 im September-Heft der Deutschen Schule (Didaktik in Theorie und Praxis), die zweite 1963 in den Didaktischen Informationen (4/5) des Berliner Arbeitskreises Didaktik unter dem Titel „Zur Unterrichtsplanung". Die hier vorgelegte Fassung stellt eine um die Erfahrungen eines halben Jahrzehnts bereicherte Weiterentwicklung der Anfangskonzeption dar. Sie läßt sich in ihrem theoretischen Ansatz durch folgende Merkmale näher charakterisieren.

1. Es handelt sich um die *Theorie einer Gruppe* und nicht die eines einzelnen. Der Zusammenarbeit von Erziehungswissenschaftlern, Schulpädagogen und Fachdidaktikern scheint es gelungen zu sein, fachspezifische Aspekte so zu integrieren, daß die gemeinhin auftretende Diskrepanz zwischen allgemeindidaktischer und fachdidaktischer Argumentation schon im theoretischen Ansatz überwunden werden konnte.

2. Die Didaktik wird hier als *Theorie des Unterrichts* verstanden, der Unterricht als Ort, wo die ungelösten Fragen der didaktischen Gesamtsituation als konkret zu lösende Lehr- und Lernprobleme auftreten. Einer solchen Theorie kommt es zu, alle im Unterricht auftretenden Erscheinungen unter wissenschaftliche Kontrolle zu bringen. Dabei ist grundsätzlich die Totalerfassung aller im Unterrichtsgeschehen wirksamen Faktoren angestrebt. In der konkreten Analyse und Planung kann dieses theoretische Modell immer nur approximiert werden. Die Begriffsbildung orientiert sich weniger an einer bildungstheoretischen als an einer schlichten lerntheoretischen Auffassung von Unterricht.

3. Der *Unterricht* wird grundsätzlich *als Prozeß* und als ein Vorgang von größter „Faktorenkomplexion" (Winnefeld) angesehen. Das adäquate theoretische Verhalten besteht demzufolge in einer vieldimensionalen Reflexion über alle Phasen seines wirklichen Verlaufes. Dadurch nimmt die Theorie den Charakter grundsätzlicher Unabschließbarkeit an, weil jeder konkrete Unterrichtsvorgang als ein unwiederholbarer Prozeß von einmaliger Faktorenkomplexion aufgefaßt wird, dem auf der theoretischen Ebene ein individuelles theoretisches Äquivalent entspricht, das von Fall zu Fall aus dem bereitstehenden Begriffsmaterial der Theorie zu bilden ist.

4. Innerhalb einer pluralistisch organisierten Gesellschaft kann eine solche Theorie nur als ein *offenes*, nicht aber als normatives, programmatisch und inhaltlich festgelegtes System mit konkreter Anweisungsfunktion entwickelt werden. Das System ist vielmehr so zu organisieren, daß es eine wertfreie theoretische Betrachtung von Unterricht auf kategorial-analytischer Grundlage ermöglicht.

5. In der Kategorial-Analyse erweist sich Unterricht als ein bestimmt strukturiertes (Inter-)Aktionsfeld, in dem eindeutig zu benennende *Entscheidungen* zu fällen sind: für bestimmte Unterrichtsziele, Inhalte, Verfahren und Medien. Die Entscheidung selbst ist ein Akt der Freiheit, der den theoretischen Bereich transzendiert. Sache der Theorie ist es allein, die *Bedingungen* von Unterrichtsentscheidungen zu klären und die an ihnen beteiligten *Real- und Idealfaktoren* zu ermitteln und so im Wege der Rückkoppelung die jeweilige (kollektive oder Einzel-) Entscheidung zu modifizieren oder gar zu korrigieren. *Engagement* und *Reflexion* sind innerhalb eines solchen Systems strikt zu unterscheiden, obwohl sie streng aufeinander bezogen sind.

6. Unterrichtliche Entscheidungen sind bis zur Grenze der Möglichkeit an *Fakten, Realsituationen* und *wissenschaftlichen Erkenntnissen* (lerntheoretischen, entwicklungspsychologischen, soziologischen und kulturanthropologischen) zu kontrollieren. Die Vielseitigkeit der Argumentation ist grundsätzlich der jeweiligen Faktoren-Komplexion einer didaktischen Situation proportional zu halten. Das wissenschaftliche Argument reicht von der erziehungsphilosophischen Begründung bis zur empirisch-statistischen Beweisführung. Was empirisch entscheidbar ist, sollte auf diese Weise entschieden werden. Hypothesenbildung und Experiment sind als legitime Methoden zur Klärung vieler offener Fragen auch im didaktischen Bereich zu betrachten. Der potentielle Methoden-Umfang der Unterrichtsforschung entspricht im übrigen der Faktorenkomplexion des Unterrichtsprozesses. Er umfaßt beschreibende und erklärende, hermeneutische und phänomenologische, empirische und statistische bis hin zu den mathematischen Meßverfahren der Kybernetik, von der Methodenvielfalt der in Anspruch genommenen Hilfswissenschaften ganz zu schweigen.

7. Das Studium einer solchen Theorie besteht nicht so sehr in der verbalen Aneignung ihres Begriffssystems als in einem intensiven didaktischen Exerzitium, in dem die Bildung eines wachen *Struktur-, Methoden-* und *Problembewußtseins* anzustreben ist, das anläßlich fälliger didaktischer Entscheidungen operativ werden soll. Der dauernde Begründungsdruck in Entscheidungssituationen wird als Motor für die Entfaltung und Differenzierung des theoretischen Bewußtseins angesehen.

Die Dauerkonfrontation mit gesellschaftlichen *Normen,* anthropologischen und sozialkulturellen *Fakten,* fachwissenschaftlichen *Inhalten* und bereitstehenden didaktischen *Formen* dürfte
den Willen zur *Normenkritik,*
die Fähigkeit zur *Faktenbeurteilung*
und die Anbahnung eines didaktischen *Formenverständnisses* begünstigen.

Es handelt sich im ganzen bei diesem theoretischen Entwurf um eine Didaktik der geistigen Wachheit und ständigen Reflexionsbereitschaft, die ein vitales Engagement voraussetzt.

III

Die hier kurz charakterisierte Gestalt einer neuen unterrichtstheoretischen Konzeption wird im weiteren in drei Teilen abgehandelt:

1. Im ersten Teil entwickelt Wolfgang S c h u l z in einem theoretisch-analytischen Beitrag das *Begriffssystem* des theoretischen Ansatzes, das die im Unterricht auftretenden *Strukturen, Probleme* und *Faktorengruppen* abzubilden versucht und entwirft im Anschluß daran das *Modell* einer *Unterrichtsplanung,* die sich dieses Begriffssystems in konstruktiver Absicht bedient.

2. Im zweiten Teil legen *acht Autoren* zehn verschiedene *Unterrichtsentwürfe* vor, deren Spannweite vom 4. bis zum 10. Schuljahr von der Grundschule bis zur Mittelschule (Realschule, OTZ), vom Chemie- und Französisch-Unterricht bis zur Kunsterziehung reicht. Diese inhaltliche wie altersmäßige Differenzierung demonstriert in etwa die Anwendbarkeit des verwendeten theoretischen Betrachtungsmodells für Unterricht überhaupt. Die einzelnen Entwürfe sind also nicht als Rezepturen zu verstehen, die nachzuahmen wären, sondern als sorgfältig durchgearbeitete *Konkretisierungen* eines gemeinsamen unterrichtstheoretischen Grundmodells. Die in den Entwürfen enthaltenen grundsätzlichen Darstellungen und die eingehenden Begründungen einzelner Entwurfsdetails gehen aus diesem Grunde bewußt über den Rahmen dessen hinaus, was bei jeder normalen Unterrichtsvorbereitung aktualisiert und erwartet werden kann.

Alle Konzepte gehen davon aus, daß eine Einzelstunde nur im Rahmen einer größeren Unterrichtseinheit geplant werden kann. Deshalb ist allen eine Strukturskizze der Unterrichtseinheit vorangestellt.

Außerdem haben alle Autoren einer *dreifachen Forderung* nachzukommen versucht:

1. alle den Unterricht konstituierenden Momente als im Verhältnis *wechselseitiger Abhängigkeit* stehend zu behandeln (Prinzip der *Interdependenz*),

2. wegen der prinzipiellen Unvorhersehbarkeit von Schülerreaktionen in der Planung mehrere *Verlaufsmöglichkeiten* vorzusehen (Prinzip der *Variabilität*),

3. den Plan so zu gestalten, daß das Maß seiner Erfüllung *überprüft* werden kann (Prinzip der *Kontrollierbarkeit*).

Der Versuch, einen neuen Ansatz didaktischer Theorienbildung dauernd auf seine Tragfähigkeit hin zu prüfen, führt an manchen Stellen zu einer gewissen Umständlichkeit in der Sicherung des Selbstverständnisses.

Diese Umständlichkeit dürfte auf das gegenwärtige Stadium der Neuorientierung unseres didaktischen Denkens zurückzuführen sein.

Durch dieses Stadium wird nach unserer Überzeugung jeder gehen müssen, der morgen noch guten Gewissens Unterricht erteilen will.

3. Im dritten Teil entwerfen Gunter O t t o und Ursula S c h i e b e l den *Grundriß eines Studienganges,* der den Studenten durch ein „Didaktikum" führt, in dem er mit allen theoretischen Aspekten und praktischen Konsequenzen dieser neuen Unterrichtskonzeption konfrontiert wird, die logischerweise auch einen angemessenen Ausbildungsstil impliziert. Dabei wird noch einmal in grundlegender Form das Verhältnis der Didaktik zu den Grundwissenschaften und Fachwissenschaften sowie der fachlichen, speziellen oder besonderen Didaktik zur Allgemeinen Didaktik erörtert. Ein besonderer Hinweis wird gegeben, wie sich die Erfahrung des Studenten während des theoretisch-praktischen Ausbildungsganges als Dokumentation in einer selbst geführten didaktischen Akte niederschlägt.

Wir übergeben diese vorläufig letzte literarische Fassung einer in langen Jahren praktischer Erprobung erarbeiteten unterrichtstheoretischen Konzeption der Öffentlichkeit in der Erwartung, auf Kritik, Widerspruch und gelegentliche Zustimmung zu stoßen, die wir zum Anlaß nehmen möchten, das System weiter zu differenzieren und, wo es angebracht erscheint, zu korrigieren und zu verbessern.

NACHWORT 1972

Der hier wieder neu aufgelegte Band „Unterricht – Analyse und Planung" ist in seinen Grundzügen vor rund 10 Jahren konzipiert worden. Er hat Beachtung gefunden und wird weiterhin diskutiert. Für die neue Auflage entstand die Frage, welche Revisionen möglich und notwendig sind. Wir haben uns entschlossen, den Text nicht zu verändern. Die „Vorgeschichte" der heutigen Diskussionslage, die Wurzeln gegenwärtigen Fragens und erste vorläufige Antworten werden und bleiben auf diese Art sichtbar. Wolfgang Schulz wird sein revidiertes didaktisches Konzept als Ganzes ohnehin in Kürze vorlegen.

G. Otto – W. Schulz

HINWEIS 1975

Die Diskussion um „Unterricht – Analyse und Planung" hält an. Unsere eigenen Versuche zielen auf neue Akzentuierungen und weitere Differenzierungen. Deswegen soll der Ausgangspunkt unverändert sichtbar bleiben.

Gunter Otto – Wolfgang Schulz

WOLFGANG SCHULZ

Unterricht – Analyse und Planung

A

1. Die Praxis braucht Theorie

Es ist nicht die Fremdartigkeit seines Wirkungsbereiches, die dem Studenten oder Junglehrer Schwierigkeiten bereitet, wenn er sich eine Theorie des Unterrichts erarbeiten soll. Schließlich hat jeder, der Unterricht geben soll oder zu geben begonnen hat, in der Regel selbst Unterricht gehabt. Im Gegenteil, von der dreizehnjährigen Schulzeit sind eine Fülle vertrauter Bilder in ihm zurückgeblieben. Er sieht die unterschiedlichsten Lehrkräfte und Mitschüler in verschiedenen Schularten vor sich, in mehr als einem Dutzend Fächern; die Komplexität dieser Erfahrungen scheint sich dem ordnenden Zugriff von der Sache her zu entziehen.

Zugleich wird ihm bewußt, daß er die Komplexität des Unterrichts nur ausschnittweise erinnert. Er hatte ja unter einer Zielspannung gestanden, als er Schüler gewesen war: Er hatte durchkommen müssen; mit Lehrern, Mitschülern und Lehrgebieten hatte er sich so zu arrangieren, daß ihm die erfolgreiche Angleichung bescheinigt werden konnte. Als Lehrer steht er nun unter einer anderen Zielspannung; er hat seine Rolle gewechselt, d. h. „die Gesamtheit der Verhaltensweisen, die von einem Individuum in einer bestimmten Position in einer Gruppe erwartet wird"[1]. Wieder wird er genötigt, die „Komplexität" und die „teleologische Struktur" des Unterrichts, von der Friedrich W i n n e f e l d spricht[2], parteiisch zu sehen, unter dem Gesichtspunkt des persönlichen Durchkommens, diesmal, indem er den Erwartungen von Schülerschaft, Kollegium, Eltern und Vorgesetzten an die Lehrerrolle in der Gesamtheit seiner Verhaltensweisen zu entsprechen sucht.

Wie aber, wenn es zur Lehrerrolle hic et nunc, zur gesellschaftlichen Erwartung an den modernen Lehrer gehören sollte, daß er zur unvoreingenommenen Beobachtung des Unterrichtsgeschehens fähig ist, zur Verarbeitung dieser Beobachtung zu einer *Theorie*, zu einem System widerspruchsfreier Aussagen, das durch intersubjektiv verfügbare Fakten verifiziert oder falsifiziert werden könnte? Diese Arbeit geht versuchsweise von der Annahme aus, daß zumindest der Lehrer an öffentlichen Schulen einer wissenschaftlichen Theorie des Unterrichts bedarf, um seinen Unterricht zureichend zu begründen, und daß er seinen Unterricht dazu benutzen muß, seine Unterrichtstheorie laufend zu überprüfen, damit die wechselseitige Korrektur von Praxis und Theorie ihn davor bewahrt, diesen

---

[1] Eugene L. Hartley und Ruth Hartley: Die Grundlagen der Sozialpsychologie; Berlin 1955, S. 341.
[2] Friedrich Winnefeld u. a.: Pädagogischer Kontakt und pädagogisches Feld; München-Basel 1957, bes. S. 34 ff und S. 32 ff.

Unterricht der Laune des Augenblicks oder dem Zwang der Gewohnheit zu unterwerfen, unkontrollierten Wünschen und erfolgsarmen Verfahrensweisen. Anknüpfend an den Aufsatz „Didaktik als Theorie und Lehre" von Paul H e i m a n n [3], wird hier vorzugsweise dem Studenten und Junglehrer ein Weg zur Erarbeitung einer solchen Theorie vorgeschlagen.

2. Unterrichtshandwerk, Unterrichtstechnik, Unterrichtskunst, Unterrichtswissenschaft

Das hier vertretene Ziel der Lehrerausbildung, ein theoretisch kontrolliertes Praktizieren, trifft in der Ausbildungswirklichkeit auf konkurrierende Auffassungen, die sich vielleicht am besten dadurch charakterisieren lassen, daß sie Unterrichten vorzugsweise als eine Art Handwerk lehren wollen, als Technik oder als Kunst. Ein am Handwerk orientiertes Ausbildungsmodell läßt sich überall da vermuten, wo man Unterrichten durch Nachahmen des Meisterlehrers erlernen will, indem man ihn beobachtet, eigene Versuche in seinem Geist unternimmt und die Erfahrungsregeln hochhält, die ihm seine Erfahrungen nahegelegt haben. Es liegt kein Grund vor, die prägende Kraft eines solchen Vorbildes gering zu schätzen: Wie der Mentor z. B. seine Schüler anspricht, wie er etwa diktiert, wie er einen übersichtlichen Tafelanschrieb entstehen läßt — man spürt an Kleinigkeiten, wie er sein Handwerk versteht. — Von unterrichtstechnischem Denken wird man vor allem da sprechen, wo aus vorausgesetzten Grundauffassungen Verhaltensregeln deduziert werden: für den Einsatz von Unterrichtsmitteln beispielsweise, für die Einteilung der Klasse in Gruppen, für die Ermittlung des Wertmaßstabes bei einer Klassenarbeit. — Wer den Unterricht vor allem als Kunst ansieht, wird über handwerkliche Tradition und folgerichtige Anwendung von Grundsätzen die Originalität, den Einfallsreichtum und den geschmackssicheren Vollendungswillen der Lehrerpersönlichkeit stellen, wie sie etwa ein Lehrer zeigt, der die Entdeckung Amerikas zu einem geistigen Abenteuer für seine Schüler werden läßt, indem er von der Weltsicht ausgeht, die vor Kolumbus' Fahrt die Menschen beherrschte, und in einen Handlungsablauf zurückverwandelt, was als Ergebnis uns Späteren allzu selbstverständlich geworden ist.[4]

Die Rede vom Unterrichtshandwerk, von der Unterrichtstechnik, von Unterrichtskunst braucht eines literarischen Rückhalts nicht zu entbehren. Karl Heinz S c h w a g e r [5] hat in seiner Besprechung der verbreitetsten Allgemeinen Unterrichtslehren, der Arbeiten von Hans Wildekilde J a n - n a s c h und Gerhard J o p p i c h [6], von Franz H u b e r [7] und Karl

---

[3] Paul Heimann: Didaktik als Theorie und Lehre; Ztschr. Die deutsche Schule, Heft 9/1962.
[4] Vgl. „Die Präparation"; Ztschr. Westermanns pädagogische Beiträge, Heft 2/1958.
[5] Karl Heinz Schwager: Allgemeine Unterrichtslehren; Ztschr. für Pädagogik, 8. Jg. (1962), Heft 4, S. 420—428.
[6] Hans Wildekilde Jannasch: Unterrichtspraxis in der Volksschule; neubearb. v. Gerhard Joppich. 4. Aufl., Hannover 1959.
[7] Franz Huber: Allgemeine Unterrichtslehre; 6. erw. Aufl., Bad Heilbrunn 1959.

S t ö c k e r [8], herausgearbeitet, daß sie Erfahrungswissen und von Wesensbestimmungen abgeleitete Regeln mit Ansätzen wissenschaftlicher Theorienbildung vereinen. Einige Einführungen in das Unterrichten betonen außerwissenschaftliche Ansätze so, daß sie dies in ihrem Titel zum Ausdruck bringen: „Unterrichten – aber wie?"[9], „Unterrichtstechnik"[10], „Die Kunst der rechten Vorbereitung"[11]. Zahlreiche Fachzeitschriften für den Praktiker, von denen die wirksamsten im Norden der BRD „Westermanns Pädagogische Beiträge" sein dürften, im Süden „Unsere Volksschule", räumen Berichten und Vorschlägen von Meisterlehrern breiten Raum ein. Man kann aus ihnen manches Verantwortbares lernen, wenn man sie mit jener Unvoreingenommenheit auf ihre Voraussetzungen hin zu prüfen gelernt hat, die sie selbst sich und ihren Lesern nicht durchgängig nahelegen.

Verständlicherweise ist jeder Anfänger froh, wenn er einen Mentor findet, der sein Handwerk beherrscht, Techniken entwickelt hat, ein Künstler auf seinem Gebiet ist. Der Meisterlehrer vermittelt dem Hospitanten ein beruhigendes Evidenzerlebnis: Unterricht funktioniert; er zeigt ihm zugleich einen Weg zum funktionierenden Unterricht: die Imitation. Nicht selten wird der Dozent, der einer solchen Erfahrung beiwohnt, der sie teilt, aber zu bedenken geben muß, daß Evidenzerlebnisse noch keine zureichenden Beweise für die Richtigkeit des Evidenten sind, der unfruchtbaren Beckmesserei geziehen. Dabei leugnet der Theoretiker keinesfalls die Notwendigkeit handwerklicher, technischer, künstlerischer Fertigkeiten des Praktikers. Aber er sieht sich genötigt, von der objektivierenden Distanz seines Standorts aus festzustellen, daß die Zweckmäßigkeit handwerklicher, technischer und künstlerischer Aktivität sich erst von den Zielen her entscheiden läßt, zu deren Verwirklichung sie eingesetzt werden sollen. Es ist das Verdienst von Erich W e n i g e r [12] und Wolfgang K l a f k i [13], diesem Gesichtspunkt in der Unterrichtstheorie der Nachkriegszeit gebührend Geltung verschafft zu haben.

Es soll nicht verschwiegen werden, daß die Frage, wie weit die wissenschaftliche Betrachtungsweise die Entscheidung über die Unterrichtsziele beeinflussen kann oder soll, umstritten ist. Wilhelm F l i t n e r [14] hat es geradezu als die „vornehmste Aufgabe der wissenschaftlichen Pädagogik" bezeichnet, die Übereinkunft über die Ziele herbeizuführen. Dagegen hat

---

[8] Karl Stöcker: Neuzeitliche Unterrichtsgestaltung; 5., neubearb. und erw. Aufl., München 1960.
[9] Rudolf Engelhardt: Unterrichten — wie macht man das? Essen 1961.
[10] Max Rösner: Unterrichtstechnik; Hannover o. J. (1950; 2. Aufl. 1955).
[11] Vgl. Heinrich Roth in: Pädagogische Psychologie des Lehrens und Lernens; 1. Aufl., Hannover 1957 u. v. w. Aufl.
[12] Erich Weniger: Theorie der Bildungsinhalte und des Lehrplans, 4. Aufl., Weinheim/B. 1962. — Ders.: Didaktische Voraussetzungen der Methode in der Schule; 3. Aufl., Weinheim/B. 1963.
[13] Wolfgang Klafki (vor allem in): Studien zur Bildungstheorie und Didaktik; 2. Aufl. 1963.
[14] Wilhelm Flitner: Das Selbstverständnis der Erziehungswissenschaft in der Gegenwart; Heidelberg 1958, S. 24.

Helmar F r a n k [15] in seinem Entwurf einer kybernetischen Pädagogik die
Zielfrage einer metawissenschaftlichen normativen Pädagogik zugewiesen.
Vertreter einer deskriptiven Erziehungswissenschaft wie Rudolf L o c h -
n e r [16] würden es für die Aufgabe einer wissenschaftlichen Didaktik halten
müssen, die erklärten wie die tatsächlich praktizierten Unterrichtsziele als
faktische Bestandteile der pädagogischen Wirklichkeit Unterricht zu beschreiben. Mit den Vertretern aller dieser Ansätze dürfte aber Einigkeit
darüber herzustellen sein, daß man Unterrichtsziele eines handwerk-
lichen, technischen, künstlerischen Praxisverständnisses explizieren und
semantisch eindeutig formulieren kann. Eine eindeutige Zielangabe ist
die Voraussetzung dafür, daß man die Argumente prüfen kann, die
für das Ziel sprechen sollen, und hinter sie rückfragen kann nach den
Interessen derer, die für das Ziel eintreten. Eine eindeutige Zielangabe
ermöglicht auch deren „empirische Bewährungsprüfung"[17], d. h. die Konfrontation des Postulierten mit dem Realisierten.

3. Reflexion und Engagement

Der B e r l i n e r A r b e i t s k r e i s D i d a k t i k glaubt, daß man die
Rationalität, die zur radikalen Reflexion auf den Unterricht, seine Bedingungen und seine Folgen nötig ist, jedem Lehrer zumuten muß und durch
das Studium an wissenschaftlichen Hochschulen ermöglichen sollte. Wie
kann der praktizierende Lehrer die Reflexion vollständig an den Spezia-
listen für Unterrichtstheorie delegieren, solange der Rahmencharakter
seiner Pläne und seine gesamtgesellschaftliche Verantwortung ihn zu
einer allgemeinverständlich begründeten Auswahl und zu nachprüfbaren
Erfolgskontrollen nötigen? Wie sollte andererseits der Unterrichtswissen-
schaftler auf die Reflexion des Praktikers verzichten können, in dessen
Analyse und in dessen Planung die Unterrichtstheorie zur Theorie einer
speziellen Unterrichtssituation zu Ende entwickelt werden muß? Dies ist
der Grund, weshalb der erste Satz dieser Arbeit Hilfe bei der Erarbeitung
einer Theorie des Unterrichts versprach: „Nicht die Theorie als Endge-
stalt, der Prozeß der Theorienbildung ist der eigentliche Gegenstand der
didaktischen Ausbildung"[18].

Man sagt bisweilen, ein Lehrer brauche nicht Reflexion, sondern Engagement für seine schwere Arbeit. Als ob es sich hier um miteinander unver-
einbare Verhaltensweisen handelte! Wer sich immer wieder entscheiden
muß, für das Engagement an bestimmten Schülern und an einer bestimmten Gesellschaft, an Lehrzielen und Lehrverfahren — warum sollte der

---

[15] Helmar Frank: Kybernetische Grundlagen der Pädagogik; Baden-Baden 1962,
z. B. S. 7 f.
[16] Rudolf Lochner: Zur Grundlegung einer selbständigen Erziehungswissenschaft;
6. Jg. (1960), Heft 1.
[17] Otto Walter Haseloff: Probleme der empirischen Bewährungsprüfung von Er-
ziehungszielen; in „Schule und Erziehung — ihre Probleme und ihr Auftrag in der
industriellen Gesellschaft", hg. v. Haseloff/Stachowiak, Berlin 1960.
[18] Paul Heimann, vgl. Anm. 3, S. 413.

nicht an der bestmöglichen Begründung seiner Entscheidungen interessiert sein, an ihrer regelmäßigen Überprüfung? Aus Verantwortung!

Das heißt übrigens nicht unbedingt, einer „réflexion engagée" nach F l i t - n e r [19] das Wort zu reden, einem sympathiegeladenen und damit voreingenommenen Nachdenken über junge Leute, „für den Erziehenden gegeben nur als solche, die der Erziehung, Bildung, Ausbildung, seelsorgerischen Beratung, Unterstützung ihrer Selbsterziehungskräfte bedürfen"[20]. Gerade sein Verantwortungsbewußtsein läßt den über sich selbst und seinesgleichen aufgeklärten Erzieher auch sein Engagement noch befragen; es läßt ihn prüfen, ob die jungen Leute vor ihm seine Erziehung, Beratung, Unterstützung brauchen und ob sie die brauchen, die er bereithält. Unterricht, Unterrichtende und zu Unterrichtende werden in der auf sie entworfenen pädagogischen Disziplin als radikal aufklärbar angesehen; d. h. von der Wurzel ihrer Voraussetzungen her bis in die feinsten Verästelungen ihrer Folgen hinein versucht die lehrende Intelligenz im System der Didaktik ihre Handlungssituation aufzuklären, um zu wissen und einer aufgeklärten Gesellschaft gegenüber verantworten zu können, was sie tut.

B

I. UNTERRICHT ALS GEGENSTAND DER DIDAKTIK
Der Versuch, den Unterricht mit wissenschaftlichen Mitteln zu erfassen, beginnt mit einer genauen Festlegung des Inhaltes und der Grenzen des Bereiches, den man mit diesem Namen bezeichnen will, um dann die Forderungen an eine Wissenschaft vom Unterricht zu formulieren.

1. Unterricht als Erziehung
Erziehung, als den gesamten Gegenstandsbereich der Erziehungswissenschaft bezeichnender Grundbegriff aufgefaßt, benennt jene Beeinflussungsprozesse, in denen Menschen oder deren Objektivationen (Produktionen; Artefakte) Veränderungen von Menschen erreichen oder erreichen wollen, die den Auffassungen der jeweiligen menschlichen Bezugsgruppe von wünschenswerter menschlicher Zuständlichkeit entsprechen. Soweit solche Veränderungen ohne primär erzieherische Absicht erreicht werden, spricht man gewöhnlich von funktionaler Erziehung. Die vorwiegend pädagogische Absicht der Einflußnahme charakterisiert die als intentionale Erziehung bezeichneten Vorgänge. Josef D o l c h hat in seinen „Grundbegriffen der pädagogischen Fachsprache"[21] diese Unterscheidung in einer zugespitzten Formulierung bemerkenswert verdeutlicht: „Funktionale Erziehung heißen wir jene, wo man zwar die erfolgte Wirkung sieht, nach der Ursache aber erst Umschau halten muß, intentionale Erziehung diejenige, wo ein sich und eventuell auch uns bewußter

[19] Wilhelm Flitner, vgl. Anm. 14, S. 18.
[20] Wilhelm Flitner, vgl. Anm. 14, S. 18.
[21] Josef Dolch: Grundbegriffe der pädagogischen Fachsprache; 4., verb. Aufl., München 1963, S. 66.

Erzieher sichtlich ist, aber erst geprüft werden muß, ob es auch zum Erziehungserfolg kam oder kommt."

Offenbar ist jede Form der pädagogischen *Belehrung* wegen der Absichtlichkeit, mit der sie Veränderungen in Richtung auf gesellschaftlich anerkannte Zuständlichkeiten anbahnen, fördern oder korrigieren will, der intentionalen Erziehung zuzurechnen, und damit auch der Unterricht. So sehr der Unterricht im alltäglichen Sprachgebrauch Lehre ist – nicht umsonst wird für Unterrichtende vorzugsweise die Bezeichnung Lehrer verwendet – nicht jede gelegentliche pädagogische Belehrung wird Unterricht genannt. Andererseits ist der Ausdruck Unterricht, wie z. B. die Rede vom Nachhilfeunterricht und von Klavierunterricht zeigt, nicht auf die Belehrung von Gruppen innerhalb von Schulen beschränkt. Es empfiehlt sich deshalb, im Anschluß an den alltäglichen Sprachgebrauch als *Unterricht* jene Formen der Lehre zu bezeichnen, die den Lebenszusammenhang, in denen eine Lehrnotwendigkeit auftaucht, in der Regel verlassen, um das planmäßige Lehren mehrgliedriger Lehrgehalte in voneinander getrennten Zeitabschnitten zu ermöglichen.[22]

Daß die Absichtlichkeit der pädagogischen Bemühungen die Verwirklichung der Absichten keinesfalls garantiert, ist bereits mit der Zitatation von Josef D o l c h angedeutet worden. Auch die Absichten selbst und ihre Begründung sind in demselben Maße, in dem die wachsende Differenziertheit und Rationalität des gesellschaftlichen Selbstverständnisses zugenommen hat, immer wieder in Zweifel gezogen worden. So verwundert es nicht, daß die pädagogische Reflexion, die der Notwendigkeit der Selbstvergewisserung und Erfolgskontrolle intentionaler Erzieher ihren Ursprung verdankt[23], die funktionalen Erziehungseinflüsse in ihre Aufmerksamkeit einbeziehen mußte: Die Parallelität oder die Gegenläufigkeit der intentionalen Erziehung im Verhältnis zur funktionalen Formung entscheidet offensichtlich über die gesellschaftliche Förderung der Professionals und über den Erfolg ihrer Bemühungen mit. Beide Richtungen pädagogischen Nachdenkens werden dabei immer wieder auf jene Prozesse verwiesen, die durch Erziehung, auch durch Unterricht, beeinflußt werden oder werden sollen, die Veränderungen in den Erzogenen oder zu Erziehenden.

2. Unterricht als Bildungshilfe

Erziehen im allgemeinen, Lehren und Unterrichten bewirken langfristig wirksame Veränderungen in Menschen oder sollen sie zumindest bewirken. Die Vorgänge im beeinflußten Menschen, die diese Veränderungen ermöglichen, haben sich bisher weitgehend der direkten Beobachtung entzogen. Wenn diese Vorgänge hier mit L e r n e n bezeichnet werden,

---

[22] Vgl. v. Verf.: Die Wissenschaft vom Unterricht; in (Didaktische) Informationen Nr. 1, hg. v. Berliner Arbeitskreis Didaktik; Berlin 1960 (nicht im Buchhandel). — Vgl. auch Josef Dolch, Anm. 21, S. 126.
[23] Zur Einführung in diese Problematik empfiehlt sich Carl Weiß: Abriß der pädagogischen Soziologie, Bd. 1 a, 2. Aufl., Bad Heilbrunn 1960, bes. S. 85 ff.

dann ist dies ein Ausdruck für die Klasse[24] unbekannter Größen – intervenierender Variabler – die die beobachtbaren Veränderungen von Menschen erklären, soweit sie nicht allein auf Reifungsprozesse zurückgehen[25]. Die beobachtbaren Ergebnisse des Lernens werden im folgenden Neuanpassung oder einfach A n p a s s u n g genannt. Da dieser Ausdruck hier die Ergebnisse aller denkbaren Lernprozesse bezeichnen soll[26], ist es verfehlt, ihn in diesem Zusammenhang mit dem abwertenden Beiklang der „bloßen" Anpassung[27] zu gebrauchen, etwa im Gegensatz zu „Widerstand"[28]. Je nach dem beobachtbaren Trend der Neuanpassung an Veränderungen im Umfeld oder Infeld eines Menschen kann man mindestens zwischen Assimilation (die Veränderung sich anpassen) und Akkomodation (sich der Veränderung anpassen) unterscheiden. V e r h a l t e n meint in diesem Zusammenhang die Gesamtheit der Anpassungsleistungen in bezug auf eine Situation.

Der pädagogische Wert des Unterrichts liegt ausschließlich in seinem Einfluß auf die Lernprozesse, in den Anpassungsleistungen, die er bei den Lernenden bewirkt. Höher als alle Komplimente, die der Unterrichtende von Hospitanten über seine freundliche Art, mit Kindern umzugehen, erhält, über seine Formulierungskunst, seine Geschicklichkeit beim Demonstrieren usw., müssen ihm deshalb vom ersten Tage an die Lernfortschritte seiner Schüler stehen, und er sollte kein Mittel unversucht lassen, sich ihrer zu versichern[29]. Jeder Lehrer sollte wissen, daß die bei ihm Lernenden nicht nur das von ihm übernehmen, was er ihnen in der Absicht anbietet, daß sie es übernehmen möchten, daß er die, die er rechnen lehren wollte, durch sein Verhalten vielleicht ermuntert hat, Spielarten der Heuchelei und der Vortäuschung von Kenntnissen zu entwickeln, daß er mit dem sicheren Besitz einer Formel vielleicht die lebenslängliche Abneigung gegen Mathematik vermittelt.

---

[24] Nach Hans Reichenbach: Aufstieg der wissenschaftlichen Philosophie; dt. Berlin o. J., S. 243 f.
[25] Vgl. Heinrich Roth, Anm. 11, S. 199 f.
[26] Jede Antwort auf eine „intraindividuelle (organische, psychische)" Veränderung als auch auf eine „interindividuelle" (soziale, Umgebungs-)veränderung wird als Ergebnis von Lernen, als Anpassung aufgefaßt. — Vgl. Günter Mühle: Anpassung (psych.); in: Groothoff/Stallmann, Pädagogisches Lexikon, 1. Aufl., Stuttgart 1961, Sp. 10 ff. Im Gegensatz zu Klaus Mollenhauer wird also auch die Distanznahme des sich als autonom definierenden Menschen von der sozial-kulturellen Verflochtenheit seines Lebens als Anpassung bezeichnet. Vgl. Klaus Mollenhauer: Anpassung; Ztschr. f. Pädagogik, 2. Jg. (1961), Heft 4.
[27] Z. B. Wolfgang Brezinka: Erziehung als Lebenshilfe; 3., verb. Aufl., Wien 1963, bes. S. 195 ff.
[28] Man vgl. Helmut Schelsky: Anpassung oder Widerstand? Soziologische Bedenken zur Schulreform; Heidelberg 1961.
[29] Allen jungen Kollegen sei an dieser Stelle empfohlen, ihre notwendig an einer zahlenmäßig kleinen Gruppe gewonnenen Vorstellungen von durchschnittlicher Schülerleistung bzw. -leistungsmöglichkeit mit Hilfe der an größeren Gruppen geeichten Tests zu überprüfen. Nicht jeder Test ist ohne Hilfe der spezialisierten Psychologen anwendbar, daher wird empfohlen: Karlheinz Ingenkamp: Psychologische Tests für die Hand des Lehrers; Weinheim/B. 1963. — Ders.: Die deutschen Schulleistungstests; Weinheim/B. 1962. — Eine kurze Einführung in die Aufgabe der individuellen Beurteilung gibt Heinrich Roth im zweiten und dritten Kapitel seiner Pädagogischen Psychologie, vgl. Anm. 11.

Es ist in Deutschland seit Wilhelm von H u m b o l d t[30] weitgehend üblich,
für die wünschenswerten Lernprozesse und deren Ergebnis, die von der
jeweiligen Bezugsgruppe als menschenwürdig anerkannte Angepaßtheit,
die Bezeichnung Bildung zu verwenden. Ob Bildung eher im Besitz bestimmter Informationen über bestimmte Sachgebiete bestehe (materiale
B.) oder sich in einem bestimmten Verhalten gegenüber den jeweiligen
Umständen zeige (formale B.), ist umstritten[31], ebenso wie die Frage, ob
sie vorzugsweise durch Unterricht erworben werde[32] oder allein unter Mit-
wirkung aller kulturellen Formungsmächte verwirklicht werden kann[33].
Der Klassencharakter verbreiteter Weisen, den Bildungsbegriff zu gebrauchen (die gebildeten Stände; Volkstümliche Bildung) ist oft gerügt
worden[34], die Forderung nach einer die Mitglieder der Gesellschaft ver-
bindenden Allgemeinbildung[35] steht gegen die Forderung nach „produkti-
ver Einseitigkeit"[36]. Allgemein ist den hier skizzierten Positionen lediglich, daß sie Bildung als Bezeichnung eines gesellschaftlich wünschenswerten Zuständlichkeit des zu Erziehenden, zu Belehrenden, zu Unterrichtenden auffassen: Als Interpretation der Aufgabe des Menschen sich
selbst gegenüber in seiner sozial-kulturellen Situation. In diesem wert-
freien und nicht allein auf eine bestimmte historische Lage bezogenen
Sinne kann auch die Didaktik den Ausdruck *Bildung* verwenden: als
Bezeichnung der Grundlage für die Anpassungsleistungen, die innerhalb
einer Gesellschaft oder gesellschaftlichen Gruppe als optimale Anpas-

---

[30] Zur Einführung in sein Bildungsdenken, das ähnlich wie Theodor Wilhelm es von
Kerschensteiners Ansatz gesagt hat, „Vermächtnis und Verhängnis" zugleich für
Deutschland war und ist, eignet sich am besten eine gute Auswahl: Schriften zur
Anthropologie und Bildungslehre; hg. v. Andreas Flitner, Düsseldorf-München 1956.
[31] Vgl. den Versuch der Überwindung dieser Positionen bei Wolfgang Klafki: Kategoriale Bildung. Zur bildungstheoretischen Deutung der modernen Didaktik; in:
Studien zur Bildungstheorie und Didaktik, 2. Aufl. 1964.
[32] Die Theoretiker des Exemplarischen legen durch ihre Kriterien exemplarischen
Lehrens eine derartige Einengung nahe.
[33] Vgl. etwa Paul Heimann: Intensive und extensive Bildung; in „Aufstieg durch
Bildung", hg. v. Carl-Heinz Evers, Bonn 1963.
[34] Eine gute Darstellung der Problematik des Gedankens einer volkstümlichen Bil-
dung in einer egalitären Demokratie bringt Hans Glöckel: Volkstümliche Bildung?
Versuch einer Klärung; Weinheim/B. 1964. — Vgl. auch Max. G. Lange: Zur
Soziologie der Schulreformen; in: Schule und Erziehung — Ihre Probleme und ihr
Auftrag in der industriellen Gesellschaft, hg. v. O. W. Haseloff u. H. Stachowiak,
Berlin 1960.
[35] Wilhelm von Humboldt fordert sie gegen die Nützlichkeitserwägungen des
Staates in: Ideen zu einem Versuch, die Grenzen der Wirksamkeit des Staates zu
bestimmen, Auswahl H. Weinstock, Frankfurt/M. 1957, S. 35. — Bei Karl Marx soll
die Vereinigung gesellschaftlichen Nutzinteresses mit individuellem Entfaltungs-
streben „durch die absolute Disponibilität des Menschen für wechselnde Arbeits-
erfordernisse" gelingen: Das Kapital, 1. Bd., S. 511–514, zit. n. H. Klein: Poly-
technische Bildung und Erziehung in der DDR, Reinbek b. Hamburg 1962, Anhang,
2. Auszug. — In unseren Tagen schreibt Hans Wenke: „Die moderne Wirtschaft
und Industrie fordern eine geistige Beweglichkeit und Wendigkeit, die wiederum
nur der erwerben kann, der in den Fundamenten sicher ist . . .", in: Die Erziehung
im Kreuzfeuer der öffentlichen Meinung; Beilage zu „Das Parlament", (Jg. 1956).
[36] Felix von Cube nimmt die extreme Gegenposition ein: Allgemeinbildung oder
produktive Einseitigkeit? Der Weg zur Bildung im Geiste Kerschensteiners; Stuttgart 1960. — Vgl. dazu Theodor Litt: Berufsbildung und Allgemeinbildung; Wiesbaden 1947. — Oswald Kroh: Revision der Erziehung; 6. Aufl., Heidelberg 1962,
S. 211 ff.

sungsleistungen angesehen werden und deshalb auch Ziel ihrer Erziehungs- und Unterrichtsbemühungen bzw. funktionaler Wirkungen sind. Man sollte sich der Tatsache bewußt bleiben, daß Ausdrücke wie Bildungswesen und Bildungsplan die guten Wünsche der Unterrichtenden, nicht deren Erfüllung bezeichnen. Nicht Bildung wird in den Unterrichtsanstalten geleistet, sondern der Versuch einer *Bildungshilfe*. Die schlichteren Ausdrücke Unterricht, Lehrplan, Schule verschleiern das Verhältnis von Erziehung und Bildung weniger und lassen noch Raum für die Frage, ob denn überhaupt die gesellschaftlich notwendige Bildung der Lernenden angestrebt wird.

3. Unterricht im Rahmen der öffentlichen Schule

Die *Schule* war bereits als eine Institution definiert worden, die relativ unabhängig vom Wechsel der Lernenden und Lehrenden Unterricht und andere pädagogische Beeinflussungen organisiert. Bei Georg G e i s s l e r, dem Hamburger Altmeister der Schulpädagogik, lesen wir, „daß die ursprüngliche und zentrale Funktion der Schule die methodisch geordnete Wissensüberlieferung, der zusammenhängende, vorausgeplante Lehrgang ist"[37]. Obwohl diese zentrale Funktion der Schule hier im Mittelpunkt der Darstellung steht, soll ihre Verbundenheit mit anderen Funktionen wenigstens angedeutet werden. Auch die Vormittagsschule, die bei uns in Deutschland, beileibe nicht überall, die Regel ist und fast ausschließlich dem Unterricht dient, bedeutet für die Lernenden eine erste, terminierte Dauerverpflichtung gegenüber der Gesellschaft, wie es etwa Martinus L a n g e v e l d[38] plastisch herausgearbeitet hat, eine Zwangsgruppierung mit neuartigen sozialen Problemen in bezug auf Altersgenossen, Ältere, Jüngere, Lehrpersonen. In der öffentlichen Schule unterrichtet werden, heißt nicht nur, über *etwas* belehrt werden, sondern auch *von jemandem*, und in Kooperation oder Rivalisation *mit anderen*, in einer Schulordnung, *an einem Schulzweig* mit bestimmten Chancen.

Ob eine Schule ihre sozialpädagogische Funktion ausbaut, wie etwa John D e w e y[39] es gefordert hat, oder ob sie die Unterrichtsanstalt des Vormittags bleibt: Sie entgeht ihrer von Bert B r e c h t[40] mit Bitterkeit gestalteten Funktion nicht, repräsentative Sozialerfahrungen zu vermitteln. Ein Lehrer, der sich dem verschließt, wird wenigstens über den z. B. von Heinrich R o t h[41] behandelten Zusammenhang von Gesellungsschwierigkeiten und Lernschwierigkeiten mit dem Problem konfrontiert. Wer aber wollte sich ernsthaft z. B. der möglichen Bedeutung der Benachteiligung jungenhafter Schüler vor allem durch männliche Lehrkräfte ent-

[37] Georg Geißler: Die Situation der Schule in der Gegenwart; in: Schulfernsehen in Deutschland? Schriftenreihe der Ev. Akademie für Rundfunk und Fernsehen, Heft 8; München 1959, S. 12.
[38] Martinus J. Langeveld: Die Schule als Weg des Kindes; dt. Braunschweig 1960.
[39] John Dewey: Demokratie und Erziehung; dt. 2. Aufl., Hamburg 1949, S. 39 ff.
[40] Bertolt Brecht: Flüchtlingsgespräche; Frankfurt/M. 1961, bes. S. 30 ff.
[41] Heinrich Roth: Jugend und Schule zwischen Reform und Restauration; Hannover 1961, „Gesellungsschwierigkeiten in der Schulgemeinschaft", S. 179 ff.

ziehen, die Hans-Joachim H o f f m a n n [42] nachgewiesen hat? Daß die Haltung eines vierzehnjährigen Schülers zum Unterrichtsstoff sich ändern könnte, je nachdem er damit rechnet, in einem Jahr im Berufsleben einzutreten oder noch fünf Jahre in der Schule zu sein, dürfte einem realistischen Lehrer einleuchten. Noch eins: Die Lehren des Unterrichts werden an der Wirklichkeit des Schullebens gemessen. Umgekehrt ist diese Wirklichkeit unter Umständen eine unentbehrliche Anschauungsgrundlage für den Unterricht.

4. Die Leistungen der Didaktik

Die *Didaktik* als Disziplin der Erziehungswissenschaft hat Lehre und insbesondere Unterricht einschließlich seiner Voraussetzungen und seiner Folgen wissenschaftlich zu erforschen und ihre Ergebnisse in Theorien der Lehre und des Unterrichts überhaupt (Allgemeine D.) und spezifischer Unterrichtsaufgaben, differenziert etwa nach Schulstufen, Sachgebieten oder Lernkapazität (Spezielle D.), zusammenzufassen[43]. Sie hilft dem Lehrer über diese Grundorientierung hinaus zu Problembewußtsein und Untersuchungsmethoden, damit er die spezifischen Züge seiner Lehrsituation erkennen und die Theorie des Unterrichts auf sie hin zu Ende denken kann: um die Theorie zu modifizieren oder die Praxis zu korrigieren.

Zwei Situationen sind es vor allem, die die Fähigkeit jedes einzelnen Lehrers zu Reflexion alltäglich herausfordern: *Nach* dem Unterricht muß dessen *Analyse* ihm helfen, klüger als vorher zu werden. Er ordnet seine Eindrücke, arbeitet die Eigenart seines Verhaltens heraus, prüft es auf Widersprüche hin, m. a. W., er macht sich seinen Stil bewußt. Er vergleicht den wirklichen Ablauf mit dem geplanten, prüft die Voraussetzungen und die Folgen. *Vor* dem Unterricht wird er dessen Struktur in der *Planung* antizipieren, d. h. von den angenommenen Voraussetzungen her und auf die gewünschten Folgen hin konstruieren. In der Analyse wird er später auch diese Konstruktion prüfen, um die Ergebnisse der Prüfung wiederum in die Planung eingehen zu lassen.

II. GRUNDZÜGE DER UNTERRICHTSANALYSE

Wer einer Unterrichtsstunde beiwohnt, ganz gleich, ob er als Praktikant, Kollege oder Vorgesetzter hospitiert, wird mit Recht befürchten, daß eine zufällige Auswahl der mannigfachen Eindrücke davon auf seinem Notizblock und in seinem Gedächtnis gespeichert worden ist, wenn er sich mit dem Unterrichtenden zur anschließenden Besprechung zusammensetzt. Vielleicht hat ihn ein Sprechfehler des Unterrichtenden über Gebühr

---

[42] Hans Joachim Hoffmann: Das Betragen. Eine psychologische Studie zur Beurteilung des Schülerverhaltens in der Schule; in: Didaktische Informationen Nr. 10, hg. v. Berliner Arbeitskreis Didaktik, Verlags- und Veranstaltungsgesellschaft des Berliner Verbandes der Lehrer und Erzieher, Berlin 30, Ahornstr. 5.
[43] Zur Einführung in das Verhältnis zwischen Allgemeiner und Spezieller Didaktik vgl. z. B. Gunter Otto: Fach und Didaktik; in: stud paed, Berliner Zeitschrift für Pädagogik-Studenten, 2. Jg. (1964) Nr. 3; hg. v. „arbeitsgruppe stud paed", Berlin 46, Postfach 34.

beschäftigt, ein unkorrigiert gebliebener Fehler an der Tafel, die Beobachtung einer Schülerin, die während des Unterrichts ein Modeheft durchblätterte. An die Feuerwehr, von der in der Stunde die Rede war, hatte er andersartige Erinnerungen als die Schüler. Sicher sind all diese seine Eindrücke Anknüpfungspunkte für ein Gespräch. Aber es fehlt ihm ein Ordnungsschema, das sie ins rechte Verhältnis zueinander setzt und eine systematische Kritik ermöglicht. Auch den Unterrichtsentwurf möchte er geordnet befragen können, um schnell festzustellen, wo Schwerpunkte, wo Leerstellen in der Planung vorliegen, wie Planung und Durchführung sich zueinander verhalten. Auf dieser *ersten didaktischen Reflexionsstufe* wird er, ebenso wie der auf seinen eigenen Unterricht reflektierende Lehrer, eine *Strukturanalyse* vornehmen müssen.

1. Die Strukturanalyse

Wenn man das *Phänomen*[44] Unterricht betrachtet, wie es sich im schulischen Alltag, wie in historischen Dokumenten darbietet, im Stadium der Durchführung wie in dem der Planung, so wird man zunächst von traditionellen Anschauungen darüber, von Unterrichtstheorie, von eigener Sympathie oder Antipathie radikal absehen müssen, damit das Erkenntnisobjekt unverstellt in den Blick kommt. Wenn man von dem, was sich zeigt, auch das Zufällige noch abstrahiert, das nur zum jeweiligen Unterrichtsbeispiel, nicht aber notwendig zum Unterricht überhaupt gehört, dann tritt die *formale Struktur* hervor, als deren inhaltliche Variation sich konkreter Unterricht beschreiben läßt.

Mindestens *sechs Momente* konstituieren in ihrem Zusammenwirken Unterricht als absichtsvoll pädagogisches Geschehen: Die pädagogischen *Intentionen* (Absichten), die *Themen* des Unterrichts (Inhalte, Gegenstände), mit denen die Absichten verfolgt werden, die *Methoden* (Verfahren), die zur Bewältigung von Intentionen und Themen dienen sollen, schließlich die *Medien* (Mittel) der Verständigung zwischen den am Unterricht Beteiligten über Absichten, Gegenstände und Verfahren sind Strukturmomente, über deren Auswahl der Unterrichtende oder dessen Vorgesetzte *entscheiden* müssen. Bei diesen Entscheidungen müssen sie *voraussetzen*, daß die am Unterricht beteiligten *Menschen* und daß die *Gesellschaft,* in der er stattfindet, in einer Weise gegeben oder aufgegeben sind, für die dieser Unterricht eine Bildungshilfe im schon definierten Sinne leistet.

Im folgenden werden die sechs Strukturmomente verallgemeinert als

	Intentionalität	
Anthropogene	Thematik	Sozial-kulturelle
Voraussetzungen	Methodik	Voraussetzungen
	Medienwahl	

bezeichnet. Am gegebenen Unterrichtsbeispiel wird man sich zuerst den

---

[44] Die beste Einführung in die gemeinte phänomenologische Denkweise für den Anfänger: Igor M. Bochenski: Die zeitgenössischen Denkmethoden, DALP-Taschenbücher, Bd. 304, 2. Aufl., Bern 1959, mit Lit.

Entscheidungsmomenten zuwenden: Man stellt etwa fest, daß die Lernen-
den in einer Unterrichtsstunde den Zusammenhang zwischen dem Ur-
sprung und dem Verlauf von Flüssen einerseits und Flußbetterhöhungen,
Schwemmlandbildungen, Deltamündungen andererseits erkennen sollen.
Diese Intention wird am länderkundlich im 7. Schuljahr naheliegenden
Thema Po-Ebene verfolgt. Thema und Intention sind vom Lehrer in der
Zielangabe: „Die oberitalienische Tiefebene als Schwemmland der Alpen-
flüsse" zusammengefaßt worden. Die Methode der Erkenntnisgewinnung:
Vergleichendes Studium von Karten der Ebene aus frühgeschichtlicher
und heutiger Zeit – Hypothesenbildung – Quellenstudium – Formulie-
rung der vorläufigen Ergebnisse. Dabei wechseln die Sozialformen: Ge-
sprächskreis bis zur Hypothesenbildung, Quellenstudium in Gruppen, Ge-
sprächskreis für die Gruppenberichte und für die Ergebnisdiskussion,
Einzelarbeit bei der endgültigen Formulierung. Als Medien werden neben
Sprache, Mimik und Gestik vor allem Spezialkarten, Tafelskizzen, geo-
graphische Nachschlagewerke, Reisebeschreibungen und Projekte benutzt.
– In diesen Entscheidungen sind einige bewußte oder instinktiv angenommene *anthropogene* bzw. *sozial-kulturelle Voraussetzungen* sichtbar
geworden: Dieser Lehrer traut seinen zwölfjährigen Schülern die selbständige Nachentdeckung eines geographischen Erkenntniszusammenhan-
ges zu, die selbständige Benutzung von Fachliteratur, sachbestimmte
Kooperation, alleinige Zusammenfassung des Ergebnisses der Doppelstunde. Sich selbst hält er für kommunikativ und sachverständig genug,
viel Spontaneität, vor allem auch unerwartete Fachfragen zuzulassen. Der
vergleichsweise selbständige Erkenntnisgewinn scheint ihm angesichts
seines Lehrplanes und der dahinterstehenden gesellschaftlichen Wirklichkeit gegenüber schlicht übernommenem Detailwissen groß genug zu
sein, um eine Doppelstunde dafür hinzugeben.

Bereits diese notwendigerweise skizzenhafte und bewußt vorläufig for-
mulierte Ordnung von Unterrichtseindrücken erlaubt es, einige Vorteile
der Strukturanalyse zu verdeutlichen.

• Mit Hilfe weniger Fragen erhält man ein wenn auch vorläufiges und
  grobes Gesamtbild des gegebenen Unterrichts.

• In der Akzentuierung und inhaltlichen Ausprägung der Strukturmomente zeigen sich Stilprofile und Stilbrüche.

• Diese Beschreibungsvorteile gelten für alle Ebenen didaktischer Reflexion; der Stil einer Unterrichtsstunde ist prinzipiell ebenso ermittel-
  bar wie der eines Unterrichtenden überhaupt; der Stil der Planung
  vom Stundenentwurf bis zum amtlichen Lehrplan, der Stil der Durchführung in einem Fach, einem Schulzweig, in einem Lande: Wer auch
  immer Unterricht zu steuern hat, muß, so wird hier versuchsweise
  unterstellt, vier Gruppen von Entscheidungen beachten und sich dabei
  auf zwei Gruppen von Voraussetzungen beziehen.

• Dieses wertfreie Beschreibungsmodell erhebt keinen Anspruch auf alleinige Vertretung didaktischen Denkens, es hilft lediglich, Ordnung in Eindrücke zu bringen und Probleme zu exponieren, die dann mit anderen Methoden weiter verfolgt werden können[45].

● Es behandelt die Zielfragen (Intentionalität plus Thematik), anders als die Didaktik im engeren Sinne[46], zusammen mit den Wegfragen (Methodik und Medienwahl) und läßt das Angewiesensein der Ziele auf geeignete Mittel, umgekehrt die Abhängigkeit der Wahl zweckmäßiger Verfahren von den jeweils gesteckten Zielen klar hervortreten.

● Die Gültigkeit der unterrichtlichen Entscheidungen wird durch deren anthropologische und kulturtheoretische Voraussetzungen bestimmt, und diese Voraussetzungen wieder werden von den Unterrichtsprozessen beeinflußt[47]: Der Unterricht wird nicht als selbstgenügsame pädagogische Provinz, sondern als soziales Geschehen in Wechselwirkung mit anderen Feldern behandelt.

Wie im folgenden gezeigt wird, ist die Strukturanalyse über ihr Grundschema hinaus mühelos differenzierbar. Man kann sich diese Entwicklung als Verfeinerung eines Rasters vorstellen, der über das Unterrichtsgeschehen gelegt wird, um eine möglichst präzise Deskription der inhaltlichen Variation formaler Konstanten zu ermöglichen.

1. Intentionalität
Welche pädagogischen Absichten sind im Unterrichtsprozeß erkennbar, in der Unterrichtsplanung, in den Ratschlägen der Unterrichtslehren? Eine erste wertfreie Differenzierung der Antworten auf diese Frage ist möglich, wenn man bedenkt, daß zwangsläufig intellektuelles Erfassen bzw. gefühlsmäßiges Ansprechen einer Situation oder deren Verändern durch Handeln gewünscht werden muß; m. a. W.: der Unterrichtende wird Lernprozesse in der kognitiven, der emotionalen oder der pragmatischen Dimension anzuregen und zu steuern versuchen. Diese erste Ordnung deckt bereits pädagogisch wichtige Sachverhalte auf. So kann der Herbartianismus u. a. dadurch charakterisiert werden, daß er den gesamten Unterricht auf kognitive Prozesse hin organisiert hat, die Erlebnispädagogik durch ihren intentionalen Schwerpunkt in der emotionalen Dimension, die Produktionsschulen durch pragmatische Intentionalität. Ebenso kann jeder einzelne Lehrer seine „intentionale Schlagseite" feststellen und erwägen, ob er sie uneingeschränkt bejahen oder vielleicht behutsam korrigieren sollte.

[45] Bochenski, vgl. Anm. 44, schreibt mit Recht: „Wer phänomenologisch vorgeht, verzichtet deshalb noch nicht darauf, später auch noch andere Verfahren anzuwenden und die außer acht gelassenen Aspekte auch noch zu betrachten."
[46] Die Unterscheidung zwischen Didaktik i. engeren S. und Didaktik i. weiteren S. ist von W. Klafki eingeführt worden. Mit Klafkis Empfehlung einer Didaktik i. engeren S. setzt sich der Verfasser an anderer Stelle ausführlich auseinander: Die Schule als Gegenstand der Pädagogik; Ztschr. Die deutsche Schule, 56. Jg. (1964), Heft 6, bes. S. 333 f.
[47] Erich Weniger: Didaktik als Bildungslehre. Teil 1 „Theorie der Bildungsinhalte und des Lehrplans"; 5. Aufl. Weinheim/B. 1963, S. 89 f.

Intentionen in der *kognitiven Dimension* wenden sich an den Menschen,
der seine instinktiven oder erlernten Verhaltensweisen unterbrechen
kann, gewissermaßen eine „Aktionspause" (H o f s t ä t t e r) macht, um
Informationen zu ordnen, zu verbinden, zu trennen, für neue Zwecke
umzustellen: „Denken ist im wesentlichen ein Probehandeln..." (F r e u d).
Ohne sich den Erklärungsmodellen einer psychologischen Schule zu ver-
schreiben oder einer Erkenntnistheorie, wird man die Beobachtung festhalten können, daß die kognitive Dimension nicht nur quantitativ, sondern auch qualitativ unterschiedlich angesprochen werden kann. Manchmal werden Lernende nur zu *Kenntnisnahmen* von Sachverhalten und
deren Bezeichnung aufgefordert, z. B.: 800 n. Chr. wurde Karl der Große
zum Kaiser gekrönt; 2 x 2 = 4; Die Kartoffel ist ein Nachtschattengewächs.
Wird das Erfassen von *Erkenntniszusammenhängen* intendiert, so entspricht das dem Sprung in eine neue Qualität. Jetzt wird erwartet, daß
man die politische Bedeutung der Krönung Karls durch den Papst versteht, daß man Einsicht in mathematische Gesetze gewinnt, daß einem die
Prinzipien der biologischen Systematik klar werden. Wieder eine neue
Qualität ist erreicht, wenn Kenntnisse und Erkenntnisse zu einer Haltung
gegenüber dem kognitiven Bereich führen, zu *Überzeugungen*, die wieder
das Erfassen neuer Kenntnisse und Erkenntnisse beeinflussen.

Intentionen in der *emotionalen Dimension* wenden sich an den Menschen,
der seine Wahrnehmungen mit Lust- oder Unlustgefühlen begleiten kann,
sich durch Gegenstände in Zustände versetzen läßt. Die schlichte Differenzierung der pädagogischen Absichten auch in dieser Richtung will sich
keinesfalls als endgültige Klassifikation eines Bereiches anbieten, den
L e r s c h als „eines der umstrittensten Kapitel der Psychologie" bezeichnet hat; es handelt sich wie schon im kognitiven Bereich um ein Angebot
hinweisender Begriffe, die auf Qualitätsunterschiede aufmerksam machen,
ohne sie erklären zu wollen. Bisweilen intendiert der Unterrichtende lediglich *Anmutungen*, d. h. hier: eine gewisse emotionale Bewegtheit, z. B.
wenn er auf die Maserung eines Holzes aufmerksam macht, ein Gedicht
spricht, seine Lieblingsplatte auflegt. Der Begriff *Erlebnis* sollte für das
Gefühl, lebensbedeutsame Eindrücke erfahren zu haben, reserviert
werden, und über die Planbarkeit von Erlebnissen im Unterricht ist
schon manches kritische Wort gesagt worden[48]. Die Haltung, die aus
Erlebnissen gegenüber den Erlebnisbereichen entsteht, soll als *Gesin-*
nung bezeichnet werden. In diesem Sinne hängt es von den Erlebnissen
der Schulzeit ab, wie man gegenüber der Schule gesinnt ist.

Intentionen in der *pragmatischen Dimension* wollen nicht gedankliche
oder gefühlsmäßige Orientierung bewirken, die dann einmal im Verhalten
wirksam werden kann: sie zielen unmittelbar auf äußere Aktivität gegenüber der Welt der Sachen und der Mitlebenden. Die Qualitätsstufen der

[48] Vgl. z. B. Otto Walter Haseloff: Erlebnis, Leistung und Information in der heutigen Schule; in: O. W. Haseloff u. H. Stachowiak, Anm. 34.

Anbahnung, der Entfaltung und der Gestaltung werden hier in der schon angedeuteten, hinweisenden Vorläufigkeit als Fähigkeiten, Fertigkeiten, Gewohnheiten bezeichnet. *Fähigkeiten* sind in diesem Zusammenhang z. B.: Das Abc schreiben können, die Tonleiter spielen, einen Spaten richtig ansetzen. *Fertigkeiten* wären entsprechend: einen Brief schreiben, ein Lied mit Begleitung spielen, einen Garten umgraben können. Darüber hinaus kann es zur *Gewohnheit* werden, im Briefwechsel zu stehen, selbst zu musizieren und ein Stück Land zu bebauen. – Es folgt die Tabelle der Ordnungsbegriffe:

Qualitätsstufe	kognitive D.	pragmatische D.	emotionale D.
Anbahnung	Kenntnis	Fähigkeit	Anmutung
Entfaltung	Erkenntnis	Fertigkeit	Erlebnis
Gestaltung	Überzeugung	Gewohnheit	Gesinnung

Mit Hilfe einer solchen Ordnung macht der Unterrichtende sich deutlich, ob er seine Schüler vorzugsweise auf der *Anbahnungsstufe* anspricht, auf einem Niveau, auf dem auch außerhalb der Schule laufend kognitive, emotionale, pragmatische Lernprozesse angeregt werden, oder ob er mit Vorliebe die höchsten Ziele eines wertenden Verhältnisses zum Gelernten ansteuert, die Joseph D e r b o l a v[49] mit seiner Formel der gleichzeitigen Entfaltung von Wissen und Gewissen lediglich zu eng moralisch gesehen hat. *Gestaltungsstufe* wird sie hier genannt, weil sie das Verhältnis zu Erkenntnissen, Erlebnissen, Handlungsvollzügen gestaltet und derart die folgenden Lernprozesse beeinflußt. Vielleicht liegt die spezifische Wirkungsmöglichkeit des Schulunterrichts auf der *Entfaltungsstufe:* Kenntnisse in Erkenntniszusammenhänge bringen, Fähigkeiten zu Fertigkeiten entwickeln, Erlebnisfähigkeit entfalten, so, daß sich wünschenswerte Gesinnungen, Gewohnheiten, Überzeugungen bilden können oder zumindest nicht gehindert werden, sich zu bilden. Es bedarf keines Hinweises, daß kaum Handlungsprozesse denkbar sind, die nicht von Gedanken und Emotionen begleitet werden. Es geht hier nicht um Selektion, sondern um eindeutige Akzentuierung. Die formale Differenzierung unterrichtlicher Intentionen, die hier unter Benutzung von unterrichtsüblichen Begriffen angeregt wird, soll dazu helfen, die Dimensionen und Qualitäten ins Bewußtsein zu heben, die man bevorzugt, soll einseitige, widersprüchliche, bescheidene und anspruchsvolle Erwartungen hervortreten lassen, damit sie zum Problem werden können.

Das Strukturmoment Intentionalität steht mit den anderen fünf Momenten in spannungsreicher Wechselwirkung: Zur Thematik (Entstehung von Deltamündungen – Rhonedelta; zur Methodik (Erarbeiten einer Aufsatzgliederung – Lehrerfrage, Frontalunterricht, Strafen für Spontan-

[49] Josef Derbolav: Versuch einer wissenschaftstheoretischen Grundlegung der Didaktik; in: Didaktik in der Lehrerbildung. 2. Beiheft der Zeitschrift für Pädagogik, Weinheim 1960.

äußerungen); zur Medienwahl (Bilderlebnis – Postkartenreproduktion); zu den anthropogenen Voraussetzungen (Singübung – Klasse im Stimmbruch); zu den sozial-kulturellen Voraussetzungen: (Erziehung zur Konsumaskese – Konsumgesellschaft).

2. Thematik

Ad rem! Die Forderung, man solle nicht zuviel pädagogisch herumreden, sondern endlich „zur Sache" kommen, ist in der Unterrichtsdiskussion oft genug erhoben worden: Fachbegeisterte Lehrer, „logotrop" im Sinne von Christian C a s e l m a n n[50], gebrauchen diese Redewendung gern, um die Aufmerksamkeit der Unterrichtenden von Intentionen wie „Erziehung zu partnerschaftlichem Verhalten" nach O e t i n g e r[51] zu den fachspezifischen Themen zu lenken, zu „Wagnerscher Hammer", „Die französische Revolution", „Kniewelle rückwärts" oder „(a+b)²". Angesichts fragwürdiger Bemühungen mancher Kollegen, mit bescheidensten Mitteln, z. B. dem moralisierend erhobenen Zeigefinger, dauerhafte Verhaltensänderungen zu erreichen, findet diese Rede im Lehrerzimmer verständlicherweise Anklang. Die Frage nach den geeigneten Gegenständen, Inhalten des Unterrichts, ist in der Nachkriegsdidaktik so in den Mittelpunkt getreten, daß man glaubt, sich gegen den Methoden-Enthusiasmus der Reformpädagogik absetzen zu müssen[52].

Aber diese Auffassungen müssen sich vor Kurzschlüssigkeit hüten. So sicher es ist, daß die Thematik ein konstituierendes Moment des Unterrichts ist, daß Erkennen, Fertigen, Erleben immer Erkennen, Fertigen und Erleben von *etwas* ist, so sicher dürfte es sein, daß ein Thema erst in Verbindung mit mindestens einer Absicht ein eindeutiges Unterrichtsziel darstellt: „Der Staudamm von Assuan" wird anders unterrichtet, je nachdem seine technischen Probleme, seine Bedeutung für Ägyptens Wirtschaft oder als Gegenstand östlicher und westlicher Entwicklungshilfe zur Debatte steht: Der Assuanstaudamm „an sich" ist wohl schwerlich als Unterrichtsinhalt denkbar. Wenn andererseits ein Arbeitsschulmethodiker diese Aspekte in Gruppen selbständig bearbeiten läßt, dann hat er nicht nur über ein Verfahren entschieden: er hat ein der Intention Übung im selbständigen Kenntniserwerb entsprechendes Verfahren angeregt, und der Assuan-Staudamm wird als ein Gegenstand selbständigen Wissenserwerbs wahrscheinlich anders aufgefaßt werden, als wenn er als vorpräparierter Lehrgegenstand nur aufzunehmen und zu speichern wäre.

---

[50] Christian Caselmann: Wesensformen des Lehrers; Versuch einer Typenlehre, 2. Aufl., Stuttgart 1953.
[51] Friedrich Oetinger (Pseudonym für Theodor Wilhelm): Partnerschaft — die Aufgabe politischer Erziehung; 3. Aufl., Stuttgart 1956, hat „Partnerschaft" zu einem pädagogischen Modebegriff werden lassen. Vgl. Wilhelms Einschränkungen in seiner „Pädagogik der Gegenwart"; 2. verb. u. erw. Aufl., Stuttgart 1960, Kap. V/3 und in dem Aufsatz: Über einige Modebegriffe heutiger Pädagogik; in: O. W. Haseloff u. H. Stachowiak, vgl. Anm. 34.
[52] So Klafki im ersten Abschnitt seines Aufsatzes über „Kategoriale Bildung"; in: Studien zur Bildungstheorie und Didaktik; 2. Aufl., Weinheim/B. 1964.

Wenn auch erst die Verbindung von Intentionalität und Thematik das Unterrichtsziel ergibt, so ist der Inhalt, der Gegenstand, das Thema der intendierten kognitiven, emotionalen oder pragmatischen Prozesse doch ein selbständiges Moment des Unterrichts, dessen eigene Struktur im Unterricht angemessen angeboten oder zumindest beachtet werden muß, wenn der Unterricht nicht sachfremd oder gar unsachlich genannt werden soll. Wer Unterricht zu analysieren hat, wird sich also fragen müssen, welche Themen dort in den Erkenntnis-, Erlebnis-, Handlungshorizont der Lernenden gebracht werden sollen oder offensichtlich an sie herangetragen werden. Die Antwort auf diese Frage wird dann ebenso wie im Bereich der Intentionalität differenziert werden müssen: Man wird die Strukturmomente des Themas registrieren, die angesprochen worden sind, die Verbindung, die zwischen ihnen hergestellt worden ist, wird eventuell feststellen, daß verschiedene Bedeutungsschichten des Gegenstandes angenommen worden sind, daß er schließlich in der angesprochenen Form, von der Spezifizierung des Unterrichts her gesehen, als vorfachlich, fachlich oder überfachlich behandelt worden ist. Was die thematische Analyse dann ergibt, könnte im Hinblick auf die tatsächliche Struktur der Thematik als unvollständig, zufällig, widerspruchsvoll oder sachgerecht bezeichnet werden. Angenommen, das schlichte Thema einer Sozialkundestunde sei die Erarbeitung von Vorschlägen für eine Pausenordnung als Teil einer von H e c k e l und S e i p p [53] mit Recht geforderten Schulordnung, in einer gegebenen Schule. *Strukturmomente* dieser Pausenordnung wären: Verlassen der Arbeitsplätze, Aufenthalt bei gutem bzw. schlechtem Wetter, Aufsuchen der Arbeitsplätze, Verantwortlichkeit. – Der *Strukturzusammenhang,* der diese Momente verbindet, ist offenbar nicht eindeutig richtungsgebunden, überhaupt nicht linear, sondern komplex: Der Pausenaufenthalt kann nach oder vor dem Gang zur Pause oder der Rückkehr an den Arbeitsplatz behandelt werden; ein Ordnungsgesichtspunkt ergibt sich nicht zwingend aus dem vorangegangenen, aber die Entscheidungen zu jedem Ordnungsgesichtspunkt interpretieren auch die anderen Aussagen mit. Martin W a g e n s c h e i n gibt Beispiele für den „Einstieg" in ein lineares System eindeutig richtunggebundener Strukturzusammenhänge im Gegenstandsbereich Physik[54]. – *Bedeutungsschichtung* wird man z. B. in jedem literarischen und historischen Gegenstand erwarten dürfen, aber auch eine schlichte Pausenordnung enthält mehrere Bedeutungsschichten. Das Regelsystem selbst, die darin legalisierten Interessen, die moralische Auffassung, die in ihm Ausdruck gefunden hat. – Die *Fachbezogenheit* des Themas, so wie es im Zusammenhang mit einer pädagogischen Intention[55] vorgefunden wird, führt zu den

---

[53] Hans Heckel u. Paul Seipp: Schulrechtskunde; 1957.
[54] Vgl. z. B. Martin Wagenschein: Das „exemplarische Lehren" als ein Weg zur Erneuerung der Höheren Schule (mit besonderer Beachtung der Physik); Hamburg 1954, bes. S. 11 f.
[55] Vgl. dazu Wolfgang Klafki: Didaktische Analyse als Kern der Unterrichtsvorbereitung; in H. Roth u. A. Blumenthal (Hg.): Didaktische Analyse, AUSWAHL, Reihe A 1, Hannover 1962 u. w. Aufl., S. 8 ff.

thematischen Ordnungen, denen es entnommen ist, die es voraussetzt und
in die es münden muß: Es können *vorfachliche* Ordnungen der Umgebung
des Lernenden sein, wie im Fall des der Schule benachbarten Kaufhauses,
das als Teil eines planmäßigen Rundganges durch den Wohnbezirk behandelt wird. In eine *fachspezifische* Ordnung gehört das Thema Strom-
spannung als Teil der Elektrizitätslehre. *Fachübergreifend* ist der
Themenkreis Technisierte Massengesellschaft, in den das Thema Automation gehört. Von dieser Bestimmung her wird es z. B. möglich, die Sachgemäßheit des Ordnungsgefüges zu prüfen, in das ein vorfachlicher
oder fachübergreifender Gesamtunterricht[56] ein Thema eingliedert, ebenso die Verknüpfung des Themas mit vorangegangenen und folgenden
Themen.

Die Verknüpfung der Thematik mit den übrigen Strukturmomenten, die
Unterricht konstituieren, läßt sich am besten verdeutlichen, wenn man die
vielzitierte Forderung nach *exemplarischem Lehren* in der Sprache dieser
Strukturtheorie des Unterrichts präzisiert: Themen, die aus dem schier
unerschöpflichen Reservoir des thematischen Potentials[57] für den Unterricht ausgesucht werden, müssen in der gesellschaftlichen Gegenwart als
zukunftsbedeutsam angesehen werden können (sozial-kulturellen Bedingungen entsprechen). Sie müssen in dieser Bedeutsamkeit aber den
Heranwachsenden dargestellt, vom Lehrer nahegebracht werden können
(den anthropogenen Bedingungen genügen). Um exemplarisch zugleich
für jemanden und für etwas zu sein, wird ein solches Thema in seiner
Struktur Grundverhältnisse eines Themenbereiches repräsentieren müssen, wird in Erkenntnis-, Erlebnis-, Handlungsprozessen gelernt werden
müssen, die beispielhaft für die Sache sind, für deren Behandlung in
unserer Gesellschaft und mit unseren Schülern, auch was den methodischen Gang und die gewählten Medien der Vermittlung anlangt.

3. Methodik

Die Verfahrensweisen, mit denen der Unterrichtsprozeß strukturiert werden kann, in dem Intentionen und Themen gelehrt werden sollen, sind

---

[56] Es empfiehlt sich auch schon für den Anfänger, zwischen einem vorwiegend
psychologisch begründeten vorfachlichen Unterricht und einem vor allem durch die
Komplexität der sozial-kulturellen Zusammenhänge bedingten fachübergreifenden
Unterricht zu unterscheiden und sich klarzumachen, daß beide Ansätze nicht notwendig mit einer Vergötterung des noch nicht fachspezifisch ordnenden Kindes oder
einer verlorenen „organischen" Ordnung der Phänomene verbunden werden müssen, wie es in der Reformpädagogik häufig geschehen ist.
[57] Die Stoffülle der Lehrpläne veranlaßte die Diskussion über das exemplarische
Lehren; andere Motive, wie der Wunsch nach einem verbindlichen Kanon der
Schulerziehung, nach Aufwertung der Informationsübertragung der Schule gegenüber konkurrierenden Institutionen, Wunsch nach maximal übertragbaren Wissen,
sind hinzugetreten. Zur Einführung in die Problematik: Karl Odenbach: Studien zur
Didaktik der Gegenwart. Braunschweig 1961. — Vgl. auch Hans Scheuerl: Die
exemplarische Lehre. Wesen und Grenzen eines didaktischen Prinzips; Tübingen
1958. — Grundlegende Darstellung von Wolfgang Klafki: Das pädagogische Problem des Elementaren und die Theorie der kategorialen Bildung; 2. Aufl., Weinheim 1962. — Zur Einschränkung vgl. H. Roth, Anm. 11, Kap. „Orientierendes und
exemplarisches Lehren", und v. Verf.: Die Schule als Gegenstand der Pädagogik;
Ztschr. Die deutsche Schule, 56. Jg. (1964), bes. S. 342 ff.

von unterschiedlichster Reichweite, wie z. B. Schülerfrage und Projektmethode; eine kann Bestandteil einer anderen sein, wie die Schülerfrage
im Rahmen der Projektmethode unentbehrlich ist; sie können einander
auch widersprechen, wie die Lehrerfrage als Regelfall einem Vorgehen
widerspräche, das in purposing (Zielsetzung), planning (Planung), execut-
ing (Ausführung) und judging (Beurteilung) die Schülerinitiative führen
lassen will wie „Project Method". Die folgende Differenzierung wird mit
umfangreichen Unterrichtsmethodiken nicht konkurrieren, was die Vollständigkeit der Aufzählung methodischer Elemente angeht; sie wird es
möglich machen, deren Vielfalt unter dem Gesichtspunkt der Strukturver-
wandtschaft zu ordnen, von Gesamtentwürfen des Unterrichtsverlaufs bis
zu Einzelformen des Agierens, die natürlich durch akzentuierte Verwendung oder Aussparung ebenfalls stilbildend auf den Prozeß einwirken
können.

1. Methodenkonzeptionen werden hier Verfahrensweisen genannt, die
von einem Gesamtentwurf des Unterrichtsverlaufs her die einzelnen
Unterrichtsschritte determinieren.

a) Ganzheitlich – analytische Verfahren gehen von einem (oft diffusen)
Gesamteindruck aus, von einem Filmerlebnis z. B.[58] oder von einer
Exkursion der Klasse, um ihn in seinen Aspekten zu klären und so zu
einem präzisierten und differenzierten Gesamtbild zu verhelfen.

b) Elementenhaft – synthetische Verfahren bauen aus Wissenselementen
Wissenszusammenhänge auf, wie eine umstrittene Leselernmethode[59]
aus Buchstaben Worte und schließlich Sätze zusammenfügen läßt.

c) Projektverfahren gehen, wie bereits angedeutet, von Zielsetzungen
aus, die auf Schülerinitiative zurückgehen oder jedenfalls nicht allein
auf Lehrerinitiative, und suchen sie in gemeinsamer Arbeit zu planen,
arbeitsteilig zu lösen und dann der Kritik zu unterwerfen[60]. Als Pro-
jektziel wird in der Regel nur ein „Werk" anerkannt[61], die Objekti-
vierung des Lernfortschritts in einer Theateraufführung z. B., in einer
Ausstellung, in einem selbstgebauten Fahrradschuppen, einer Reise-
planung, dem renovierten Klassenraum.

d) Ein fachgruppenspezifisches Verfahren mit Konzeptionscharakter ist
etwa die Direkte Methode im Unterricht der neueren Fremdsprachen.

---

[58] Mohrhof, Haase, Winkler, Brudny: Filmgespräche mit Jugendlichen; München 1957.
[59] Über die Vor- und Nachteile dieser und ganzheitlich — analytischer Lese-
methoden informieren am ehesten: E. Schmalohr: Psychologie des Erstlese- und
Schreibunterrichts; Ztschr. Schule und Psychologie, Beiheft 16, München 1961, und
Dankmar Venus: Zum Problem der Begründung und Erforschung von Erstlese-
verfahren; Ztschr. Die deutsche Schule, 57. Jg. (1965), Heft 2, S. 87—101.
[60] John Dewey und William Kilpatrick: Der Projekt-Plan, Grundlegung und Praxis,
Weimar 1935.
[61] Vgl. Nelson L. Bossing: Progressive Methods of Teaching; 1942, dt. v. Georg
Geißler in: Das Problem der Unterrichtsmethode; 5. Aufl., Weinheim/B.

2. *Artikulationsschemata* strukturieren den Unterrichtsprozeß nach den vermuteten Lernphasen der Schüler und den ihnen jeweils zugeordneten Lernhilfen der Lehrer oder Mitschüler. Josef D o l c h[62] hat eine Tafel mit bisher empfohlenen Stufungsreihen abgedruckt, deren Bezeichnungen bald vom Lernenden, bald vom Lehrenden, bald von der Thematik her formuliert worden sind. Hier eine Auswahl:

Herbart: Vertiefung (Klarheit – Assoziation) – Besinnung (System – Methode).

W. Neubert: Einstimmung – Darbietung – Besinnung – Tataufruf.

Kerschensteiner: Schwierigkeitsanalyse und -umgrenzung – Lösungsvermutung – Prüfung der Lösungskraft – Bestätigungsversuche.

Das letzte weithin akzeptierte Artikulationsschema hat Heinrich R o t h[63] angeboten:

Roth: Stufe der Motivation – Stufe der Schwierigkeiten – Stufe der Lösung – Stufe des Tuns und Ausführens – Stufe des Behaltens und Einübens – Stufe des Bereitstellens, der Übertragung, der Integration.

Jede Stufe wird in drei Variationen gedacht, je nachdem, ob der Lernprozeß sich aus den Handlungserfordernissen von selbst ergibt, ob bewußt von vornherein Lernen angestrebt oder drittens vom Lehrer angestoßen wird. Ein Beispiel für vom Lehrer angestoßenes Lernen: Eine Klasse soll aus einer Erzählung ein Bühnenstück entwickeln. 1. Stufe = Der bevorstehende Elternabend sichert die Aufführungsmöglichkeit für die Bühnenfassung, spricht dadurch sachbezogene wie soziale Motive an. 2. Stufe = Die angemessene Sprachgestaltung der aus dem Stegreif entwickelten Szenen bereitet Schwierigkeiten. 3. Stufe = Eine experimentell gefundene Lösung wird akzeptiert. 4. Stufe = Die akzeptierte Lösung wird befriedigt wiederholt. 5. Stufe = Verteilte Wiederholungen nach festgehaltenen Stichworten sichern die Lösung vor Vergessen und perfektionieren sie. 6. Stufe = Das Stück wird für den Elternabend bereitgestellt; die darstellerischen Leistungen können in die spannungsreiche Situation des Elternabends übertragen werden; das Erarbeitungskonzept ist bis zu einem gewissen Grade auf weitere Dramatisierungen transferierbar.

3. *Sozialformen* des Unterrichts variieren das Verhältnis zwischen dem Lernen von etwas und dem Lernen mit anderen.

a) Im *Frontalunterricht* haben es alle Schüler der Klasse (Lerngruppe) mit dem gleichen gegenständlichen Lernziel und zugleich mit allen Mit-

---

[62] Josef Dolch, Anm. 21, S. 97.
[63] Vgl. das XII. Kapitel seiner Pädagogischen Psychologie, Anm. 11. Leider verdeckt die Bezeichnung der ersten Stufe leicht die im Kontakt auch von ihm vermittelte Erkenntnis, daß Motivation auch auf den folgenden Stufen eine Rolle spielt.

schülern zu tun. Die *Kreissituation* erleichtert gegenüber dem Frontalunterricht das Gespräch der Schüler untereinander. Im *Teilgruppenunterricht*[64] kommt man in bezug auf den Lerngegenstand häufiger zu Initiativen und hat in der Regel häufiger Kontakt mit anderen Schülern. Im *Einzelunterricht* entfällt der Kontakt mit anderen Schülern, entfallen dadurch eine Reihe von sozialen Motiven, aber auch von Störungen durch Mitschüler beim Gegenstandsbezug. Im ersten wie im letzten Falle legt die Situation dem Lehrer eine dominierende Haltung nahe.

4. *Aktionsformen* des Lehrens werden die Weisen genannt, in denen der Lehrende agiert. Sie lassen sich in zwei Gruppen einteilen:

a) *Direkt* wendet er sich an die Lernenden z. B. im Vortrag, in der Frage, im Unterrichtsgespräch[65], in der Demonstration.

b) *Indirekt* wirkt er über Situationen, in denen er die Lernenden bewußt sich selbst überläßt, über schriftliche Arbeitsanweisungen[66], über präformiertes Material[67] bei Gruppenarbeit, Schülerexperimenten, Lernspielen.

5. *Urteilsformen* verdienen es wohl, wegen des wertenden Verhältnisses, in das der Lehrende zum Lernenden tritt, wenn er von ihnen Gebrauch macht, gesondert betrachtet zu werden. Sonst wären auch die implizierten Urteile nicht abhebbar von der Aktion, auf deren Rücken sie Eingang in den Unterrichtsprozeß finden: Die Frage „Hast du das allein gemacht?" kann Lob und Tadel enthalten, und muß sie andererseits nicht enthalten. Implizierte und explizite Urteile können *zustimmend* oder *ablehnend* sein. Wo der Akzent liegt, das zu beschreiben, heißt wieder ein Element des Strukturprofils, des *Stils*[68] eines Unterrichts fixieren.

Auch das methodische Moment in seinem angedeuteten Formenreichtum steht in enger Wechselbeziehung zu den übrigen fünf Momenten: Teilgruppenarbeit z. B. muß die Behandlung des Themas „Afrika" ermöglichen, und dieses Thema wird arbeitsteilig in einem anderen Umfang behandelt als es in der gleichen Zeit frontal geschähe. Gruppenarbeit kommt

---

[64] Da sich der Gruppenbegriff der Sozialwissenschaften weitgehend durchgesetzt hat, nach dem auch eine Schulklasse eine Gruppe ist, wird vorgeschlagen, das pädagogisch Gemeinte, nämlich die Aufteilung einer Gruppe (Klasse) in kleinere Gruppen mit Teilgruppenunterricht unmißverständlicher zu bezeichnen. Vgl. Peter Petersen: Führungslehre des Unterrichts; 5. Aufl. Braunschweig—Berlin—Hamburg 1955. — Ernst Meyer: Gruppenunterricht. Grundlegung und Beispiel; 3. Aufl. Worms 1957. — Ursula Walz: Soziale Reifung in der Schule; Hannover 1960.
[65] Heinz Fischer: Das freie Unterrichtsgespräch; Braunschweig und Berlin 1955.
[66] Konsequent in den Mittelpunkt gerückt bei Helen Parkhurst: Education on the Dalton-Plan; Weimar 1933. — Vgl. Theodor Schwerdt: Kritische Didaktik in klassischen Unterrichtsbeispielen; 1. Aufl., 1933, zit. n. 5. Aufl., Paderborn 1950, S. 175 ff. — Weitere Aufl.
[67] Typisch für einen Unterricht durch Material ist die Konzeption Maria Montessoris. Vgl. H. Helmig: Montessori — Pädagogik — ein moderner Bildungsweg in konkreter Darstellung; Freiburg 1958. — G. Schulz: Der Streit um Montessori; Freiburg 1961.
[68] Vgl. Paul Heimann: Vergleichende Unterrichtslehre. Ihre Möglichkeiten und Methoden; in: Hans Espe (Hg.): Vergleichende Erziehungswissenschaft; Berlin 1956.

der Intention „Selbständige Erarbeitung länderkundlicher Überblicke"
mehr entgegen als der Intention „Sicherung eines allgemeinen Mindestwissens über Afrika". Ob das Medium Wandkarte oder das Medium
Schulatlas wichtiger werden, hängt u. a. von der Methodenwahl ab.
Anthropogene Bedingungen für die Teilgruppenarbeit sind z. B. ein
bestimmter Grad von Kooperationsbereitschaft der Lernenden, sozial-
kulturelle Bedingungen dafür sind z. B. zum Umstellen geeignetes Mobi-
liar und eine ausreichende Ausstattung mit Arbeitsmitteln. Ob die selbständige Arbeit in Gruppen wünschenswerte soziale Verhaltensweisen
fördert, hängt ebenfalls von der Gesellschaft ab, in der Schule gehalten
wird.

4. Medienwahl

Als Medien werden hier alle Unterrichtsmittel bezeichnet, deren sich
Lehrende und Lernende bedienen, um sich über Intentionen, Themen
und Verfahren des Unterrichts zu verständigen. Als Verständigungsmittel
über die methodische Organisation sind die Medien auch von den Methoden als ein besonderes Strukturmoment abzuheben, wofür unseres Wissens zuerst Paul H e i m a n n eingetreten ist[69]. Die sprunghafte Entwicklung der Unterrichtsmittel in unserer Zeit, die sich alljährlich auf der
DIDAKTA, der Lehrmittelmesse, spiegelt, hat bereits zu einer weitrei-
chenden Erprobung von Sprachlabors geführt, zu hohen Investitionen
großer Verlage in die Entwicklung von programmierter Instruktion[70], zu
mehreren Versuchen mit Schulfernsehen[71], insbesondere mit Closed
Circuit Television[72] – zu Ansätzen also, bei denen die Medien zu völlig
neuartigen Unterrichtsabläufen führen, die Intentionalität[73], Thematik[74],
und Methodik des Unterrichts[75] nichts unberührt lassen. Um die weithin
nicht selbstverständliche Eigenständigkeit des Unterrichtsmomentes Medienwahl ins Bewußtsein zu heben, wird es im folgenden betont zu den
übrigen Momenten in Beziehung gesetzt:

1. Bezogen auf die *Intentionen* des Unterrichts können Medien *polyvalent*
oder *monovalent* sein; der Kulturfilm „Das große Treiben" ist als Hilfs-

[69] Vgl. Anm. 3.
[70] Zur Einführung in den Fragenkreis geeignet ist H. Roth u. A. Blumenthal (Hg.):
Programmierter Unterricht; AUSWAHL, Heft 6, Hannover 1963.
[71] Ford-Foundation-Report: Teaching by Television; 1959.
[72] Vgl. P. Heimann, E. Frister u. W. Schulz (Hg.): Fernsehen schulintern. Versuche,
Analysen, Probleme; Berlin 1965.
[73] Ernest R. Hilgard hat auf die Schwierigkeit hingewiesen, mit Hilfe des programmierten Unterrichts zum Befragen des Wissensbereiches, zur selbständigen Antwort-
suche zu erziehen: Kernprobleme der Lernpsychologie und des programmierten
Lernens; Ztschr. Die deutsche Schule, 55. Jg. (1963), Heft 10, bes. S. 507 f. — Vgl.
auch die Intentionen der Schulbücher in West und Ost, z. B. Waclaw Sobanski:
School textbooks in the German Federal Republic; Warschau 1962. — M. Diederich
u. F. Blage (Bearb.): Das Schulbuch in der Sowjetzone; 8. Aufl. Berlin 1958.
[74] Z. B. erleichtert der Einsatz von Schulfernsehen die Zuwendung zu aktuellen
Themen, die der Lehrer sonst aus Mangel an Vorbildung und Unterlagen scheut.
[75] Schulfernsehen z. B. legt Großraumunterricht nahe (vgl. Anm. 71), Programme
ermöglichen Vergrößerung des Anteils von Einzelunterricht.

mittel zur Erkenntnisbildung über Australiens Binnenland ebenso geeignet wie zum erlebnismäßigen Aufschließen eines großen Trecks, dagegen wäre ein Lernspiel zur quizartigen Wiederholung geographischer Daten eindeutig auf Kenntnisvermittlung bezogen.

2. Die *Themen* des Unterrichts werden von Medien entweder als *Abbildung* wiedergegeben (Fotos, Filme, Schallplatten, Tonaufzeichnungen), als *Muster* vertreten (Gesteine, Pflanzen, Tiere, Artefakte), jeweils für Gleichartiges stehend; sie können es auch als *Symbol* darstellen: In Lehrbüchern z. B. wird die Thematik jeweils durch Zeichensysteme repräsentiert, Modelle verweisen auf die Wirklichkeit, auf die sie bezogen sind, ohne wie Muster ein Teil von ihr zu sein. Dieser von Martinus J. L a n g e - v e l d[76] stammenden Unterscheidung müßte wohl noch die Kategorie der *Gestaltungsmittel* hinzugefügt werden: Materialien und Werkzeuge bezeichnend, die zur Produktion von Unterrichtsgegenständen benötigt werden. Auch das Malen eines Bildes, die Herstellung eines Musikinstrumentes, das Nähen eines Kleides kann schließlich Ziel der Stunde sein und bedarf der Mittel.

3. In *methodischem* Zusammenhang sind die Medien oft als *Lehrmittel* (Medien zur Unterstützung der Lehraktionen) und *Lernmittel* (zum Gebrauch des Schülers im Lernprozeß) geordnet worden. Die bereits angedeutete intentionale Polyvalenz vieler Medien läßt aber entsprechend der jeweiligen Lehrabsicht den unterschiedlichen Gebrauch von Medien zu. So kann ein Lesebuch ohne weiteres vom Lehrer vor den Schülern gebraucht werden und auch der selbständigen Beschäftigung der Schüler dienen. Der Einsatz einiger Medien hängt allerdings von methodischen Vorentscheidungen ab: So der Gebrauch einer Ganzheitsfibel von einer Methodenkonzeption, der Einsatz von Lernspielen zum Einüben von der Artikulationsphase, Gruppenspiele von einer Sozialform.

4. Auch auf *anthropogene Voraussetzungen* sind die Medien bezogen. Ein Tafelbild des Lehrers von der Kreuzotter wird auf Lernende, die Fotos, Film, Fernsehen gewohnt sind, anders wirken als auf Lernende vor 100 Jahren. Vom Verhältnis der Lernenden und Lehrenden zum Medium hängt auch ihr Verhältnis zu dem Ziel ab, das mit Hilfe des Mediums angestrebt wird. Ein zu geringer *Vertrautheitsgrad* in der Benutzung des Mediums kann die Vermittlung so stören, daß das Medium, z. B. ein Mikroskop, zum Unterrichtsgegenstand gemacht werden muß. Ebenso entscheidet der *Akzeptionsgrad* das Maß an Zustimmung zur Art der Präsentation über das Präsentierte mit: in fragwürdigen Lesebüchern kann auch gute Literatur zwiespältig wirken[77].

5. *Sozial-kulturelle Voraussetzungen* wie Medienarchive oder Filmvorführräume fördern oder hemmen den Mediengebrauch. Die *Korrespon-*

---

[76] Martinus J. Langeveld, s. Anm. 38, S. 54 ff.
[77] Vgl. G. Otto und W. Schulz, Über Schullesebücher, Die deutsche Schule, Heft 5, 1961.

denz zwischen den Unterrichtsmitteln und den gesellschaftlich gebräuchlichen Medien wird die Wirksamkeit des Medieneinsatzes ebenso beeinflussen wie das *Prestige* der Medien in der Gesellschaft. So hat ein
Lehrer, als er das Planetensystem an einem selbstentworfenen Modell
erläutert hatte, das Lob erhalten: Das war so chic wie im Fernsehen!

Die Analysen des Unterrichts auf seine Intentionalität, seine Thematik,
Methodik, Medienwahl hin erfassen die unterschiedlichsten Varianten der
inhaltlichen Ausgestaltung dieser Struktur. Wie sollte es anders sein angesichts der geschichtlichen Wandelbarkeit des Menschen und seiner von
ihm selbst geschaffenen Kultur: Wir steigen nicht zweimal in denselben
Fluß! Die didaktische Vielfalt, weit entfernt, aus sich selbst heraus verständlich werden zu können, bestätigt die anthropologische Feststellung,
daß der Mensch als Gattung streng genommen nicht vorkomme[78]. Vom
Unterrichtsgeschehen aus betrachtet, modifizieren die mit den Menschen
gegebenen *Voraussetzungen* jedes Unterrichts diesen von zwei Seiten:

5. Anthropogene Voraussetzungen

Der Unterricht muß mit der Vorgeprägtheit des an ihm Teilnehmenden
rechnen, sowohl Schüler als Lehrer bringen ihre Anlagen mit, ihre Erfahrungen in ihn ein. Wer mit ihnen nicht rechnen kann, wird vielleicht
erfahren, daß sie sich auch gegen seinen Willen durchsetzen. Lehrkapazi-
tät und Lernkapazität, Geschlecht, Alter, Milieu, die Individuallage jedes
der beteiligten Menschen haben in den Unterricht hineingewirkt, in Kon-
taktnahmen, Zielbezug, Verfahrensangepaßtheit, Leistung der Agierenden.
Zusammengefaßt : Ein *Anpassungsstand* und eine gewisse *Anpassungs-
offenheit* gegenüber neuen Erfahrungen werden in jedem Unterricht vorausgesetzt[79]. Dem Analytiker begegnen die anthropogenen Voraussetzungen auf zwei Ebenen: Die Voraussetzungen, von deren *Annahme* der
Unterrichtende sich bestimmen läßt, sind selten völlig identisch mit
denen, die sich vor den Augen des Analytikers *faktisch* durchsetzen.

Wenn der Lehrer annimmt, das Gros der Zielgruppe (Klasse) habe das
Lernziel erreicht, dann entschließt er sich vielleicht, eine Klassenarbeit
schreiben zu lassen. Bei der Durchführung in experimenteller Haltung
sieht er dann eventuell, daß er die Voraussetzungen nicht genau kalku-
liert hatte: Resignation der nicht verstanden Habenden oder Überdruß
der allzuviel Übenden.

6. Sozial-kulturelle Voraussetzungen

Mit dem Zusammenschluß unterschiedlichster Schüler in einer Zielgruppe
(Klasse) ist eine neue sozial-kulturelle Situation entstanden. Die Schul-

---

[78] Vgl. Michael Landmann: Philosophische Anthropologie; Berlin 1955, S. 225 f.
[79] Beispiele für empirische Untersuchungen, die bei der realistischen Einschätzung
helfen können, wenn sie die Beobachtung der eigenen Schüler nicht ersetzen: Jean
Piaget: Das moralische Urteil beim Kinde; dt. Zürich 1954. — Rosa B. Aibauer: Die
Lehrerpersönlichkeit in der Vorstellung des Schülers; Regensburg 1954. — Fritz
Stückrath: Kind und Raum; München 1955. — Waltraut Küppers: Zur Psychologie des
Geschichtsunterrichts; Stuttgart 1961.

klasse etwa hat eine bestimmte **Frequenz**, die Schüler sind gegebenenfalls nach **Alter, Geschlecht, Konfession** ausgewählt worden. **Ranggefälle, Ko-operationsformen, Rivalisationsformen, Elemente** formeller und informeller **Gruppenordnung**[80] entstehen. Die *Schule* gehört zu einem gesellschaftlich mehr oder weniger privilegierten Schulzweig[81]. **Schulordnung, Lehrplan, Ausstattung** und **Kollegium, Schülerauslese** wirken auf die unterrichtlichen Entscheidungen ein. Aus der sozial-kulturellen *Gesamtsituation* wollen möglicherweise Trends, Tendenzen den Unterricht beeinflussen, desgleichen die gesetzlichen Grundlagen des Schulunterrichts, die Forderungen gesellschaftlicher Gruppen. Zusammengefaßt: Die Tendenzen zur Wahrung bestimmter gesellschaftlicher *Traditionen* und zur Durchsetzung moderner *Trends* sind sozial-kulturelle Voraussetzungen des Unterrichts, die ihn beeinflussen und die der unterrichtete Schüler seinerseits beeinflußt[82].

Ebenso wie im Bereich der anthropogenen Voraussetzungen wirken die sozial-kulturellen einmal als *Annahmen* des Unterrichtenden, einmal als *Fakten*, die sich erwiesenermaßen durchsetzen, auf den Unterricht. So kann eine verschärfende Verfügung über die Aufsichtspflicht des Lehrers in den Pausen das Verhältnis zwischen Schülern und Lehrern stören oder auch Anlaß für einen SMV-Verbesserungsvorschlag sein.

Die *Strukturanalyse* kann, wie schon gesagt, zu keinem Urteil „richtig" oder „falsch" führen. Sie führt zu einer gedanklichen Ordnung, die Stil, stilistische Einseitigkeit oder Stilbruch aufdeckt und damit *Probleme* ins Bewußtsein hebt, denen dann mit anderen Methoden weiter nachgegangen werden kann. Diese Methoden hat Paul H e i m a n n[83] in der hauptsächlichen Quelle dieser Arbeit unter den Begriff „Faktorenanalyse" zusammengefaßt, eine Bezeichnung, von der nur wegen ihrer mißverständlichen Namensgleichheit mit einem modernen statistischen Verarbeitungsverfahren hier versuchsweise abgegangen wird.

2. Bedingungsprüfung

Die Didaktik überschreitet die Grenzen einer rein beschreibenden Disziplin, wenn sie nach den *Bedingungen* fragt, die zu dem Strukturprofil geführt haben, das sie ermittelt hat. Eine Analyse der Bedingungen, die in die festgestellten anthropogenen und sozial-kulturellen Voraussetzungen eingegangen sind, wird *Normen*, die als Voraussetzungen akzeptiert

---

[80] Carl Weiß: Abriß der pädagogischen Soziologie. 2. Teil, 3., überarb. Aufl., Bad Heilbrunn Obb. 1961.
[81] Vgl. die entsprechenden Angaben in Ulrich J. Kledzik: Die OPZ in Berlin. Berichte, Analysen, Probleme; Hannover 1963.
[82] Soziologische Untersuchungen der Funktionen des Schulbesuchs: Orville G. Brim: Soziologie des Erziehungswesens; dt. Heidelberg 1963, bes. S. 63 ff. — Thomas Ferguson: Schulzeit und Delinquenz; in: Soziologie der Schule, hg. v. Peter Heintz; Köln und Opladen 1959. — Über das Verhältnis von institutioneller Erziehung zu Gesamtgesellschaft Carl Weiß: Abriß der pädagogischen Psychologie, Teil 1a; Bad Heilbrunn Obb. 1960, S. 109—130.
[83] Vgl. Anm. 3, bes. S. 423 f.

worden sind, von *Fakten* im Sinne von conditiones trennen müssen, die sich auf Grund ihres Vorhandenseins durchsetzen, ohne Rücksicht darauf, ob sie nun akzeptiert werden oder nicht. Wenn etwa ein Unterrichtender von der Annahme ausgeht, daß doch Jugend ein besonders enges Verhältnis zum Leben in der Natur habe, dann hat er sich einer Normvorstellung angeschlossen, die z. B. in Kreisen der bündischen Jugend lange Zeit allgemein war. Wenn er weiter berücksichtigen will, daß seine Vierzehnjährigen in der Pubertät sind, dann rechnet er mit einem Faktum, das auch ohne diese Berücksichtigung nicht wegzudenken wäre und sich, vom Lehrer übersehen, in Unlustdemonstrationen der unterforderten Schüler störend bahnbrechen könnte. Schließlich sind die *Formen* des Unterrichts, die in den Entscheidungsbereichen Intentionalität, Thematik, Methodik, Medienwahl gewählt worden sind, didaktische Erfindungen, die einmal unter bestimmten normativen und faktischen Bedingungen Gestalt geworden sind, oft in bestimmten Fachbereichen des Unterrichts. Sie könnten, ohne historisches Verständnis gebraucht, leicht unkontrollierte Einflüsse auf den Unterricht wirken lassen, oder, eingesetzt, ohne ihre Voraussetzungen ernst zu nehmen, zumindest ihre verlaufsprägende Kraft verlieren. Vor allem aber wäre zu prüfen, ob sie den Unterricht wirklich, den Normen und Fakten entsprechend, von denen er ausgeht, optimal organisieren.

Die Ausbildungswirkung, die von Exerzitien im Analysieren der Bedingtheit didaktischer Systeme erhofft wird, ist die Erweiterung des System- und Problemverständnisses der ersten Reflexionsstufe und die Fähigkeit und Bereitschaft zu *Normenkritik, Faktenbeurteilung* und *Formanalyse* auf der zweiten Reflexionsstufe. Auf dieser Stufe wird das Wissen aktualisiert werden müssen, das die pädagogischen Grundwissenschaften und das Wahlfachstudium bereitstellen. Z. B. werden zur Normenkritik Denkmodelle der imperativen Logik[84], der Semantik[85], der Wissenssoziologie[86] und der Psychoanalyse[87] herangezogen. Die anthropologischen Disziplinen[88] helfen, den Stand der faktischen Orientierung in bezug auf die angenommenen Voraussetzungen bei Mensch und Gesellschaft zu überprüfen. Die Sachgemäßheit der Unterrichtsstrukturierung

---

[84] Vgl. z. B. Gerhard Frey: Idee einer Wissenschaftslogik; Grundzüge einer Logik imperativer Sätze; in: Philosophia Naturalis IV (1957), S. 434—491. — Hans Reichenbach: Aufstieg der wissenschaftlichen Philosophie; Berlin o. J.
[85] Anfänge bei Ernst Topitsch: Zeitgenössische Bildungspläne in sprachkritischer Betrachtung; s. Anm. 17. Einführung in die semantische Fragestellung I. Boschenski, s. Anm. 45.
[86] Ernst Topitsch: Ideologie und Utopie in der Erziehung; in Anm. 17. — Wolfang Lempert: Über einige Mißverständnisse zwischen deutschen Pädagogen und Soziologen; in: Das Bildungswesen als Gegenstand der Forschung, hg. v. E. Lemberg, Heidelberg 1963.
[87] Wolfgang Hochheimer: Zur Tiefenpsychologie des pädagogischen Feldes; in Psychologie und Pädagogik, hg. v. J. Derbolav u. H. Roth, Heidelberg 1959. — Erik H. Erikson: Kindheit und Gesellschaft, dt. Zürich 1957.
[88] Zur Einführung Andreas Flitner (Hg.): Wege zur pädagogischen Anthropologie; Heidelberg 1963.

wird mit Hilfe der sogenannten Wahlfächer[89] geprüft, die Lern-
effektivität unter Verwendung von Ergebnissen der Lernforschung, wie
sie etwa Otto Walter H a s e l o f f und Eduard J o r s w i e c k[90] für
den B e r l i n e r A r b e i t s k r e i s Didaktik dargestellt haben.

Selbstverständlich kann die Integration des Wissens der Nachbardisziplinen unter dem Aspekt didaktischer Bedingungsprüfung die eigene
didaktische Forschung nicht ersetzen. Nicht einen Augenblick sollte man
vergessen, daß die Durchschnittswerte der Nachbardisziplinen, etwa über
jugendliche Leistungsfähigkeit, zur Klärung eines konkreten Unterrichtsgeschehens lediglich als Anhaltspunkte, Hinweise, Erkenntnishilfen gelten, nicht aber für die Untersuchung der gewählten Bezugsgruppe eingesetzt werden können. Auch das Bewußtsein, daß die gemessene
Leistungsfähigkeit eine Ausgangslage ist, die unter früherer pädagogischer Beeinflussung zustande kam und mit pädagogischen Mitteln
geändert werden könnte, gehört hierher[91]. Schließlich soll die Möglichkeit, daß die Nachbardisziplinen etwas unter pädagogischer Fragestellung
vielleicht nicht ohne weiteres Relevantes gemessen haben, wenigstens
angedeutet werden. Die Probleme, Methoden und Ergebnisse der Unterrichtsforschung können in dieser Einführung leider nicht behandelt
werden[92]; die folgenden Absätze nennen nur einige Beispiele für
Bedingungsprüfung, die für viele stehen müssen.

1. Normenkritik

Der Begriff Norm wird hier nicht im Sinne von Durchschnittsmaß, sondern in der Bedeutung Vorschrift, Forderung gebraucht, ohne Rücksicht
auf die Reichweite oder Begründung der unter diesem Oberbegriff zu-
sammengefaßten Inhalte menschlicher Setzungen[93]. Wenn man bedenkt,
daß der Erziehende und damit auch der Unterrichtende sein Gegenüber

---

[89] Die den Unterrichtsfächern nahestehenden Studiengebiete werden u. E. zu Unrecht
als die Wahlfächer des Lehrerstudiums bezeichnet, dessen entscheidendes Charakteristikum die Wahl des pädagogischen Studiums sein dürfte. Zweifellos ist es ohne
Fachstudien nicht möglich, die Sachgerechtheit der vermittelten Informationen zu
steigern. Zum Grundproblem: Ottomar Wichmann: Eigengesetz und bildender Wert
der Lehrfächer. Untersuchungen über die Beziehung von allgemeiner Pädagogik und
Fachwissenschaft; Halle 1930. Zwei Beispiele: Herbert Meschkowski: Das Unternehmen Bourbaki in der Schule; in: Bildungsfragen im Zeitalter der Automation, hg.
v. H. Michaelis u. a., Bd. 2 von „Funktion und Modell", Schriften der Pädagogischen Hochschule Berlin, Weinheim/B. 1965. — Benno Griebel: Gekachelte
Träume. Das Gedicht als Bildungsgut der Volksschule; München 1963.
[90] Otto Walter Haseloff und Eduard Jorswieck: Ergebnisse und Probleme der Lernforschung; in: Didaktische Informationen Nr. 7, Nr. 8, Nr. 9, hg. vom Berliner
Arbeitskreis Didaktik, Verlags- und Veranstaltungsgesellschaft des Berliner Verbandes der Lehrer und Erzieher, Berlin 30, Ahornstr. 5.
[91] Vgl. z. B. Fr. Winnefeld, Anm. 2, S. 33 ff.
[92] Zur Einführung dient Heinrich Roth: Die Bedeutung der empirischen Forschung
für die Pädagogik; in: Pädagogische Forschung und pädagogische Praxis, hg. v.
H. Heckel u. a., Heidelberg 1958.
[93] In die Setzungsprobleme der modernen Demokratie, insbesondere in der Schule,
führt auf eine provozierende Weise ein: Theodor Geiger: Demokratie ohne Dogma.
Die Gesellschaft zwischen Pathos und Nüchternheit, Kap. Vollendung der unter-
brochenen Aufklärung; München o. J.

beeinflussen will, wird einem klar, daß die Pädagogik ohne Setzungen, die das Ziel der Einflußnahme bezeichnen, nicht auskommt. Normensetzung ist nicht das Ergebnis wissenschaftlichen Denkens, und doch braucht dieses die Normen nicht einfach hinzunehmen. Der Didaktiker wird die Unterrichtsnormen zunächst auf ihre semantische Eindeutigkeit als Handlungsanweisungen hin untersuchen, ihre Vereinbarkeit miteinander prüfen, die Begründungen prüfen oder wenigstens charakterisieren, die für die Setzung angegeben werden, nach der Herkunft der Setzungen und nach ihren möglichen Nutznießern fragen, die prüfbaren Folgen ermitteln, die die Setzungen in der Durchführung gehabt haben[94].

Die nähere Bestimmung des Normcharakters ermöglicht eine Aussage über die Verbindlichkeit, die sie in einer pluralistischen Gesellschaft beanspruchen kann. Deshalb ist es nützlich, zwischen Ideologien im engeren Sinne[95], Utopien[96], „konkret überprüfbaren Vorurteilen partieller Art"[97], weltanschaulichen Positionen[98], formellen und informellen Übereinkünften[99] zu unterscheiden. Beispiele für Normenkritik sind etwa die Untersuchung „Volkstümliche Bildung" von Hans G l ö c k e l [100], die Berliner Untersuchungen zum Weltbild der Schullesebücher[101] und die Analyse einer verbandspolitischen Stellungnahme von Wolfgang K r a m p [102].

---

[94] Vgl. Anm. 17.
[95] Der Ideologiebegriff wird hier im Verständnis von H. J. Lieber gebraucht. Als Ideologie darf danach „jenes geistige, apologetische Selbstverständnis der Gesellschaft gelten, das in seinen Wahrheitsanspruch das Bewußtsein möglicher Falschheit und Konformität mit den Faktizitäten der Gesellschaft nicht selbstkritisch aufnimmt und aktiviert und damit die Gesellschaft im Grunde nur unbefragt bestätigt"; in E. Fraenkel u. K. D. Bracher: Staat und Politik. Das Fischerlexikon, 4. Aufl., Frankfurt/M. 1959, S. 123.
[96] Als Utopien werden hier in Abhebung von dem Ideologieverständnis Anm. 95 solche Entwürfe gesellschaftlichen Lebens verstanden, die eine sozial-kulturelle Realität in Frage stellen, indem sie ihr das Bild einer als möglich hingestellten anderen Ordnung entgegensetzen.
[97] Vorurteile partieller Art, in denen einzelne oder gesellschaftliche Gruppen befangen sind, können untersucht und korrigiert werden, ohne daß das geistige Selbstverständnis einer Gesellschaft dabei grundsätzlich befragt werden müßte. Deshalb werden sie im Anschluß an H. J. Lieber hier nicht als Ideologien bezeichnet.
[98] Weltanschauungen werden hier mit Walter Heistermann von Ideologien insofern unterschieden, als darunter nur solche über Erfahrungswissen hinausgehenden Selbst- und Weltdeutungen verstanden werden, die sich ihrer Subjektbezogenheit bewußt bleiben, m. a. W. ein Bewußtsein ihrer Relativität bewahren. Vgl. W. Heistermann: Weltanschauung und Erziehung, s. Anm. 17.
[99] Unter formellen Übereinkünften werden hier Gesetze, Verträge, Bestimmungen u. ä. verstanden, soweit sie den Charakter einer Absprache beibehalten, also nicht mit dem Hinweis auf verabsolutierte Positionen begründet werden. — Unter den Begriff „informelle Übereinkünfte" fallen alle Sitten, Konventionen, Stile u. ä., soweit sie nicht auf verabsolutierten Wahrheitsansprüchen beruhen (auf Ideologien, Vorurteilen) oder auf formelle Vereinbarungen zurückgehen.
[100] S. Anm. 34.
[101] Zusammenfassender Bericht in G. Otto u. W. Schulz: Über Schullesebücher; Ztschr. Die deutsche Schule, 53. Jg. (1961), Heft 5.
[102] Wolfgang Kramp: Fachwissenschaft und Menschenbildung; in: Wissenschaft und Menschenbildung, hg. v. Herbert Meschkowski; Bd. 1 von „Funktion und Modell", Schriftenreihe der Pädagogischen Hochschule Berlin, Weinheim/B. 1964.

2. Faktenbeurteilung

Wer Unterricht plant und durchführt, rechtfertigt sich in der Regel nicht nur mit Hinweis auf die Normen, denen er sich verpflichtet weiß, sondern er macht auch Aussagen, die den Anspruch erheben, von Wünschen unabhängige Tatsachen zu bezeichnen. Da rechtfertigt etwa ein Berliner Lehrplan die Unterscheidung OPZ (Oberschule Praktischen Zweiges), OTZ (Oberschule Technischen Zweiges), OWZ (Oberschule Wissenschaftlichen Zweiges) mit dem Hinweis auf anthropogene Voraussetzungen, auf bestehende Begabungstypen: Hier können die Fakten überprüft werden, die dafür sprechen sollen. Die verdienstvolle Berliner Denkschrift zur inneren Schulreform erklärt den gleichen Sachverhalt mit der Einstellung auf gesellschaftliche Aufgabengruppen. In anderen Ländern ist beobachtet worden, daß die Zugehörigkeit zu einem Schulzweig mit wachsendem Alter stärker mit dem Beruf des Vaters als mit der Intelligenz korrelierte[103]. Schon ein Vergleich dieser Aussagen relativiert sie. Aber die Notwendigkeit der Überprüfung von Aussagen, die sich auf Fakten beziehen, besteht schon im Alltag. Da schreibt ein Student, daß die Lernschwierigkeiten seiner Gastklasse vom Klassenlehrer auf die rückhaltlose Benutzung des Fernsehapparats in den Elternhäusern zurückgeführt würde. Der Hinweis, daß die Mehrzahl der bisher vorliegenden Untersuchungen keine gravierend negativen Folgen des Fernsehens festgestellt hat[104], wird beide vielleicht zu einer Überprüfung ihrer Ansicht veranlassen. Der Klassenlehrer der Grundschule wird die Hypothese Basil B e r n s t e i n s [105] vom Zusammenhang von Sprachniveau und Schulerfolg als Hinweis, nicht als vorweggenommene Klärung auf seinen Aufgabenbereich anwenden.

3. Formenanalyse

Es ist bereits darauf hingewiesen worden, daß die Gestaltungsformen des Unterrichts ihre historische Wurzel haben und auf ihre Gebundenheit an die ursprünglichen Voraussetzungen hin befragt werden müßten: So die H e r b a r t verpflichteten formalen Stufensysteme, das Projektdenken der Amerikaner, die Situationsdidaktik von Peter P e t e r s e n oder die Stundentypologie der sowjetischen Schule. Eine Geschichteschreibung solchen Formenwandels des Unterrichtsprozesses und seiner

---

[103] Vgl. die sorgfältig zusammengestellten Angaben im Kapitel V. Die Auslese als soziales Problem des Forschungsberichtes von Walter Schultze: Über den Voraussagewert der Auslesekriterien für den Schulerfolg am Gymnasium; Max-Traeger-Stiftung, Frankfurt/M. 1964.
[104] Eleanor E. Maccoby: Die Wirkung des Fernsehens auf Kinder; in: Grundfragen der Kommunikationsforschung, hg. v. Wilbur Schramm, dt. München 1964. Etwas distanzierter, aber nicht gegenläufig äußert sich Martin Keilhacker: Jugendkundliche Film- und Fernsehforschung in Deutschland seit 1945; in: Film und Fernsehen im Spiegel der Wissenschaft, hg. v. Erich Feldmann und Ernst Meier, Gütersloh 1963.
[105] Basil Bernstein: Sozio-kulturelle Determinanten des Lernens. Mit besonderer Berücksichtigung der Rolle der Sprache; in: Soziologie der Schule, s. Anm. 82.

Wechselbezüge zu kulturellen Nachbarbereichen hat Gottfried H a u s - m a n n [106] begonnen. Georg G e i ß l e r [107] hat eine nützliche Sammlung von Selbstdarstellungen der Erfinder neuer Kombinationen ediert. Eine Vorgeschichte des zeitgenössischen Bildungsdenkens, in dessen Dienst diese methodischen Erfindungen treten, hat Wolfgang K l a f k i [108] im ersten Teil seines Hauptwerkes gegeben, was Peter M. R o e d e r [109] veranlaßt hat, die Frage nach dem Wert der historisch-systematischen Methode aufzuwerfen.

Mindestens ebenso bedeutsam wie die historische Relativierung ist die praktische Bewährung der Unterrichtsweisen. Seit den von Kurt L e w i n angeregten sozialpsychologischen Untersuchungen von L i p p i t und W h i t e [110] sind in den USA und in Deutschland eine ganze Reihe methodisch unterschiedlicher Untersuchungen über die Wirkung von Unterrichtsstilen gemacht worden. Auf den Bericht von C. Wayne G o r d o n [111] und auf die von Reinhard und Annemarie T a u s c h [112] vorgelegte Erziehungspsychologie sei in dieser Sache nachdrücklich hingewiesen. Als Einführung dient vielleicht am besten Ursula W a l z [113]. Aber auch speziellere Probleme, wie der Erfolg der Erstlesemethoden[114], einer den Gegenstand problematisierenden Unterrichtsweise[115] oder der Vergleich der Leistung eines Lehrprogrammes mit „konventionellem" Unterricht[116] suchen Wege objektiver Erfolgskontrolle.

In der Praxis werden die Reflexionsstufen und die Sichtweisen nicht immer so getrennt wie hier und in dieser Reihenfolge gebraucht werden. Dennoch kann eine solche vorläufige Ordnung einer Engagement und

---

[106] Gottfried Hausmann: Didaktik als Dramaturgie des Unterrichts; Heidelberg 1959.
[107] Georg Geißler: Das Problem der Unterrichtsmethode; 5. Aufl., Weinheim/B. 1963.
[108] Wolfgang Klafki: Das pädagogische Problem des Elementaren und die Theorie der kategorialen Bildung; 2. Aufl., Weinheim/B. 1963.
[109] Vgl. die Kritik von Peter-Martin Roeder: Bemerkungen zu Wolfgang Klafkis Untersuchungen über „Das pädagogische Problem des Elementaren und die Theorie der kategorialen Bildung; Ztschr. Die deutsche Schule, 53. Jg. (1961), Heft 12, S. 572 bis 582. — Replik von Wolfgang Klafki: Zu Peter Roeders „Bemerkungen...", Ztschr. Die deutsche Schule, a. a. O., S. 582—593. — Peter-Martin Roeder: Zur Problematik der historisch-systematischen Methode (zugleich eine Fortsetzung des Gesprächs mit Wolfgang Klafki); Ztschr. Die deutsche Schule, 54. Jg. (1962), Heft 1, S. 39—44.
[110] K. Lewin, R. Lippit, R. K. White: Patterns of aggressive behavior in experimentally created social climates. J. Soc. Psych. 1939 u. a. Veröff. Ausführlicher Bericht in deutscher Sprache vgl. U. Walz, Anm. 113.
[111] C. Wayne Gordon: Die Schulklasse als ein soziales System, s. Anm. 82.
[112] Reinhard und Annemarie Tausch: Erziehungspsychologie. Psychologische Vorgänge in Erziehung und Unterricht; Göttingen 1963.
[113] Ursula Walz: Soziale Reifung in der Schule; Hannover 1961.
[114] E. Schmalohr: Psychologie des Erstlese- und Schreibunterrichts; Ztschr. Schule und Psychologie, Beiheft 16, München 1961.
[115] Hans Aebli: Psychologische Didaktik. Didaktische Auswertung der Psychologie von Jean Piaget; Stuttgart 1963.
[116] Klaus Weltner: Eine vergleichende Untersuchung von Lernleistung und Erinnerungsfestigkeit bei programmiertem Unterricht und Direktunterricht; Ztschr. Die deutsche Schule, 56. Jg. (1964), Heft 7/8, S. 453—461.

Reflexion sauber trennenden Didaktik am Anfang hilfreich sein, um die Größenordnung von Einzelproblemen zu erkennen und um ihre Verknüpfung in einem theoretischen Bewußtsein vom Unterrichtsprozeß anzubahnen.

III. UNTERRICHTSPLANUNG

Dieselbe Begriffsapparatur, die soeben zur Unterrichts*analyse* angeboten worden ist, vermag auch bei der Unterrichts*planung* gute Dienste zu leisten. Während die Analyse von den didaktischen Entscheidungsmomenten Intentionalität, Thematik, Methodik und Medienwahl zu deren ausgesprochenen oder unausgesprochenen Voraussetzungen zu den Annahmen über Mensch und Gesellschaft vorstieß, wird der Planende den umgekehrten Weg gehen. Am besten macht man sich das am alltäglichen Wechsel der beiden Phasen im Berufsleben des Lehrers klar: Auf dem Heimweg zieht man Bilanz; was ist heute in meinem Unterricht vor sich gegangen, wie hat er sich zu meiner Unterrichtsplanung verhalten und welche Auffassungen über Mensch und Gesellschaft müssen gegeben sein, wenn ich den Ablauf dieses Geschehens für didaktisch verantwortbar halten will? Die Korrekturen, die mir unerwartete Schülerreaktion. Eltern oder Vorgesetzte nahelegen, und die Lernergebnisse meiner Schüler gehen in die anthropogenen und sozial-kulturellen Voraussetzungen ein, die ich zu Beginn meiner Planung bedenken muß.

Wer zu unterrichten beginnt, ist froh, wenn er nur eine Stunde vorweg planen kann und der Verlauf die Planung nicht ganz überflüssig erscheinen läßt. Und doch sollte man — das ist nicht mehr als ein Ratschlag — von vornherein versuchen, auf die Grundorientierung über die in der Regel mehrstündige *Unterrichtseinheit* mehr Wert legen als auf die detaillierte gedankliche Vorwegnahme der nächsten Stunde. Die Unsicherheit über den Fortgang im großen läßt sonst keine zureichend begründete Einzelplanung zu, und dieselbe Unsicherheit läßt einen auch dann an der präzis vorbereiteten Marschroute festhalten, wenn ein großzügig vorbereiteter Lehrer längst einen Weg eingeschlagen hätte, der sich angesichts der Richtung der Schüleraktivität als günstiger zu erweisen scheint als der ursprünglich angenommene.

Darf man überhaupt planen, wenn man voraussetzt, daß, wie L a n g e - v e l d sagt, das Kind auch jemand sein will[117] und seinen Einfluß auf den Unterrichtsgang nehmen soll? Nun, solange Schüler nicht nur Tradition übernehmen, sondern sie auch in prüfender und gegebenenfalls wandelnder Haltung übernehmen sollen, wird der völlig *kanalisierte*

---

[117] Martinus J. Langeveld: Einführung in die Pädagogik; 2. neubearb. Aufl., Stuttgart 1961, z. B. S. 36.

Lernprozeß tatsächlich eine fragwürdige Sache bleiben[118], aber auch sein Gegenteil, der nur am wechselnden Interesse der Schüler orientierte „*natürliche Unterricht*"[119] wird wegen seines unsicheren Erfolges in bezug auf die Vermittlung zu tradierender Bestände eine Ausnahme sein. Die Mitsteuerung der Schüler im Unterrichtsprozeß mit dessen ökonomischem Voranschreiten zu verbinden — das wird die *Kombinationsaufgabe* des Alltags der Unterrichtsplanung sein. Die folgenden knappen Ausführungen zur Unterrichtsplanung streben keine vollständige Aufzählung von Planungsgesichtspunkten, materiellen und technischen Details an, wie sie in der Literatur schon vorliegen.[120] An ausführlichen Planungsbeispielen mangelt es dank der Mitarbeit mehrerer Berliner Kollegen nicht, so daß lediglich die Aufgabe bleibt, das planende Vorgehen eines strukturtheoretisch sich kontrollierenden Unterrichtenden in seinen Grundzügen zu beschreiben.

1. Drei *Prinzipien* der Planung

Vergebens wird der Student oder sein Mentor nach den bewährten Prinzipien Ausschau halten, die in didaktischen Meisterlehren als Grundregeln angeboten werden: Anschauung, Lebensnähe, Selbsttätigkeit usw. Weder deren eindeutige Definition noch der prinzipiell überlegene Erfolg bei ihrer Anwendung rechtfertigen es, bisher, diese Prinzipien anders als zur Darstellung des Selbstverständnisses derer zu benutzen, die sich ihrer bedienen. Die folgenden Prinzipien sind formaler, aber damit auch allgemeiner. Die Auffassung der Didaktik als einer Strukturtheorie des Lehrens und Unterrichtens führt zum Prinzip der *Interdependenz* der Unterricht konstituierenden Momente.[121] Die anthropologischen Bedingungen didaktischen Denkens in der Gegenwart[122] fordern *Variabilität* des Unterrichts, die Möglichkeit der Mitsteuerung des Unterrichtsprozesses durch die Lernenden. Die empirische Selbstkontrolle didaktischen Denkens drückt sich im Planungsprinzip größtmöglichster *Kon-*

---

[118] Vgl. Ernest R. Hilgard, Anm. 73. — Hilgards Zweifel sind u. E. uneingeschränkt angebracht beim kybernetischen Lernmodell von Helmar Frank: Kybernetik und Lehrmaschinen; in: Lehrmaschinen in kybernetischer und pädagogischer Sicht, hg. v. H. Frank, Stuttgart 1963, bes. S. 13—18. — Zweifellos handelt es sich nicht um ein Problem des programmierten Unterrichts allein; Untersuchungen im Gefolge der Pionierarbeit von A. Hausmann: Leistung und Erfolg im Rechenunterricht der Volksschule; Diss. Jena 1942, zeigen immer wieder, daß von Schülerinitiativen gesteuerte Denkschritte selten sind (vgl. z. B. Angaben bei R. und A. Tausch, s. Anm. 112).
[119] Johannes Kretschmann: Natürlicher Unterricht (1932), neu herausgegeben v. Otto Haase, Wolfenbüttel u. Hannover 1948.
[120] Artur Dumke: Grundzüge der Unterrichtsplanung; Düsseldorf—Hannover 1959. — Heinz Bach: Die Unterrichtsvorbereitung; 2. Aufl. Hannover 1961 (formalistisch, Tendenz zu selbstzweckhaften Organisationsschemata).
[121] Vgl. die Definition von Unterrichtsstil bei P. Heimann, s. Anm. 68.
[122] Vgl. z. B. Walter Heistermann: Form, Formbarkeit und formende Aktivität; Ztschr. für Pädagogik, 6. Jg. (1960), Heft 4: „Nur der Stoff ist gegen Eindrücke gleichgültig, die Pflanze erleidet sie, das Tier gehorcht, doch der Mensch antwortet. Antworten aber kann er nur, wenn er im Korrespondenzverhältnis als gleichsinniger Partner erscheint" (S. 347).

trollierbarkeit des Unterrichtserfolges aus. Formal sind diese Prinzipien insofern, als über die Trends der Wechselwirkung und der Variationen, über das, was kontrolliert werden soll, erst unter Hinzuziehung von Argumenten aus der Reflexions- und Forschungsebene der Bedingungsprüfung Inhaltliches ausgesagt werden kann.

1. Das *Prinzip der Interdependenz,* der widerspruchsfreien Wechselwirkung der Planungsmomente, ist z. B. bei der Planung einer Klassenreise verwirklicht, wenn die wachsende Selbständigkeit von OPZ-Schülern vor dem Schulabschluß (anthropogene V.) und die Planung individueller Reisen als alljährliche Aufgabe eines Bürgers unserei Gesellschaft (sozial-kulturelle V.) korrespondieren mit der selbständigen Erarbeitung der Route und der Reisefinanzierung durch die Schüler (Intention), mit dem Thema Hafenreise (Lübeck, Schleswig, Husum, Hamburg), durch kleine und große Tore zur Welt, mit arbeitsteiligen Verfahren und Medien wie Schreibmaschine, Telefon, Kursbuch, Prospekten.

2. Das *Prinzip der Variabilität,* der absichtsvollen Bereitstellung von Alternativen, der Zulassung von Variationen, der nachträglichen Korrektur von Unterrichtszielen und der Elastizität beim Ansteuern dieser Ziele meint: Der Unterrichtsplan wird erst unter Mitsteuerung der Schüler fertig. Unerwartete Erfahrungen können verarbeitet werden. Variabilität des Unterrichts hat z. B. erreicht, wer Schüler am Entwurf eines Arbeitsplanes beteiligen kann, wer mehrere, auch von Schülern selbst gefundene Gedichte zur Auswahl stellt, wenn schon eines auswendig, by heart, gelernt werden soll, wer an entscheidenden Lernprozessen wenigstens die wahrscheinlichste Variante des Verlaufs so gut vorbereitet hat, daß er ohne Schwierigkeit auch sie verfolgen kann, wenn es sich ergibt. Der Lehrer in Copeis Milchbüchsenbeispiel, der, einen fruchtbaren Moment erkennend, von Gemeinschaftsspielen in der Natur auf ein physikalisches Problem umschalten konnte, beherrschte in diesem Augenblick das Prinzip der Variabilität.

3. Das *Prinzip der Kontrollierbarkeit* didaktischer Entwürfe ist nicht so zu verstehen, daß der Lehrer nach Möglichkeit nur noch lehren soll, was auch nach dem heutigen Stand der Prüfungstechnik exakter Erfolgskontrolle unterworfen werden kann. Auch ein planmäßiges entwickeltes Annäherungswissen von der Wirksamkeit der eigenen Aktivität schützt den Lehrer vor Über- oder Unterschätzung seiner Möglichkeiten. Man schreibe sich hinter jedem Lehrschritt auf, wieviele Minuten man für ihn zu benötigen glaubt, und notiere den tatsächlichen Zeitverbrauch. Man notiere die vermutete Zahl der Freiwilligen an einem wichtigen Scheidewege des Unterrichtsprozesses und vergleiche. Es lohnt sich, die Unterrichtsplanung so aufzuschreiben, daß sie durch Verlauf und Ergebnis des Unterrichts so exakt wie möglich bestätigt oder korrigiert werden kann. Daß man den Seufzer „ich habe aber auch eine besonders wenig

bildsame Klasse" im Lehrerzimmer erst ausstößt, nachdem man wenigstens einen Intelligenztest und einen Leistungstest durchgeführt hat,
dürfte sich von selbst verstehen.

2. Die Strukturplanung des Unterrichts

Die *Planung ganzer Unterrichtseinheiten,* die Planung über die einzelne
Zeiteinheit hinweg, ist bereits als erstrebenswerter Regelfall empfohlen
worden. Nur in ihr wird auf die Dauer Zeit sein, ausführlich zu jedem
Strukturmoment zu ermitteln und zu sprechen.

a) Als anthropogene Voraussetzungen werden im Idealfalle die Ermitt-
   lungen des Informationsstandes und des Meinungsstandes der gegebenen Lerngruppe zur Unterrichtseinheit genannt (vgl. Beispiel
   „Das Fliegen").

b) Als sozial-kulturelle Voraussetzungen sollte man ebenfalls die konkret
   gegebenen Verhältnisse wenigstens vor sich selbst klar zu erfassen
   versuchen. Die Abschrift der entsprechenden Stelle im Lehrplan oder
   ein Zitat aus einem kulturkritischen Werk zeugen oft für Mangel an
   ernsthaftem Erfassen der eigenen Lage.

c) Intentionen

d) Themenfolge

e) Methodische Schwerpunkte

f) Bevorzugte Medien

In dem Strukturplan einer einzelnen Stunde wird man die Bemerkungen
zu den anthropogenen und sozial-kulturellen Voraussetzungen nur durch
das ergänzen, was für die Stunde selbst bedeutsam ist, vor allem präzisieren, was ihr vorausging.

a) Unmittelbare Voraussetzungen der Stunde (z. B. Hausaufgaben der
   Schüler).

b) Intention(en).

c) Thema (Themen).

d) Methodische Schwerpunkte.

e) Bevorzugte Medien.

f) Beabsichtigte Weiterführung des Unterrichts.

3. Verlaufsplanung

Es ist keine formale Spielerei, wenn hier im Gegensatz zu dem üblichen
Brauch empfohlen wird, die Spalten der Verlaufsplanung mit der für
das erwartete Schülerverhalten beginnen zu lassen. Schließlich ist, sofern
Lehren Lernenmachen bedeutet, das Schülerverhalten die Hauptsache in
einer Unterrichtsstunde, das, was gut geschätzt werden muß, das, was
durch Lehrerverhalten gefördert werden soll. Aus Gründen der Über-

sichtlichkeit sind alle sonstigen Bemerkungen in der Spalte Didaktischer
Kommentar unterzubringen. Also:

| Erwartetes | Geplantes | Didaktischer |
| Schülerverhalten | Lehrerverhalten | Kommentar |

Davor oder danach könnte die geplante Zeit auf Wunsch besonders vermerkt werden. Variationen sind mit „oder" bzw. „gegebenenfalls" ohne
weiteres in das Schema einzufügen. Kontrollmöglichkeiten sind in der
Spalte Didaktischer Kommentar anzudeuten. Beispiel:

Erwartetes Schülerverhalten	Geplantes Lehrerverhalten	Didaktischer Kommentar
...	...	...
Sch. spielen die Diskussion von Verkehrsteilnehmern nach einem Unfall.	L. regt an, daß in mehreren Variationen ein Sch. als Polizist hinzutritt oder L. spielt selbst einen besonders unsachlichen Polizisten.	Die Polizistenrolle mit ihrer notwendig der objektiven Klärung dienenden Funktion wird allmählich herausgearbeitet.
...	...	...

Die Befolgung des Prinzips der Interdependenz wird besser am Strukturplan überprüft.

Wenn diese einführende Arbeit die Urteile einer leidenschaftslosen
Gesamtbetrachtung des Unterrichts mit ihrer Herausarbeitung der
Wechselbeziehung zwischen Ziel und Weg verdeutlicht hat, wenn sie
den allen folgenden Beispielen zugrunde liegenden Grundgedankengang
klar hervortreten ließ, wenn sie die Entwicklung eines theoretisch gesteuerten Lehrerverhaltens als möglich erscheinen ließ, ohne alle seine
Probleme zu lösen, hat sie ihre Aufgabe erfüllt.

URSULA SCHIEBEL

An der Tankstelle

Planungsbeispiel für eine muttersprachliche Unterrichtseinheit in der 4. Klasse

A GRUNDPROBLEME

Spätestens in der Schule erfaßt das Kind die Tatsache: Geschriebenes kann man lesen – Gemeintes kann man aufschreiben. Etwa zwei Jahre Unterricht braucht das Kind, bis es fähig ist, ohne Vorlage etwas aufzuschreiben. Von diesem Zeitpunkt an richtet sich die planvolle Arbeit des Lehrers darauf, ihm neben der mündlichen Mitteilung den neuen Weg zu erschließen: das Niederschreiben.

Dabei müssen mehr und andere Entscheidungen gefällt werden als bei mündlichen Aussagen (Anmerkg. a). Deshalb setzt mit dem Niederschreiben durch den Zwang zur Entscheidung verstärkt das ein, was B o l l n o w[1] das „Kernproblem der Erziehung" nennt: die „Hinführung zu einem verantwortlichen Gebrauch der Sprache"[2]. Das ist eine sehr weitreichende Intention. Zu ihrer Verwirklichung müssen viele Wege beschritten werden. Ein wichtiger Weg führt über das Niederschreiben! Dabei liegen die größten Schwierigkeiten nicht im ersten Schritt, sondern in den folgenden.

Zunächst kann der Lehrer bei dem in der ersten und zweiten Klasse praktizierten Verfahren bleiben, das Kind seine Erlebnisse mitteilen zu lassen. Was es bisher erzählte, soll es nun aufschreiben. Das Bedürfnis zur Mitteilung soll dabei wachgehalten, das kindliche Zutrauen zur eigenen sprachlichen Fähigkeit verstärkt werden. Damit das Kind den Übergang vom mündlichen zum schriftlichen Gestalten leichter bewältigt, *kann* die sogenannte Erlebnisniederschrift bei Beginn des dritten Schuljahres durchaus die *erste* Form sein. Dann aber beginnen die Schwierigkeiten, denn sie darf keinesfalls die *einzige* Form während der Grundschulzeit bleiben! Sie ist nur eine Möglichkeit unter vielen, und sie ist nicht die beste! Viele Gründe sprechen gegen sie, wenn wir sie vom Blickpunkt der Ausdrucksschulung[3] her betrachten.

Ihr hohes Ansehen verdankt sie der Tatsache, daß Grundschulkinder viel und intensiv erleben. Daraus wurde die Folgerung gezogen, daß sie in der Lage seien, diese Erlebnisse zu versprachlichen. Das trifft nach meinen Erfahrungen nicht zu. Da Grundschulkinder noch nicht über ihre Gefühle reflektieren, können sie auch nicht mitteilen, wie sie eine Situation erlebt haben. In ihren Darstellungen reduzieren sie Erlebtes auf benennbare Vorgänge, Gefühltes drückt sich in Handlung aus. Solche Niederschriften

---

[1] O. F. Bollnow, „Die Macht des Worts", Neue Dt. Schule, Essen 1964.
[2] O. F. Bollnow, a. a. O., S. 52.
[3] K. Doderer, „Wege in die Welt der Sprache", Klett-Verlag, Stuttgart 1960.

sind wie persönliche Mitteilungen. Der kundige Leser ahnt das Erlebnis, das dahinter steht. Sie sind aber weder geeignet, der Klasse vorgelesen zu werden, noch können sie besprochen, korrigiert oder gar zensiert werden. Weil sich dies alles aber aus Gründen des Taktes verbietet, kann mit Hilfe der Erlebnisniederschrift keine Ausdrucksschulung betrieben werden. Sie erleichtert den Übergang vom mündlichen zum schriftlichen Gestalten. Aus diesem Grunde kann sie als eine erste Form eingesetzt werden, wie es in dem später folgenden Überblick über die Möglichkeiten auch geschieht. In der Erlebnisniederschrift kann das Kind sich begrenzt von dem entlasten, was es bewegte. Der Lehrer gewinnt dabei unter Umständen Einblicke in Persönliches, die ihm sonst verwehrt blieben. Um dieser Vorzüge willen sollte die Erlebnisniederschrift gelegentlich geschrieben werden, nicht aber um der Ausdrucksschulung willen.

Das Grundschulkind muß sich mit einer Fülle von Erscheinungsformen in seiner Umwelt auseinandersetzen. Allmählich muß es sie auch sprachlich bewältigen lernen. Dieses sprachliche Bewältigen erwächst aus dem bewußten Umgehen mit Erscheinungsformen, und umgekehrt gelingt dem Kind aus dem echten Bemühen, sich einer Sache sprachlich zu bemächtigen, auch ein Stück Weltbewältigung. Das bedeutet: Planmäßige Ausdrucksschulung in der Grundschule erfordert häufige intensive Sachbegegnungen und eine Vielzahl unterschiedlich artikulierter Anreize zum Sprachgestalten. Es handelt sich demnach bei der Ausdrucksschulung weniger um einen stufenmäßigen Aufbau als vielmehr um ein planmäßiges Verbreitern der Ebene, auf der das Kind sprachlich selbständig wird und zum verantwortlichen Gebrauch der Sprache heranwächst.

Zu den Fächer solcher Anreize für das Sprachgestalten sollten gehören:
Erlebnisdarstellungen (Mein schönster Ferientag; Weihnachten bei uns zu Haus; Wir waren im Zirkus; Ich hatte Angst)

Situationsdarstellungen (Robbenfütterung im Zoo; Der Zahnarzt behandelt meinen kranken Zahn; Ein Spaziergang mit meinem Hund; Wir spielen mit meiner Eisenbahn; Wir bauen einen Schneemann; Die verlorene Eintrittskarte; Eine Fahrt im überfüllten Omnibus)

Sachdarstellungen
Zweckgerichtete Kurztexte (Verlustanzeigen, Verkaufsangebote, Formulierung von Spielregeln, Telegrammtexte, Werbetexte, z. B. solche für einen Schullandheimaufenthalt)

Beobachtungstexte (Meine Mutter wäscht ab; Ich putze meine Schuhe; Ich nähe einen Knopf an meine Jacke; Ein Auto wird gewaschen; Das Eichhörnchen Quick holt seine Jungen [Filmausschnitt]; Heinz wischt die Tafel)

Sinnentfaltende Darstellungen (Versprachlichen von „Bildergeschichten", also textfreien Bildfolgen; Versprachlichen von Geräuschtonbändern; Verarbeiten von Reizwortreihen wie: Kinder — Fußball — Scheibe — Scherben

— Schelte — Tränen — Spargeld zu „Geschichten"; Beenden unvollständig vermittelter Texte)

Phantasieentfaltende Darstellungen (Wenn ich drei Wünsche tun dürfte; Ein Lottogewinn; Wenn ich erwachsen bin; Ein schöner Traum) Gestaltungsanreize *dieser* Art sollten selten gegeben werden, da das Kind hierbei leichter als in allen anderen Formen dem heilsamen Zwang zum *gegenstandsangemessenen* Versprachlichen ausweichen kann.

Textgebundene Darstellungen (Nacherzählungen von gelesenen oder gehörten Texten)

B STRUKTUR DER PLANUNGSEINHEIT SACHDARSTELLUNGEN

Beobachtung von alltäglichen Vorgängen in unserer Umgebung: An der Tankstelle (4. Klasse)

Anthropogene Voraussetzungen
Schüler im 4. Schuljahr sind 9 bis 10 Jahre alt. Sie befinden sich in einer Phase der betont sachlichen Kenntnisnahme von Gegebenheiten der Umwelt. So sagt z. B. W. H a n s e n über die Neun- und Zehnjährigen: „Dieses Alter hat die frühkindliche Stellungnahme soweit überwunden, will die wirkliche Beschaffenheit der Welt erfahren und lehnt sich betontermaßen gegen den Versuch der Irreführung auf[4]." In noch größerem Ausmaß als bisher verlangt das Kind dieser Altersstufe nach Informationen. Das ist nicht auf besondere Interessengebiete beschränkt, sondern es bezieht sich auf die Gegenwart so gut wie auf Vergangenes, auf Technik sowohl als auf menschliches Schicksal, auf Tatbestände alltäglicher Art ebenso wie auf das Einmalige, das Ereignis, und auf Vorgänge in der nächsten Umgebung in gleichem Maße wie auf jene in fernen Ländern. Das Kind orientiert sich in der Wirklichkeit, und es zeigt diese „wirklichkeitsnahe Haltung"[5] auch in seinem Verhältnis zur Sprache. H i l l e - b r a n d[6] sagt bereits über Schüler im 3. Schuljahr: „Es waltet das Bestreben, den Dingen eine wirklich sachgemäße Bezeichnung und sprachliche Darstellung zu geben."

Das Kind ist jetzt in der Lage und auch bereit, sich länger mit einem Gegenstand zu beschäftigen und sich intensiver mit ihm auseinanderzusetzen. Der eigenen Leistung steht es nicht mehr indifferent gegenüber, das „Urteil" des Lehrers abwartend, sondern es zeigt ihr gegenüber eine zunehmend kritische Haltung. Es interessiert sich deshalb auch deutlich für Beurteilungskriterien, nach denen es sein Werk werten kann.

Sprachlich zeigt das Kind nach N e u h a u s[7] vom 8. bis 14. Lebensjahr einen etwa gleichbleibenden Bestand an Substantiven und Verben. Es hat

[4] W. Hansen, „Die Entw. des kindl. Weltbildes", S. 273, Kösel-Verlag, Münch. 1949.
[5] M. J. Hillebrand, „Kind und Sprache", Kösel-Verlag, Münch. 1955.
[6] M. J. Hillebrand, a. a. O., S. 43.
[7] W. Neuhaus, „Der Aufbau der geist. Welt des Kindes", S. 28, Reinhardt-Verlag, Münch. 1955.

einen bestimmten Besitz an Adjektiven, die es vorzugsweise prädikativ
einsetzt. Erst allmählich nimmt die attributive Verwendung des Adjek-
tivs entsprechend der wachsenden Fähigkeit zum Differenzieren zu.

Der Lehrer wird also auf folgendes bedacht sein:

a) Er wird den Bestand an Substantiven und Verben im Ausdrucksver-
mögen des Kindes im mündlichen und schriftlichen Gebrauch dadurch
absichern, daß er regelmäßig Situationen auswählt, die sprachlich bewältigt werden müssen.

b) Er wird einen Zuwachs an Substantiven und Verben planmäßig ermöglichen. Dabei wird er aber streng darauf achten, daß der Name,
den das Substantiv setzt, die Benennung für ein Ding, soviel Klarheit
schafft, wie es der kindlichen Fassenskraft zuzumuten ist. Gleiches
gilt für die Verben, bei denen zudem das Kind im Sinne der treffenden
Aussage auswählen lernen muß, und für die Adjektive.

Sozial-kulturelle Voraussetzungen

I. Im Rahmen des Berliner Grundschulunterrichts stellt die „Pflege der
Muttersprache" einen Bestandteil des Gesamtunterrichts dar. Diese Tatsache kann dazu verleiten, sie inhaltlich gänzlich an die anderen Bereiche
zu binden oder sie ihnen sogar unterzuordnen. Themen für Niederschriften z. B. werden häufig von naturkundlichen oder erdkundlichen Inhalten des augenblicklichen Heimatkundeunterrichts her bestimmt. Es
liegt auf der Hand, daß eine planmäßige Pflege der Muttersprache als
Ganzes sowohl als auch in ihren Einzelbereichen, (deren einer z. B. die
Ausdrucksschulung ist) unmöglich gemacht wird, wenn die Impulse *grundsätzlich* anderen Bereichen der Weltbetrachtung entstammen. Bei einem
solchen Vorgehen wird die Sprache lediglich als *Medium*[8] gesehen. Sie
ist zugleich aber auch *Gegenstand*. Als solcher hat sie eigene *Gesetze*.
Von ihnen aus muß die Argumentation für den muttersprachlichen Unterricht gewonnen werden, nicht aber von Gegenständen her, die eine ganz
andere Sachstruktur haben! Die Weise der Unterrichtsplanung in der
Grundschule läßt häufig darauf schließen, daß hier noch Wesentliches
verkannt wird.

II. Unsere Schüler wachsen in einer Zeit auf, in der Presse, Film, Funk
und Fernsehen eine große Rolle spielen. Aus ihnen kann das Kind eine
Fülle wertvoller Informationen entnehmen. Das kommt dem entsprechenden Bedürfnis des Kindes entgegen. Das sollte aber nicht dazu führen,
daß das Kind sich wahllos und kritiklos dieser Informationsfülle überläßt. Es könnte sonst geschehen, daß der Mensch auf die eigene geistige
Auseinandersetzung mit dem Einzelgegenstand verzichtet. Hier kann die
Schule steuernd eingreifen, um die *positive* Bedeutung dieser Informa-
tionsmittel auszunutzen und gleichzeitig deren *negative* Wirkung zu ver-

[8] P. Heimann, „Didaktik als Theorie u. Lehre", Zschr. Die dt. Schule, Jg. 54/1962,
Heft 9, Schroedel-Verlag KG, Hann. 1962.

ringern: Das Kind kann im bewußt genauen Aufnehmen geschult werden und lernen, genau Aufgenommenes auch zutreffend zu versprachlichen. – Diese Absicht verfolgt auch der hier dargestellte Unterricht mit seiner

Intention:
Anleitung zum kindgemäßen und gegenstandsangemessenen Versprachlichen genau beobachteter Vorgänge

Thema:
Vorbereitungen zum Schreiben einer Niederschrift „Der Tankwart wäscht einen Wagen"

Methodische Organisation:
Es handelt sich um eine Einheit von mehreren Stunden. Die hier dargestellte ist die vorletzte.
Voraussetzung: Die Schüler hatten eine Woche vorher die Aufgabe erhalten: Stellt fest, welche Arbeiten an einer Tankstelle ausgeführt werden!

Stunde 1: Sammeln und Ordnen des Kinderwissens
I. Kinder berichten, was sie erkundet haben. An der Tafel wird gesammelt:
Was ein Tankwart zu tun hat:
Öl wechseln, Benzinliter an der Tanksäule ablesen, Luftdruck messen, Fenster putzen, Tankverschluß öffnen, Ölstand prüfen, Benzinpumpe einschalten, Behälter der Scheibenwaschanlage füllen, Reifen wechseln, Preis ablesen, Benzinschlauch in den Einfüllstutzen halten, Wagen volltanken, Stoßstange abwischen, Wagen waschen, abschmieren, Reifen flicken.

II. Grobes Vorordnen der Sammlung
a) Zusammengehöriges wird mit farbiger Kreide unterstrichen
b) Eintragen in Spalten
z. B. *Beim Tanken*
Benzinliter an der Tanksäule ablesen
Tankverschluß öffnen
Benzinpumpe einschalten
Preis ablesen
Benzinschlauch in den Einfüllstutzen halten
Wagen volltanken
Stoßstange abwischen

III. Ordnen der Einzelvorgänge in der handlungsentsprechenden Reihenfolge:
Beim Tanken
Tankverschluß öffnen

Benzinpumpe einschalten
Benzinschlauch in den Einfüllstutzen halten
Wagen volltanken
Benzinliter an der Tanksäule ablesen
Preis ablesen
Tankverschluß schließen
Stoßstange abwischen

Als Medium dient ein Diapositiv „Tankstelle", entnommen aus Der große Duden Bd. 3, Bildwörterbuch der deutschen Sprache, Dudenverlag des Bibliographischen Instituts Mannheim, 1958, S. 342 (s. Anmerkg. b)

Stunde 2: Verlauf etwa wie in Stunde 1. Als Thema aber: „Der Tankwart wechselt einen Reifen." Als Aufgaben müssen dabei bewältigt werden: Ordnen der Einzelvorgänge, genaues Benennen und sinngemäßes Verwenden von dann, danach, anschließend, schließlich, zum Schluß statt des von den Kindern zunächst bevorzugten „und dann" oder sogar „und denn".

Stunde 3: Thema „Der Tankwart mißt den Luftdruck". Aufgabenstellung wie in Stunde 2, aber in sachentsprechender Abwandlung, zusätzlich: Bemühen um Verben, die die Einzelhandlungen möglichst genau angeben.

Stunde 4
Verlaufsplanung

Intention: Genau beobachtete Einzelvorgänge sollen *schriftlich* dargestellt werden

Thema: Wir schreiben eine Niederschrift
            „Der Tankwart wäscht einen Wagen"

Vorauss.:   Als Hausaufgabe zur Vorbereitung auf den Gegenstand der Stunde hatten die Schüler folgenden Auftrag erhalten: Seht euch in der Waschhalle einer Tankstelle genau um und beobachtet, wie Wagen gewaschen werden! (Ihre Beobachtungen sollten die Schüler notieren.)

I. Zielangabe: Ihr werdet heute über das Waschen eines Autos *schreiben!* Deshalb sollt ihr den Vorgang jetzt nicht *erzählen!*

(Bemerkung: Dieser Hinweis ist notwendig, denn die Lehrererwartung richtet sich auf folgendes: Aus zwei Gründen sind die Schüler auf die mündliche Mitteilung eingestellt. Erstens drängt die geleistete Hausarbeit dazu, zweitens wurde in den bisherigen Stunden (1, 2, 3) so vorgegangen.) Die *Schüleraktivität* besteht in dieser Phase in einer Besinnung auf das am Tage zuvor Beobachtete. Als *Hilfe,* die dafür bereitgestellt ist, dienen die Notizen der Schüler. Eventuell weist der Lehrer darauf hin. Ein mündliches Darstellen des Ablaufs der Handlung wird vermieden. Die Niederschrift soll nicht durch das Erzählen bereits sprachlich vorgeprägt sein, sondern zur eigenen geistigen Leistung eines jeden Kindes werden. Die von der Hausarbeit ausgehende echte Motivation soll für das *Schreiben* fruchtbar werden.

II. Die geweckte Schüleraktivität soll sinnvoll genutzt werden. Daher lenkt der Lehrer den Blick der Kinder auf die notwendigen Vorarbeiten zum Bewältigen der angekündigten Aufgabe: Überlegt, was vor dem Niederschreiben zu tun ist! *Lehrererwartung:* Die Schüler schlagen zwei Schritte vor

a) Sammeln
b) Ordnen

Begründung für diese Erwartung: Sie liegt im Ablauf des vorausgegangenen Unterrichts. In den Stunden 1, 2 und 3 ist planmäßig so verfahren worden, um die Kinder mit *einer* möglichen Technik vertraut zu machen. *Schüleraktivität:* Auf Zuruf wird an der Tafel schriftlich gesammelt

Lehrererwartung: Im Rückgriff auf Stunde 1 werden die Schüler möglicherweise die einzelnen *Tätigkeiten* beim Wagenwaschen zusammenstellen wollen, da das angekündigte Thema der Niederschrift unmittelbar dazu herausfordert. Dabei bestünde aber eine ähnliche Gefahr wie beim Erzählen: Sinneinheiten wären für die Niederschrift sprachlich vorfixiert. Das würde, wie bereits gesagt, die Originalität der Kinderleistung beeinträchtigen. Als Hilfe für ein gegenstandsangemessenes Vorgehen gibt der Lehrer deshalb eine präzise Aufgabenstellung: Stellt zusammen, welche *Hilfsmittel* der Tankwart zum Waschen braucht!

Schüleraktivität: Tafelbild 1 (etwa)

Schlauch, Schwamm, Handfeger, Waschhandschuh, Staubsauger, Lederlappen, Eimer, Warmwasser, Kaltwasser, Rostentferner, Insektenschwamm, Teerfleckenentferner, Staublappen.

Schüleraktivität: Jedes Kind schreibt jedes dieser Wörter einzeln auf vorbereitete Papierstreifen (10 x 2 cm) ab, der Lehrer schreibt sie indessen einzeln auf vorbereitete Pappstreifen (12 x 25 cm)

III. *Schüleraktivität:* Das in der II. Phase der Stunde Gesammelte wird nun geordnet. *Bereitgestelltes Hilfsmittel:* Die Streifen.

Begründung für den Einsatz dieser Hilfe: Die Streifen ermöglichen schnelles Überblicken und Ordnen. Es geht keine Zeit und keine Kraft für das in dieser Phase unnötige Schreiben verloren. Außerdem arbeitet jeder Schüler mit seinen Streifen und wird dadurch in größerem Maße zu einer geistigen Eigentätigkeit herausgefordert, als das bei dem Arbeiten einiger Schüler an der Tafel für die zuschauenden Klassenkameraden der Fall ist. Schließlich ermöglicht dieses Vorgehen dem Lehrer eine schnelle Kontrolle darüber, ob die zweite Phase der Stunde sinnvoll gestaltet war und ob die Kinder ein genaues Wissen von dem *Vorgang* des Wagenwaschens haben. Die Leistung der Schüler beim Ordnen ihrer Streifen entscheidet über die Möglichkeiten des weiteren Stundenverlaufs.

Möglichkeit a: Ein klärendes Gespräch über Einzelheiten wird geführt

Möglichkeit b: Mehrere Ordnungsgesichtspunkte werden gesucht, weil alle Kinder sich bei ihrer Arbeit den gleichen gewählt haben

Möglichkeit c: Aus den von den Kindern gewählten Ordnungsgesichtspunkten werden zwei ausgewählt. Mit ihnen wird gearbeitet.

Im folgenden Verlauf der Stunde wird die Möglichkeit c dargestellt!

IV. Vergleich von Ordnungsgesichtspunkten. *Schüleraktivität:* Einzelne Schüler geben die bei ihrer Ordnung entstandene Reihenfolge an. *Hilfe* für die erwünschte Stellungnahme der Mitschüler: Die Pappstreifen, die der Lehrer beschriftete. Sie werden an der Tafel *neben* der aufgeschriebenen Sammlung in der vom jeweiligen Schüler angegebenen Reihenfolge untereinander aufgehängt (Tesafilm!) *Begründung* für den Einsatz dieser Hilfe: Die Übersicht über das ursprünglich Vorhandene bleibt erhalten (schriftl. Sammlung). Zeitraubendes Ablöschen und neues Anschreiben entfällt. Das Ordnen ist zu einem echten Vorgang geworden, der mehrmals vollzogen werden kann. Das endgültige Tafelbild ist optisch einwandfrei und einprägsam.

Lehrererwartung: Es werden sich schließlich zwei Ordnungsgesichtspunkte abheben und im Blick auf die Niederschrift als sinnvoll angesehen werden:

a) Die Reihenfolge der Arbeitsgänge

b) Die Lokalisation der Arbeitsgänge:

1. Reinigung des Wageninneren
2. Reinigung des Wagenäußeren

Schüleraktivität: Nacheinander werden mit Hilfe der Pappstreifen a und b (s. o.) dargestellt. Dabei wird deutlich, daß a durch b weiter differenziert wird! Damit haben die Kinder drei Arbeitsschritte im Ablauf der Stunde vollzogen, das Sammeln in der II. Phase, das Ordnen in der III., das Differenzieren in der IV. Phase. Tafelbild 2 ist entstanden.

V. Um die Aufmerksamkeit der Kinder noch gezielter darauf zu lenken, daß die Einzelvorgänge beim Wagenwaschen in verschiedenen Graden der Genauigkeit dargestellt und als Handlungen benannt werden können, wird das bis jetzt entstandene Tafelbild durch Anschrieb ergänzt. *Hilfe* dafür gibt der Lehrer durch Aufgabenstellung: Schreibt alle Arten von Schmutz an, die innen und außen am Auto beseitigt werden müssen!

Schüleraktivität: Durch geordnetes Sammeln entsteht als Tafelbild 3

innen	außen
Staub, Asche, Bonbonpapier, Krümel, Sand, Blätter, Schmutzwasserspuren von nassen Schuhen	Staub, Spritzflecke, Vogelkot, Streifen von Schmutzwasser, verwelkte Blätter

ÜBERBLICK ZU STUNDE 4

Vermutetes Schülerverhalten	Geplantes Lehrerverhalten bzw. Hilfen	Didaktischer Kommentar (Lehrererwartung)
I. Nach Zielangabe (s. d.) →	Notizen d. Schüler →	Gefahr der mdl. Darstellung
Besinnung der Sch. auf das am Tage zuvor Beobachtete ↓		↓ Deswegen entspr. Hinweis durch den Lehrer
←		
II. *Sammeln* auf Zuruf schr. an der Tafel: Hilfsmittel des Tankwarts (Tafelbild 1) →	Erinnerung an Ablauf von Stunde 1, 2, 3	Gefahr: Sammeln der *Tätigkeiten*
Hilfsmittel ↓	←	↓ Deswegen präzise Aufgabenstellung:
Abschreiben auf Papierstreifen		
III. *Ordnen* →	Streifen →	Kontrollmöglichkeit ↓ Mögliche Variationen des weiteren Stundenverlaufs: a, b, c (s. d.)
nach c: Auswahl von zwei Ordnungsgesichtspunkten →	← Pappstreifen →	Ordnungsgesichtspunkte: a) Die Reihenfolge der Arbeitsgänge
IV. *Erstes Differenzieren:* Vergleichendes Betrachten der Ordnungsgesichtspunkte a und b1, b2 durch mehrfaches Darstellen an der Tafel (Tafelbild 2) →	← Pappstreifen →	b) Die Lokalisation der Arbeitsgänge 1) Reinig. d. Wageninneren 2) Reinig. d. Wagenäußeren Kinder erkennen: a wird durch b differenziert
V. *Zweites Differenzieren:* Sammeln der Arten von Schmutz (Tafelbild 3) →	←	Graddifferenzierung in der *genauen Bezeichnung* der Handlungen des Tankwarts.

Nach dieser klärenden und ordnenden Vorbereitung, in der dennoch ein ausführliches Beschreiben der beobachteten Vorgänge vermieden wurde, ist zu erwarten, daß die Schüler hinreichend Bewältigungsvertrauen entwickelt haben, um zuversichtlich an die angekündigte Arbeit zu gehen. In der vorliegenden Stundenplanung bedingen sich einzelne Momente gegenseitig. „Interdependenz"[9] tritt unter folgenden Planungsmomenten auf:

Die *Intention* (Schulung im genauen Beobachten) ist nur durchführbar, wenn ich dafür *Gegenstände* (Themen) finde, die das Kind interessieren und in seiner Umwelt mit Sicherheit zu finden sind, d. h., wenn ich zugleich auch die *anthropogenen* und *sozial-kulturellen Faktoren* berücksichtige. Da die Intention aber auch auf das schriftliche Darstellen genau beobachteter Vorgänge ausgeweitet ist, erscheint es notwendig, den Kindern auch eine *Methode*, in diesem Falle eine Technik, zum Bewältigen der gestellten Aufgabe zu vermitteln. Deren Kenntnis soll die Kinder allmählich zu selbständigem Arbeiten befähigen. Aus dieser Notwendigkeit wiederum leitet sich die *methodische Organisation* her. Der Unterricht zeigt weitgehend eine straffe Lenkung, bei der der Lehrer sich selbstverständlich am Interesse des Kindes und an dessen Gedanken orientiert, den Gang des Geschehens aber im Wesentlichen beeinflußt. Das Gelingen der Planungseinheit ist abhängig von der Arbeitshaltung, die die Schüler entwickelt haben. Sie spiegelt sich sowohl in der Art der Hausaufgaben, wie sie hier gestellt wurden, als auch in deren Bewältigung. Der Faktor der Erziehung spielt hier also eine wesentliche Rolle.

Stunde 5: Schreiben der Niederschrift

Stunde 6: Rückgabe und Besprechung

Bei der Durchsicht der Arbeiten wird der Lehrer *zwei Arbeitsgänge* einsetzen:

1. Arbeitsgang: Lesen der Niederschriften unter den Gesichtspunkten der Beurteilung und Besprechung. Dabei erwirbt der Lehrer einen ersten Gesamteindruck von der jeweiligen Arbeit. Er kann sagen, ob die Sachdarstellung gelungen ist oder nicht. Das ist auch die erste Frage des Kindes an die eigene Leistung und wird damit zum ersten Gesichtspunkt der Besprechung. Da es sich aber um planmäßige Ausdrucksschulung handelt, die als Hilfe für die Entwicklung zum verantwortlichen Sprachgebrauch wirken soll, muß weiter differenziert werden.

Gesichtspunkte dafür können sein:
a) *Vollständigkeit* der Darstellung
b) Die zutreffende *Reihenfolge* der einzelnen Arbeitsgänge
c) Die angemessene *Wortwahl*

---

[9] W. Schulz, „Unterricht, Analyse u. Antizipation" in Did. Informat. 4/5, S. 15, Verlags- u. Veranstaltungsges. des BVL, Berlin 1963.

2. Arbeitsgang:

a) Korrektur der Rechtschreib- und Zeichensetzungsfehler und der Ausdrucksmängel

b) Sammeln der Rechtschreibfehler und Kennzeichnen nach der Häufigkeit
   ihres Auftretens. Ordnen nach Besprechungsgesichtspunkten, evtl. Zusammenstellung für regelmäßige kurze Übungen

c) Herausschreiben der Ausdrucksmängel in ganzen Sätzen.
   Diese Sammlung kann dann abgezogen und als Arbeitsunterlage für
   alle Schüler verwendet werden.

Im Gegensatz zu dem Verfahren bei Rechtschreibfehlern, die man um der
Gefahr des Einprägens willen Kindern nicht zusätzlich vor Augen führen
sollte, können Ausdrucksmängel sehr wohl Schülern zur Bearbeitung
überlassen werden. Die Erfahrung zeigt, daß sie sehr gern an ihnen arbeiten, ihre Kritikfähigkeit daran entwickeln und dadurch eher lernen, die
Sprache verantwortlich zu gebrauchen.

Bei der Rückgabe der Niederschriften ist wie bei allen Klassenarbeiten die
Möglichkeit einer Gesamtwürdigung recht begrenzt. Nur einige Arbeiten,
besonders gelungene, sollten vorgelesen werden. Das sollten nicht mehr
als zwei oder drei sein. Die beiden Schwerpunkte liegen dann in dem
Klären der Rechtschreibschwierigkeiten und Fehlerquellen und in der Arbeit an der (anonymen) Satzsammlung.

Schlußbemerkung: Der unbefangene Leser könnte der Vorstellung unterliegen: Vier Stunden dienen der Vorbereitung auf die Niederschrift. Das
trifft nicht zu. Lediglich *eine* Stunde, die vierte, steht unter dieser Aufgabenstellung. In der nächsten wird die Arbeit geschrieben, eine weitere
wird zur Rückgabe gebraucht. Die Niederschrift „Der Tankwart wäscht
einen Wagen" ist lediglich Teil der Planungseinheit Sachdarstellungen —
Beobachtung von alltäglichen Vorgängen in unserer Umgebung.

Anmerkungen

a) In Hansen „Die Entwicklung des kindlichen Weltbildes", Kösel-Verlag
   1949 findet sich dazu auf S. 352 der Hinweis: „Das Hineinwachsen in
   die Schriftsprache bedeutet eine Erziehung zu überlegterem, angemes-
   senem Gedankenausdruck und drängt damit in eine Richtung, die uns
   als Tendenz der Entwicklung des Denkens während der Hauptphase
   schon bekannt ist."

b) Leider sind Einzeldinge auf dem Bild numeriert. Die Kinder müssen
   darauf hingewiesen werden, daß die Zahlen in diesem Zusammenhang
   keine Rolle spielen. Das bereitet aber keine extremen Schwierigkeiten.

ERWIN VOIGT und PETER HEYER

Das Fliegen

Planungsbeispiel für eine sachkundliche Unterrichtseinheit in der 4. Klasse

A DER SACHKUNDLICHE UNTERRICHT AN DER GRUNDSCHULE

Der sachkundliche Unterricht ist vornehmlich zuständig für die Theorienbildung[1] von Kindern. Der Gegenstand dieser Theorienbildung ist die Welt. Der sachkundliche Unterricht ist damit eine den besonderen anthropogenen Bedingungen des Grundschulunterrichts angemessene Vorform von Fächern wie Geschichte, Sozialkunde, Erdkunde, Biologie, Physik, Chemie.

Der Gegenstandsbereich des sachkundlichen Unterrichts ist jedoch mit der Summe der Gegenstandsbereiche dieser Fächer nicht identisch: Der Grundschüler wendet sich, da Ordnungssysteme erst gelernt werden müssen, sehr unmittelbar den Sachverhalten zu. Dadurch gelangen in den sachkundlichen Unterricht auch noch solche Inhalte, die später das „Gitterwerk der Fächer" (Heimann) nicht mehr passieren können.

Der sachkundliche Unterricht ist ein Teil des vorfachlichen Gesamtunterrichts. Unter „vorfachlichem Gesamtunterricht" verstehen wir eine Form des ungefächerten Unterrichts für Schüler, die noch nicht fachspezifische Auffassungskategorien erlernt haben. Dieser Unterricht ist jedoch kein „diffuses Ganzes". Je nach der Struktur der zu vermittelnden Inhalte wird man unterscheiden können:

1. Sachkunde,

2. Lehrgänge (z. B. den „Rechenlehrgang"),

3. Erweiterung und Anwendung des Sprachbesitzes,

4. Unterrichtssituationen, in denen die Kinder vornehmlich das Produzieren von Gegenständen lernen,

5. Unterrichtssituationen, die vornehmlich der spielerischen Entlastung dienen.[2]

Häufig werden diese Situationen miteinander verbunden auftreten. Diese Verbindungen dürfen nicht zur Doktrin werden; denn es ist nicht immer zu umgehen, daß Kinder nebeneinander Unterschiedliches lernen müssen.

Der sachkundliche Unterricht, um den es in unserer Planung geht, steht im Gegensatz zur Ideologie und zu den Planungsmodellen des üblichen Heimatkundeunterrichts.[3] Die Ideologie des Heimatkundeunterrichts ge-

---

[1] vgl. Paul Heimann, Didaktik als Theorie und Lehre, in Die Deutsche Schule, Heft 9, 1962, S. 418.
[2] vgl. Hoffmann, Zum Problem von Leistung und Erfolg in der heutigen Schule, in Haseloff-Stachowiak, Schule und Erziehung, Berlin 1963.
[3] vgl. Ferd. Kopp, Heimatkunde, in Handbuch für Lehrer Bd. II.

rät in einen immer tieferen Widerspruch zu den sozial-kulturellen Bedingungen des Grundschulunterrichts. (Vergl. unter B II). Die Planungsmodelle haben zwar oft das Faszinierende eines überschaubaren Lehrgangs ("Vom Schulzimmer zum Heimatkreis"); sie vermitteln aber in nicht zu vertretender Einseitigkeit ein *räumliches Bezugssystem*. Andere Bezugssysteme, z. B. *technische* (Dampfmaschine – Verbrennungsmotor – Elektromotor), *physikalische* (Temperaturen), *biologische* (Same – Keimling – Pflanze), *hygienische* (Verschmutzung – Krankheit), *ökonomische* (Kosten eines Bleistifts und einer Eisenbahnbrücke), *sozialkundliche* (Steuern – Leistungen der Gemeinde), werden als "Einlagen" von Fall zu Fall miteingeplant; *kontrollierbar* ist aber in der Regel nur die Vermittlung des räumlichen Bezugssystems.

Nach der hier vertretenen Auffassung hat der sachkundliche Unterricht nicht die Liebe zur Heimat zu wecken.[4] Er hat die Aufgabe:

1. Theoreme der Kinder über die Welt (d. h. Theoreme, die außerhalb der Schule gelernt worden sind) zu exponieren, sie zu bestätigen oder zu berichtigen, – und so zwischen den individuellen Erfahrungen zu vermitteln[5],

2. Intersubjektiv verfügbare Bezugssysteme (z. B. nördlich – südlich, Sekunden – Minuten – Stunden – Tage) zu lehren und ihre Anwendung zu üben,

3. viele konkrete Erfahrungen zu vermitteln (z. B. Anziehen und Abstoßen von Magneten, Tätigkeiten eines Tankstellenwärters und Funktion des Kompressors); Umgangs- und Erfahrungswissen sowie Materialkenntnisse.[6]

Die Begegnung mit der Welt im sachkundlichen Unterricht kann auf verschiedene Weise erfolgen. Dementsprechend lassen sich zumindest *vier Planungsmodelle* unterscheiden:

1. Konfrontation mit einem vieldeutigen, durch menschliche Entscheidungen beeinflußbaren, Wirklichkeitsausschnitt. ("Wo wir nachmittags spielen", "Das Verhalten Erwachsener am Zebrastreifen").
   Hier ist leider häufig zu beobachten, daß stattdessen Sozialklischees mit harmonisierenden Tendenzen vermittelt werden: "Der fleißige Gärtner", "In der Schule ist es schön"[7], "Einer hilft dem andern"[8].

2. Die Konfrontation mit einem Wirklichkeitsausschnitt, über den ein relativ geschlossenes System eindeutiger Aussagen besteht ("Woher kommt der Schnee?", "Das Fliegen").

3. Konfrontation mit einem Wirklichkeitsausschnitt, und zwar über die Identifikation mit einer Person. Jugendbuch und Spielfilm gehen diesen Weg ("Robinson Crusoe", "Navajo").

[4] Bildungsplan für die Bayerischen Volksschulen, 2. Aufl. 1963.
[5] Berthold Otto und Joh. Kretschmann haben diese Aufgabe des Grundschulunterrichts in ihren Konzeptionen herausgearbeitet.
[6] vgl. Lichtenstein-Rother, Schulanfang, Frankfurt 1963.
[7] Krick-Wilkner, Ganzheitlicher Bildungsplan der Stadtschule, Essen 1959, S. 52.
[8] Rateike, F., Vom Vaterhaus zum Heimatkreis, Bonn 1962, S. 49.

Über Identifikationen erschließen sich den Kindern sogar fremde Sozial-systeme.

4. Schließlich kann der Schüler in „einen Handlungsbezug" (W. Schulz) zu einem Wirklichkeitsausschnitt gesetzt werden: Wir sprechen dann von einem Vorhaben.

Im folgenden beschreiben wir ein Beispiel zum zweiten Planungsmodell. Deshalb wird unsere Planung mehr, als das bei anderen Modellen des Sachkundeunterrichts der Fall sein könnte, die Struktur eines Lehrgangs aufweisen. In ihr werden vorherrschen: Etwas kennenlernen, beobachten, deuten, Bezugssysteme aufbauen. Der kognitive Charakter unserer Pla-nung wird vollends deutlich, wenn man sie mit der anregenden und sehr gründlichen Präparation von Neppert und Schietzel „Flugzeuge und Ra-keten"[9] vergleicht. Diese Präparation wird von pragmatischen Intentio-nen beherrscht („Wir bauen einen Drachen", Bau von Gleit- und Propellerflugzeugen). Im Abschnitt über die Intention werden wir unsere Entscheidung begründen.

B „DAS FLIEGEN", STRUKTURMODELL EINER UNTERRICHTSEINHEIT[10]

I. Anthropogene Voraussetzungen

Die in der Gegenwart verbreiteten Konzeptionen des sachkundlichen Unterrichts legen ihren Planungen allgemeine Vorstellungen vom Kinde (z. B. „Phase des naiven Realismus") zugrunde.[11] Wir halten dieses Ver-fahren für unzureichend und meinen, man müßte bei jedem Unterrichts-gegenstand und bei jeder Kindergruppe den Abstand des Kindes von den richtigen Theorien erneut und möglichst genau vermessen, und zwar mit für diesen Unterrichtsgegenstand eigens konstruiertem Testmaterial. In unserm Falle haben wir einen Fragebogen[12] für die Kinder entworfen. Man darf ihn nicht mit den Maßstäben messen, die für solche Instrumen-tarien in der empirischen Sozialforschung gelten, sondern betrachte ihn vielmehr als ein Unterrichtsmittel, das

a) den Lehrer über Umfang und Niveau des Schülerwissens informiert, und zwar über das durchschnittliche Informationspotential der Klasse sowie über das unterschiedliche Informationspotential der einzelnen Schüler dieser Klasse,

b) bei den Schülern eine Einstellung auf das Thema bewirkt,

c) jedem Schüler seine Ausgangsposition verdeutlicht.

---

[9] Neppert und Schietzel, Die Präparation 29, Flugzeuge und Raketen, in West. Päd. Beiträge, 1962 Heft 2.
[10] Die Unterrichtseinheit „Das Fliegen" ist von uns in einem Vorversuch an der 7. Grundschule in Berlin-Reinickendorf (Rektor Baschien) durchgeführt worden. Für die Mitarbeit bei der Auswertung danken wir Frau Ingeborg B r e y e r , Fräulein stud. päd. D z u b a s und Herrn stud. päd. F u n h o f f. Unser besonderer Dank gilt aber den Schülern der Klasse 4c und ihrem Klassenlehrer, Herrn G ö r l i t z.
[11] Vergleiche Bildungspläne für die Grundschule.

Bei 17 Fragen unseres Fragebogens waren jeweils vier bis fünf Auswahlantworten bereits vorformuliert, bei drei Fragen mußten die Schüler die
Antworten selbst formulieren. Drei Fragen am Anfang dienten der Einübung in das Verfahren. Außerdem wurde in weiteren acht Fragen ermittelt, welche Umgangserfahrungen die Kinder mit Flugzeugen haben (z. B.
„Bist Du schon einmal in einem Flugzeug geflogen?").

Im allgemeinen reicht es aus, wenn der Fragebogen nur von der Klasse
ausgefüllt wird, die über den entsprechenden Inhalt unterrichtet werden
soll. Um unserer Planung aber eine größere Verbindlichkeit zu geben,
haben wir den Fragebogen

1. in fünf 3. Klassen und in fünf 4. Klassen beantworten lassen,

2. von der 4. Klasse bearbeiten lassen, in der wir unsere Planung durchgeführt haben.

---

[12] Die ausgewerteten Fragen des Fragebogens:

4. Was passiert, wenn du bei Windstille einen Luftballon (der wirklich nur mit Luft
   gefüllt ist) losläßt?
   a) ( ) schwebt langsam zu Boden,
   b) ( ) fliegt hoch in die Luft,
   c) ( ) fällt wie ein Fußball zur Erde,
   d) ( ) platzt.

5. Ich habe bei Windstille einen kleinen Ballon schon viele hundert Meter hoch
   emporsteigen sehen. Die Ursache dafür war, daß
   a) er mit einem Gas, das schwerer als Luft ist, gefüllt war,
   b) es sehr heiß war,
   c) er mit Luft gefüllt war,
   d) er völlig leer (also ohne Luft) war,
   e) er mit einem Gas, das leichter als Luft ist, gefüllt war,
   f) seine Luft langsam entwich.

6. Es gibt Ballons, die so groß sind, daß sie Menschen hoch emportragen können.
   Die Menschen befinden sich dabei
   a) im Ballon,
   b) in einer Gondel unter dem Ballon,
   c) auf dem Ballon,
   d) auf dem Balkon.

7. Weißt du, was ein Zeppelin ist? Es ist
   a) ein lenkbares Luftschiff, das leichter ist als Luft,
   b) der Mann, der die Luftpostmarken erfunden hat,
   c) ein Düsenflugzeug,
   d) ein besonders großes Düsenflugzeug,
   e) ein Fesselballon.

8. Seifenblasen schweben in der Luft und sinken nur langsam zur Erde (wenn sie
   nicht vorher platzen),
   a) weil sie kaum schwerer als Luft sind,
   b) weil sie naß sind,
   c) weil sie viel schwerer als Luft sind,
   d) weil sie leichter als Luft sind,
   e) weil Seife reinigt,
   f) weil sie so klein sind.

9. Ein Segelflugzeug kann in der Luft nur steigen,
   a) wenn die Sonne scheint,
   b) wenn der Segelflugmotor angestellt wird,
   c) wenn Aufwind herrscht,
   d) wenn es mit einem Gas gefüllt ist.

10. Ein Hubschrauber
    a) kann fliegen, weil er leichter als Luft ist,
    b) kann senkrecht emporsteigen,
    c) fliegt so schnell wie ein Düsenflugzeug,
    d) kann nicht vorwärts fliegen.

Die Auswertung des Fragebogens zeigte uns folgendes:

1. Die Neun- und Zehnjährigen wußten vom Fliegen mehr, als wir erwartet hatten.

Dies gilt jedoch nur für die Reaktionen der Kinder auf die 58 *Auswahlantworten* zu den 17 Fragen.

Bei den *offenen Fragen* dagegen war allgemein eine Regression auf primitivere Stufen der geistigen Reaktion zu beobachten, und zwar verursacht durch die zusätzliche Belastung, noch recht vage Kenntnisse schriftlich formulieren zu müssen. Schüler, die sich im geschlossenen Teil des Fragebogens für „Ein Ballon fliegt, weil er mit einem Gas, das leichter als Luft ist, gefüllt ist" entschieden hatten, schreiben, wenn sie frei formulieren müssen z. B.: „Ein Ballon kann mit einem Menschen in die Luft fliegen, weil er größer ist als ein Mensch." „Männer stehn unten und lassen die Schnur dann an dem Balong los." „Ich weiß das der Ballon durch den Wind nach oben gezogen wird.'
Dieses Ergebnis ist für unsere Planung von Bedeutung.

11. Viele Flugzeuge haben vier durch Motoren angetriebene Propeller. Wenn beim Flug alle vier Motoren ausfallen würden,
    a) würde das Flugzeug abstürzen,
    b) würde es wie ein Segelflugzeug weitersegeln,
    c) würde der Pilot sofort zurückfliegen müssen,
    d) würden die Propeller mit der Handkurbel gedreht werden müssen.
12. Die Flügel der Propellerflugzeuge heißen auch Tragflächen. Die Tragflächen der Propellerflugzeuge
    a) sind notwendig, damit ausreichend Platz für die Fluggäste zur Verfügung steht,
    b) sind notwendig, damit das Flugzeug vom Fahrtwind getragen werden kann,
    c) werden eingezogen, wenn das Flugzeug sehr schnell fliegt,
    d) sind nicht notwendig, denn man baut sie nur, weil die ersten Motorflugzeuge (1903) auch Flügel (Tragflächen) hatten.
13. Mit Propellerflugzeugen kann man nicht zum Mond fliegen,
    a) weil Propellerflugzeuge zu langsam fliegen,
    b) weil der Mond zu weit entfernt ist,
    c) weil ein Propellerflugzeug nur in der Luft, nicht aber im luftleeren Raum fliegen kann,
    d) weil die Anziehungskraft des Mondes für Propellerflugzeuge zu groß ist.
14. Eine Rakete fliegt,
    a) weil sie sehr viele winzige Propeller hat,
    b) weil sie leichter als Luft ist,
    c) weil sie durch Rückstoß angetrieben wird,
    d) weil sie so schlank ist.
15. Das Düsenflugzeug wird so ähnlich angetrieben
    a) wie eine Rakete,
    b) wie ein Segelflugzeug,
    c) wie ein Geschoß,
    d) wie ein Volkswagen.
16. Wenn ich aus einer hohlen Stahlkugel die Luft herauspumpe, dann
    a) wiegt sie genausoviel wie vorher,
    b) weniger als vorher,
    c) wiegt sie mehr als vorher.
17. Wenn ich einen luftleeren Schlauch voll Luft pumpe, dann
    a) wiegt er genausoviel wie vorher,
    b) wiegt er weniger als vorher,
    c) wiegt er mehr als vorher.

a) Wir müssen annehmen, daß die Kinder bereits ein angemesseneres Reaktionspotential in diesem Bereich besitzen, als es nach ihren sprachlichen Äußerungen zu vermuten ist.

b) Wir werden die sprachliche Verfügbarkeit des Sachwissens besonders üben müssen.

2. Mädchen der 4. Klasse haben von unserem Gegenstand weniger Sachkenntnisse als Jungen der 3. Klasse.

Es haben sich Geschlechtsstereotypien („ein Junge muß so etwas wissen") bereits sehr auf das Lernen ausgewirkt. Der Lernfortschritt ist bei den Jungen anscheinend größer als bei den Mädchen. Während sich in den 4. Klassen 22 % der Jungen mehr für richtige Antworten entscheiden als in den 3. Klassen, sind es bei den Mädchen nur 13 % mehr. Im 4. Schuljahr also ist der Abstand zwischen Jungen und Mädchen bereits beträchtlich geworden.

Bei unserer Planung müssen wir also darauf achten,

a) daß die Mädchen eine positive Einstellung zu der Einheit entwickeln

und daß sie

b) Chancen erhalten, ihren Rückstand aufzuholen.

3. Die Ursache für das Steigen eines Ballons wird in den 3. Klassen von 32,5 %, in den 4. Klassen von 54,6 % richtig bestimmt.

14 % nehmen in den 4. Klassen an, daß der Ballon mit einem Gas gefüllt sei, meinen aber, daß dieses Gas schwerer als Luft sei. 22 % sind der Meinung, daß steigende Ballons mit Luft gefüllt seien. Von den selbstformulierten Theoremen sind folgende für unsere Planung wichtig: „Man wirft Sandsäcke heraus. Dadurch wird der Ballon leicht und steigt in die Luft." „Er steigt, weil er größer ist als der Korb."

4. In den 3. Klassen ist die Funktion der Tragflächen für das Propellerflugzeug bereits 58,3 %, in den 4. Klassen sogar 84,4 % bekannt.

Weshalb das Propellerflugzeug nicht zum Mond fliegen kann, wird in den 4. Klassen bereits von 33,8 % richtig bestimmt. („Weil es nur in der Luft, nicht aber im luftleeren Raum fliegen kann.") 34,4 % sehen die Ursache hingegen in der großen Entfernung zum Mond. Bei den freien Formulierungen geben die Schüler in der Regel nur eine Beschreibung. („Er macht die Propeller an und rollt. Dann geht er langsam in die Luft und fliegt.") Seltener wird das Fliegen analog zum Bohrer erklärt. („Weil die Propeller sich durch die Luft fressen.") Der Wind ist bei einigen die Ursache des Fliegens. („Das Flugzeug kann nur fliegen, wenn der Wind sehr stark ist. Dann fliegt das Flugzeug in die Höhe. Der Propeller wird durch den Wind angetrieben." „Die Propeller werden mit Luft angetrieben, und durch den Luftstrom fliegt das Flugzeug." Analog zum Ballon wird angenommen: „Es gibt bestimmt irgendein Benzin, welches das Propellerflugzeug erleichtert." Manche Theoreme kommen auf einer einfachen Ebene der wissenschaftlichen Theorie nahe: „Die Propeller schlagen die Luft in die Flügel. Dann wird das Flugzeug leichter."

5. 58,9 % in den 3. Klassen und 77,8 % in den 4. Klassen entschieden sich dafür, daß der Rückstoß das Fliegen einer Rakete verursacht.

6. Das beeindruckendste Ergebnis war aber die Streuung der Leistungen in den einzelnen Klassen.

Auf die 14 Fragen des Fragebogens konnten wir diese Streuungen der richtigen Antworten registrieren. (Siehe nebenstehende Tabelle!) Hier wird ein *blinder Fleck der Grundschuldidaktik* sichtbar. Die Grundschuldidaktik hat stets, gleichsam unter der Hypnose der Entwicklungspsychologie, die altersstufenspezifischen Unterschiede beachtet. Sie nahm als Regelfall gleichmäßig in Phasen heranreifende Kinder an.[13] Die individuellen Unterschiede bei Kindern gleicher Altersstufe sind weniger herausgearbeitet worden. So haben die Theoretiker des sachkundlichen Unterrichts –

Klasse	richtige Antworten	
	oberes Extrem	unteres Extrem
3b	12	2
3a	11	0
3c	11	0
3d	11	2
3e	12	3
4a	13	5
4b	12	3
4c	14	4
4d	13	1
4e	14	4

im Gegensatz zu den Theoretikern des Leselehrgangs, Rechtschreiblehrgangs usw. – nie Reflexionen über die Kinder angestellt, die nur geringe Leistungen erzielen.

Durch die Fragebogentechnik haben wir in unserm Falle aber ein Mittel, die *verschiedenen Ausgangspositionen* gegenüber unserem Unterrichtsthema genauer zu erfassen. Wir können Schüler, die hier ein umfangreiches Informationspotential besitzen, bei der Klärung schwieriger Sachverhalte heranziehen und können solchen, die hierzu noch wenig wissen, beim Abbau ihrer falschen Vorstellungen und bei der Aufarbeitung ihres Rückstandes individuelle Hilfen zukommen lassen.

II. Sozial-kulturelle Voraussetzungen

1. Der Schulzweig

Die *Berliner Grundschule,* für die unsere Unterrichtseinheit „Das Fliegen" antizipiert worden ist, umfaßt die Klassen 1–6. Der hier für ein 4. Schuljahr geplante Unterricht findet also in einer Situation statt, die noch nicht mit der „Auslese" für die weiterführenden Schulen belastet ist. (Vgl. die Situation der 4. Klassen an den Schulen westdeutscher Länder.)

Aber auch die Berliner Grundschule ist gegenüber anderen Schulzweigen benachteiligt; hier finden wir die höchsten Klassenfrequenzen. Der Etat der Grundschule ist der geringste. (Für ein Kind der Grundschule wird kaum mehr als ein Drittel der Summe aufgewendet, die man einem Schüler der O. W. Z. zugesteht.)

Die Ausstattung mit Unterrichtsmitteln ist unzureichend; die privaten Spielzeugsammlungen der Kinder sind in der Regel heute den Schulsammlungen nach Umfang, Güte und didaktischem Potential überlegen. Für den sachkundlichen Unterricht fehlen einfache technische Kabinette. Die offiziellen Vorstellungen von grundschulgemäßen Lehr- und Lernmitteln sind sehr festgelegt: Heimatkarten, Stäbchen, Buntpapier. Die in unserer Unterrichtseinheit benötigten Medien (Rakete und Flugzeug aus der Spielzeugindustrie, Luftballons usw.) müssen vom Unterrichtenden privat angeschafft werden, – ein in deutschen Berufsleben einmaliger Zustand. Vollends aussichtslos ist es, einen so wenig grundschulgemäßen Gegenstand wie eine Stahlflasche mit Wasserstoffgas genehmigt zu erhalten. Die wichtige konkrete Erfahrung, daß ein mit Wasserstoff gefüllter

---

[13] eine einsame Ausnahme: Ilse Rother, Arbeitsweisen im Sachunterricht . . ., in AUSWAHL, Bd. 1, Hann. 1962.

Gummiballon tatsächlich (z. B. in der Turnhalle) emporsteigt und nur durch die Decke aufgehalten wird, kann deshalb in der Schule nicht vermittelt werden.

2. Die sozial-kulturelle Gesamtsituation

Wir fassen mit Paul H e i m a n n unsere Kultur als „eine zentral wissenschaftlich gesteuerte Daseinsordnung auf, die dem Modell wissenschaftlicher Wahrheitsfindung folgt und das Gesamtdasein auch pragmatisch nach wissenschaftlichen Erkenntnissen durchzugestalten im Begriff ist". Der sachkundliche Unterricht darf mit seinen Inhalten und Methoden zu dieser Kultur nicht in Widerspruch geraten (z. B. „Ein Regentropfen erzählt von seiner Reise"). Die Überprüfbarkeit von Aussagen muß auch hier zur Regel werden.

Die Unterrichtseinheit „Fliegen" versucht, diesen Kriterien zu genügen. Bei Unterrichtseinheiten mit sozialkundlichen Inhalten darf die für unsere Gesellschaft konstitutive Pluralität der Standorte nicht auf einseitige Wertvorstellungen reduziert werden.

(Solche Reduktionen finden wir vor allem im Heimatkundeunterricht. Die Heimatkunde setzt stillschweigend oder auch in Postulaten folgende Gleichung voraus: Heimat = Wertreichtum[14]. Kritik sowie der Vergleich mit anderen Umwelten fehlt in diesen Konzeptionen. „In der Heimat ist es schön" heißt es in einem Arbeitsheft von Friedrich Rateike[15]; der Beweis wird jedoch nie erbracht.)

III. Die Intentionen

1. Die Schüler sollen den Begriff „Fliegen" am Ende der Unterrichtseinheit differenziert haben in

a) Fliegen, weil ein Aufwind herrscht,

b) Fliegen, weil der Körper leichter als Luft ist,

c) Fliegen, weil ein Wind (z. B. Propellerwind) an einer Tragfläche vorbeiströmt, deren Oberseite länger als die Unterseite ist,

d) Fliegen durch Rückstoß. (Hier ist viel Mühe darauf zu verwenden, daß die Kinder nicht folgendes falsche Theorem erlernen: Der aus der Rakete ausströmende Stoff stoße gegen die Luft, und so entstünde die Bewegung.)

2. Zur Erfassung von Flugvorgängen soll nebenstehendes, bereits sehr abstraktes Bezugssystem gelernt werden.
Die Schüler sollen zur Übernahme dieses Bezugssystems nicht gedrängt werden; es wird ihnen viel Zeit gelassen, damit vertraut zu werden[16].

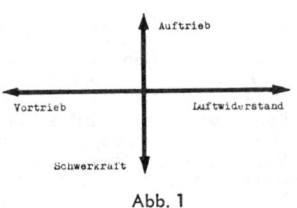

Abb. 1

---

[14] vgl. Bildungspläne.
[15] vgl. Anm. 9.
[16] vgl. Aebli, H., Über die geistige Entwicklung des Kindes, Stuttgart 1963, S. 57 ff.

3. Die Schüler sollen lernen, zwischen der Beschreibung und der Deutung eines Vorgangs zu unterscheiden.

4. Die Schüler sollen lernen, daß Flugvorgänge sich auf reale Bedingungen zurückführen lassen (z. B. Einordnung des „Fliegenden Teppichs" als liebenswürdiges Phantasieprodukt).

Diese tragenden Intentionen haben einen eindeutig *kognitiven* Charakter. Das Fehlen pragmatischer Intentionen ist das – sicher sehr umstrittene – Merkmal unserer Unterrichtseinheit. Unsere Entscheidung läßt sich folgendermaßen begründen: Beim Bau von Drachen, Wurfgleitern und Raketenmodellen tritt eine Fülle von Lernschwierigkeiten im praktisch-manuellen Bereich auf, die mit Sicherheit die von uns intendierten Lernprozesse stören würde. *Uns geht es um die Differenzierung des Begriffes „Fliegen".* Damit diese Differenzierung zustandekommen kann, muß das Unterrichtsgeschehen in bezug auf die Zahl der auftretenden Elemente und in bezug auf die Zeit überschaubar bleiben. Der Bau und das Steigenlassen von Drachen sind wichtige Vorhaben, die im Grundschulunterricht neben Unterrichtseinheiten wie der unseren auch eine Rolle spielen sollten. Ein solches Vorhaben wäre nämlich Bestandteil eines anderen bedeutsamen Lernprozesses: Erwerb manipulatorisch-konstruktiver Fähigkeiten.

Wir sind der Auffassung, daß sich divergierende Intentionen, wenn sie gleichzeitig auftreten, stören. Deshalb vermeiden wir auch aufgepfropfte Rechtschreibübungen (z. B. Wörter mit „fl"), Rechenübungen und Sprachübungen. Wir haben auch auf Fluggedichte und die obligate Niederschrift „Wenn ich fliegen könnte" verzichtet.

IV. Das Thema

Das Thema „Das Fliegen" erscheint in unserer Unterrichtseinheit in einer eigentümlichen Verengung: Es wird nur das Fliegen technischer Apparaturen gezeigt und erklärt. Das Fliegen der Vögel, Fledermäuse und Insekten ist nicht Gegenstand unseres Unterrichts. Diese Verengung ist nicht das Resultat eines ideologischen Affektes gegen die lebendige Natur, – was man nach unseren kritischen Ausführungen zur Heimatkunde vielleicht vermuten könnte. Unsere Beschränkung erfolgte vielmehr aufgrund lernpsychologischer Erwägungen: Die verschiedenen Formen des Fliegens bei Tieren sind komplizierte Kombinationen physikalischer Momente; d. h. sie haben keine „gute Gestalt". Sie lassen sich mit unseren Mitteln kaum demonstrieren. Das gleiche gilt für die komplizierten Flugvorgänge bei Segelflugzeugen, die wir ebenfalls in unserer Unterrichtseinheit vernachlässigen.

Wir müssen uns aber noch eine weitere Einengung bewußtmachen: Wir vermitteln über das Phänomen „Fliegen" nur ein Annäherungswissen;

d. h. die *konkreten Bestandteile* der Theorien. Die theoretischen Äqui-
valente zu den Flugphänomenen werden nämlich von einem bestimmten
Abstraktionsgrad an nicht mehr zum Unterrichtsinhalt.

1. Beispiel „Ballonflug": Nicht geklärt wird, weshalb leichte Gase in
   schweren einen Auftrieb erhalten.
2. Beispiel „Tragfläche": Nicht geklärt wird, weshalb über Tragflächen
   mit bestimmter Wölbung ein Unterdruck entsteht, wenn Luft vorbeiströmt. (Ein 10jähriger Schüler in der Klasse 4c, in der wir den Vorversuch zu unserer Planung durchführten, wußte es allerdings aus dem Lexikon. Er konnte anschaulich den komplizierten Zusammenhang zwischen
   verschiedenem Strömungsweg und verschiedener Dichte der Luft erklären. Er konnte einsichtig die Ausdrücke „Überdruck" und „Unterdruck" verwenden).
3. Beispiel „Rakete": Der Rückstoß wird als eine konkrete Wenn-dann-
   Beziehung gelernt: Wenn ein Körper einen anderen verläßt, dann erhält der andere einen Rückstoß. Eine Rückführung dieser Feststellung
   auf den Impulssatz ist angesichts der Lernfähigkeit von 10jährigen nicht
   möglich.

V. Methodische Organisation

1. Das Feststellen der Ausgangsposition, das Registrieren von Lernfort-
schritten, teilweise auch die Kontrolle der Unterrichtsergebnisse, – das
alles erfolgt mit Hilfe eines *Fragebogens.* Die Klasse setzt sich mit ihm
auseinander am 1., 2., 3., 4., 5., 7. Tag sowie bei der Ergebniskontrolle.

2. Die wichtigsten Abschnitte – nämlich „Ballons", „Propellerflugzeuge",
„Raketen" – sind als *fünfphasiger Lehrprozeß* organisiert:
   a) Demonstration von Vorgängen bzw. Information durch Texte und
      Arbeitsanweisungen (2., 4., 5., 8., bzw. 3. und 6. Tag).
   b) Deutungsversuche der Schüler. Teilweise testähnliche Herausforde-
      rungen durch den Lehrer (3. Tag).
   c) Lernhilfen (z. B. Konfrontation mit einer Skizze) (5. und 8. Tag).
   d) Transponierendes Üben (z. B. Auftrieb im Wasser, Berechnungen,
      umgekehrte Tragflächen, Propellerflugzeug zum Mond).
   e) Hausarbeiten, in denen ein *gelernter Inhalt unter neuem Aspekt* ge-
      sehen werden muß (z. B. „Früher – Heute"), oder solche, in denen
      ein *gelernter Aspekt auf einen anderen Inhalt* angewendet werden
      muß („Beschreibung – Deutung").

3. Die lehrgangsartige Struktur unserer Unterrichtseinheit ermöglicht
keine projektartigen Verfahren und schränkt damit auch die Einplanung
so erstrebenswerter *Sozialformen* wie Gruppenarbeit ein. Dagegen ist
beinahe für jeden Tag Partnerarbeit und Einzelarbeit vorgesehen. Bei den
Demonstrationen bilden die Kinder einen lockeren „Kreis". Eine nicht ge-
wöhnliche Interaktionsform ist für den Anfang des 3. Tages vorgesehen:
Hier kann jeder Schüler mit jedem Kontakt aufnehmen.

VI. Die Medien

*1. Medien, die wir gebraucht hätten, die aber nicht „grundschulgemäß"
und deshalb nicht vorhanden sind:*
Hierin gehören mit Wasserstoff gefüllte Ballons, Tragflächenprofile mit
einer Windmaschine sowie ein Lehrfilm, der gefilmte Realität durch
dynamisierte Modellskizzen interpretiert.

2. *Medien, die sich uns angeboten haben, die aber unseren Intentionen nicht entsprachen:*
Hierhin gehört das Unterrichtsprogramm von Jürgen Petersen „Vogelfeder – Vogelflügel – Vogelflug"[17]. In diesem Programm ist wegen der Überfülle unwichtiger Spezialkenntnisse eine Einsicht in das Flugphänomen wahrscheinlich nicht möglich.

3. *Medien, die wir als Notlösung betrachten:*
Hierhin gehört der Text „Fliegende Ballons".

4. *Medien, die sich in unserm Vorversuch als brauchbar erwiesen haben:*

a) Demonstrationen mit Luftballons und Seifenblasen,

b) Spielflugzeug (Fesselpropellerflugzeug),

c) Vergleichstabelle: Wasserstoff – Luft,

d) Arbeitsanweisung am 6. Tag,

e) Spielzeugrakete (Überdruckrakete, die halb mit Wasser gefüllt wird und dann durch Einpumpen von Luft einen beträchtlichen Innendruck erhält).

f) Eine Sammlung von Zeitungsbildern.

C VERLAUFSPLANUNG

Der erste Tag (ca. drei Unterrichtsstunden)

Zunächst soll eine positive Einstellung der Schüler zur Entscheidung des Lehrers für das Thema „Fliegen" bewirkt werden. *Das Akzeptieren der Lehrerentscheidung* wird auf viererlei Weise angestrebt:

1. Alle Modelle, die während der Unterrichtseinheit zu Demonstrationszwecken benutzt werden (u. a. Luftballons, Ventilator, Spielzeugmodelle eines Propellerflugzeuges und einer Rakete), werden als wichtige Medien sofort mit in die Klasse genommen und gezeigt.
2. Die Schüler erfahren, daß in den nächsten Tagen gelernt werden soll, wie Körper fliegen.
3. Es ist zu erwarten, daß einige Schüler, besonders einige Mädchen, bereits ein Desinteresse technischen und physikalischen Sachverhalten gegenüber gelernt haben. Deshalb wird betont, daß alles, was in den nächsten Tagen über das Fliegen verschiedener Körper zu lernen sei, auch von den Schülern gelernt werden könne, die jetzt nur sehr wenig über Raketen und Flugzeuge wissen, weil sie sich bisher noch nicht dafür interessiert haben.
4. Außerdem soll die Bearbeitung des Fragebogens eine Einstellung auf die Inhalte der Unterrichtseinheit bewirken.

Nach Ausgabe des *Fragebogens* erfahren die Schüler das Folgende: Es handelt sich nicht um eine Wissensprüfung, die vom Lehrer zensiert wird, sondern darum, daß der Lehrer den Unterricht der nächsten Tage nur

---

[17] Petersen, Jürgen, Vogelfeder — Vogelflügel — Vogelflug, Westermann Programm, Braunschweig 1963.

dann angemessen planen kann, wenn ihm bekannt ist, was jeder einzelne
Schüler vor Beginn des Unterrichts vom Sachverhalt weiß.
Die ersten drei Aufgaben werden zum Erlernen des Antwortverfahrens
gemeinsam gelöst, die restlichen in Einzelarbeit. Nach Abgabe des Frage-
bogens dürfen die Schüler Schwierigkeiten einzelner Aufgaben diskutie-
ren.
Anschließend werden mit dem Epidiaskop zur *Aktualisierung und Erwei-
terung von Vorerfahrungen* 18 Illustrationen (Düsenflugzeuge, Raketen,
Hubschrauber, Propellerflugzeuge verschiedener Baujahre, Frei- und
Fesselballons, Luftschiffe, Segelflugzeuge) aus dem Buch „Fliegerei"[18]
gezeigt.
Spontane Äußerungen werden zugelassen und diskutiert. Die gezeigten
Flugkörper erhalten genaue Bezeichnungen.
Hausarbeit: Es sollen Informationen zu Problemen gesammelt werden,
die den Schülern beim Bearbeiten des Fragebogens deutlich geworden
sind. Die Bücher „Fliegerei" und „Wie funktioniert das?"[19] werden als
mögliche Informationsquellen gezeigt.

Der zweite Tag (zwei bis drei Unterrichtsstunden)

Der Lehrer geht in folgender Weise auf die Informationssammlung der
Schüler ein:
a) Könnt ihr aufgrund neuer Kenntnisse jetzt einige Aufgaben des Fragebogens richtiger lösen?
b) Ihr werdet euer Wissen bald brauchen, denn es wird euch in den
   nächsten Tagen viel gezeigt, was ihr euch dann besser erklären könnt.
Außerdem wird die Arbeit anerkannt, die die Schüler bei der Beantwortung des Fragebogens geleistet haben. Der Lehrer teilt einige Ergebnisse
seiner Durchsicht der Fragebogen mit. (Er nennt z. B. die Aufgaben, die
von fast allen Schülern richtig gelöst worden sind, und erwähnt gegebenenfalls, daß einige Mädchen besonders viel über Flugzeuge und Raketen
wissen.)
Einige Schüler konnten bei der Bearbeitung des Fragebogens einige Aufgaben nicht richtig lösen, weil sie bestimmte Flugkörper gar nicht gekannt
hatten. Diesen Schülern werden die entsprechenden Aufgaben des Fragebogens erneut gestellt.
Als Demonstrationsreihe werden jetzt nacheinander *vier Demonstrationen*
durchgeführt, ohne daß die Schüler zwischendurch das Beobachtete diskutieren dürfen.
1. Luftballon bei Windstille
Ein Ballon wird mit Luft gefüllt und einige Meter über dem Boden losgelassen. Er schwebt langsam zu Boden.
2. Luftballon im Aufwind
Der Ventilator wird angestellt. Der entstehende Wind wird von den
Schülern gefühlt. Der Luftballon wird im aufwärts gerichteten Luftstrom

---

[18] Highland, H. J., Fliegerei (Was-ist-Was-Buch), Hamburg 1963.
[19] In diesem Buch können sich Kinder mit Hilfe ihrer Eltern informieren: „Wie
funktioniert das?" Bibliographisches Institut, Mannheim 1963.

losgelassen. Er steigt ein Stück und schwebt dann unruhig in gleichbleibender Höhe.

3. Seifenblasen bei Windstille
Seifenblasen werden von ihrer Grundlage gelöst. Sie schweben zu Boden.

4. Seifenblasen im Aufwind
Seifenblasen werden von ihrer Grundlage gelöst. Geraten sie in den aufwärts gerichteten Luftstrom des Ventilators, steigen sie.

Jetzt werden spontane Deutungsversuche der Schüler zugelassen und diskutiert. Richtige Deutungen werden vom Lehrer bestätigt.

Folgendes wird herausgearbeitet:
Luftballon und Seifenblasen sind etwas schwerer als Luft (durch die dünne Gummi- bzw. Seifenwasserhaut). Sie sinken bei Windstille zu Boden, steigen jedoch im Aufwind. Sie können nur im Aufwind fliegen. (Einzelne Demonstrationen werden nötigenfalls wiederholt.)

Anschließend werden die 1. und 2. Demonstration in Einzelarbeit schriftlich fixiert. Dabei soll zwischen *Beschreibung* der Demonstration und ihrer *Deutung* unterschieden werden. Bei unserem Vorversuch entstand zu dieser Aufgabe z. B. folgende Arbeit:

1. Luftballon bei Windstille
Wir ließen bei Windstille einen mit Luft gefüllten Luftballon los. Er schwebte langsam zur Erde nieder.
Die Ursache dafür war, daß der Luftballon durch das Gummi des Ballons etwas schwerer als die Luft wurde.

2. Luftballon im durch den Ventilator erzeugten Aufwind
Wir stellten den Ventilator an. Der Luftballon wurde darübergehalten und losgelassen. Er flog in die Höhe.
Das kann man nur dadurch erklären, daß der Ventilator einen Aufwind erzeugt. Dieser Aufwind drückt den Ballon in die Höhe, als ob dieser auf einmal leichter geworden wäre.   -Sibylle S.

Einige dieser Arbeiten werden vorgelesen und auf Genauigkeit der Beschreibung und Richtigkeit der Deutung geprüft.

Hausarbeit: Beschreibung und Deutung der 3. und 4. Demonstration.

Bei unserem Vorversuch entstand zu dieser Aufgabe z. B. folgende Arbeit:
In unserm Klassenzimmer mußte Monika die Seifenblasen auspusten. Da im Raum kein Wind ist, fielen sie zur Erde. Durch einen Ventilator wurde künstlicher Wind gemacht. Der Wind trieb die Seifenblasen in die Höhe.
Ich erkläre mir das so:
Die Seifenblasen sind Wassertropfen. Wasser ist schwerer als Luft, daher fallen sie bei Windstille auf die Erde. Wenn Wind ist, treibt er die Seifenblasen empor. Durch den Wind verdunstet das Wasser, und die Seifenblasen platzen.   -Sabine S.

Der dritte Tag (zwei bis drei Unterrichtsstunden)

Die Schüler, die bei der Arbeit am Fragebogen die Aufgaben 4. bzw. 6. falsch gelöst hatten, werden zur *Bestätigung ihrer Lernfortschritte* noch einmal mit diesen Fragen und den Auswahlantworten konfrontiert.

Die Schüler prüfen dann die *Hausarbeiten* ihrer Mitschüler mit Hilfe der Kriterien: Vollständigkeit der Arbeit, Genauigkeit der Beschreibung und Richtigkeit der Deutung. Dabei lernen sie folgendes *Kontrollverfahren*: Alle Schüler dürfen durch die Klasse gehen und sich die ausgelegten Hausarbeiten ansehen. Bei zwei Hausarbeiten sollen sie mit einem Kontrollzeichen (+ oder –) und ihrer Unterschrift ihre Auffassung von der Qualität der Arbeit kennzeichnen. Unter jeder Arbeit dürfen zwei Unterschriften stehen. Anschließend muß jeder Schüler seine Auffassung begründen können.

Jeder Schüler erhält den *Text „Fliegende Ballons"*[20].

Fliegende Ballons

Ein mit Luft gefüllter Ballon kann nicht fliegen. Durch seine Gummihülle ist er schwerer als Luft. Bei Windstille bleibt er ruhig auf dem Boden liegen.
Nun gibt es aber auf der Welt etwas Merkwürdiges: Es gibt Gase, die sind leichter als Luft. Ein solches Gas ist das Wasserstoffgas. Wenn man einen Ballon mit Wasserstoffgas füllt, dann steigt der Ballon schnell in die Höhe. Größere Wasserstoffgasballons steigen mehrere tausend Meter in die Luft empor.
Bei den großen Ballons ist dieser Auftrieb nach oben so stark, daß der Ballon sogar Lasten mit emporziehen kann. Das kann ein Korb sein, in dem sich Menschen befinden.
Erst vor etwa 200 Jahren haben die Menschen gelernt, mit solchen Ballons zu fliegen.
Heute fliegt man kaum noch mit Ballons.
Merke Dir:
Luft erscheint uns sehr leicht, aber sie hat doch ein Gewicht. Wasserstoffgas ist noch viel leichter als Luft. Man hat es berechnet: Luft ist 16mal schwerer als Wasserstoffgas. Wasserstoffgas steigt in der schwereren Luft nach oben. Mit Wasserstoff gefüllte Ballons können auch bei Windstille fliegen.

Der Text wird in Einzelarbeit gelesen.
Acht Sätze werden an der Tafel sichtbar:
1. Luft hat kein Gewicht.
2. Wasserstoffgas hat kein Gewicht.
3. Wasserstoffgas ist halb so leicht wie Luft.
4. Wasserstoffgasballons sind leichter als Luft.
5. Wasserstoffgasballons können nur bei Wind steigen.
6. Wasserstoffgasballons steigen in der schweren Luft nach oben.
7. Wasserstoffgasballons können bis zum Mond fliegen.
8. In den USA fliegen auch heute noch sehr viele Menschen mit Wasserstoffgasballons.
Diese Sätze werden im Partnergespräch diskutiert. Der Text „Fliegende Ballons" dient als Informationsquelle.
Jeweils einer der beiden Gesprächspartner darf zwei der acht Tafelsätze als richtig ankreuzen.

---

[20] Vom Lehrer verfaßt.

Die acht Tafelsätze werden der Reihe nach von der Klasse diskutiert. Dabei werden sie mit Hilfe des Textes „Fliegende Ballons" und der Erfahrungen der Schüler geprüft. Bei dieser Analyse wird der Inhalt der Merksätze herausgestellt.

Zur Konkretisierung der Vorstellung, daß Wasserstoff 16mal leichter als Luft ist, wird von den Schülern eine vom Lehrer unvollständig gegebene Vergleichstabelle in Einzelarbeit ausgefüllt. Die Zahlen entsprechen annähernd den realen Verhältnissen. Wenn es notwendig ist, werden Anschauungshilfen gegeben.

Vergleichstabelle:

Durchmesser des Ballons: ungefähr	Gewicht einer Wasserstoffgasfüllung	Gewicht einer Luftfüllung
1,26 m	$1/2$ kg	8 kg
1,6 m		16 kg
2 m	2 kg	
2,5 m		64 kg
2,9 m	6 kg	
3,3 m	10 kg	
4,3 m		320 kg
5,4 m		640 kg
7,4 m	100 kg	
16 m	1000 kg	

Hausarbeit: Warum fliegen die Menschen heute kaum noch mit Wasserstoffgasballons? Gib mehrere Gründe an!

Der vierte Tag (zwei bis drei Unterrichtsstunden)

Es wird ausgerechnet, mit welchem Gewicht in Luft emporsteigende Wasserstoffgasballons höchstens belastet werden können. Als Arbeitsgrundlage wird die Tabelle vom Vortage benutzt.

Die Hausarbeiten werden vorgelesen, die Argumente diskutiert.

Der Lehrer begründet, warum er das Aufsteigen eines Wasserstoffgasballons nicht zeigen konnte.

Stattdessen wird jetzt das *Aufsteigen von Körpern in Wasser* gezeigt. Verschiedene Körper (aus Metall, Holz, Kork; eine mit Luft bzw. Wasser gefüllte Flasche u. a.) werden auf den Boden eines mit Wasser gefüllten Aquariums gedrückt und losgelassen.

Die Schüler dürfen vermuten, beobachten, diskutieren und deuten. Richtige Deutungen werden vom Lehrer bestätigt.

Die Schüler lernen: *Körper, die leichter als Wasser sind, steigen im Wasser nach oben.*

Sie schreiben sich diesen Merksatz auf die Rückseite des Textes „Fliegende Ballons".

Schließlich wird der *Fragebogen* noch einmal als Arbeitsmaterial benutzt:

1. Alle Fragen des Fragebogens, die sich darauf beziehen, daß

a) Luft ein Gewicht hat,

b) Körper, die kaum schwerer als Luft sind, nur steigen, wenn ein Aufwind da ist,

c) Ballons steigen, wenn sie mit einem Gas gefüllt sind, das leichter als Luft ist,

werden jenen Schülern gestellt, die im Fragebogen falsche Auswahlantworten angekreuzt hatten.

2. Dann erhält jeder Schüler seinen Fragebogen *zur Überarbeitung*. Mit einem Rotstift dürfen Änderungen vorgenommen werden.

3. Die im Unterricht noch nicht geklärten Aufgaben des Fragebogens werden herausgestellt.

Hausarbeit: Zu fünf Wörtern (Luftballon, Wasserstoffgas, Luft, Wind, Gas) sind je zwei Sätze zu schreiben, von denen *der erste* etwas aussagt, was man auch schon vor einiger Zeit hätte schreiben können, *der zweite* jedoch etwas, was man erst im Unterricht der letzten Tage gelernt hat.

Bei unserem Vorversuch wurden zu dieser Aufgabe z. B. folgende Satzpaare geschrieben:

Früher: Mit einem Luftballon macht es Spaß zu spielen.

Heute: Ein Luftballon schwebt bei Windstille langsam zur Erde.

Früher: Wasserstoffgas ist ein Gas.

Heute: Ballons, die mit Wasserstoffgas gefüllt sind, steigen sehr schnell.

                                              –Holger S.

Früher: Ohne Luft würden Menschen ersticken.

Heute: Luft hat ein Gewicht.

Früher: Viele Neubauten werden mit Gas beheizt.

Heute: Ein Ballon, der mit Gas gefüllt ist, das leichter als Luft ist, steigt selbst bei Windstille.   -Peter J.

Der fünfte Tag (zwei bis drei Unterrichtsstunden)

Von verschiedenen Schülern werden ca. zehn Satzpaare vorgelesen (zur Hälfte von Schülern, die beim Ankreuzen der Auswahlantworten besonders viele Fehler hatten). Sie werden von Mitschülern mit Hilfe des Kriteriums beurteilt: Ist dargestellt worden, was gelernt wurde?

Demonstration des Spielflugzeuges (eines durch zwei 1,5-Volt-Batterien angetriebenen Fesselpropellerflugzeuges)

1. Es wird gezeigt, daß der Propeller Wind erzeugt.

2. Der durch den Propeller bewirkte Vortrieb wird demonstriert.

3. Durch Austausch des Propellers wird gezeigt, daß ein Vortrieb nur entsteht, wenn der Propeller eine bestimmte Form hat.

Spontane Deutungsversuche werden zugelassen und diskutiert. Richtige

Deutungen werden vom Lehrer bestätigt. Fehldeutungen werden in Frage gestellt. Gegebenenfalls werden Phasen der Demonstration wiederholt.

Das Starten, Steigen und Fliegen des Propellerflugzeuges wird demonstriert.

Deutungsversuche werden zugelassen, diskutiert, vom Lehrer bestätigt bzw. in Frage gestellt.

Die Schüler werden mit einer *Modellskizze* (Abb. 2), die der Lehrer an die Tafel zeichnet, konfrontiert.

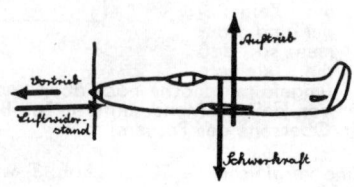

Sie lesen die Skizze mit Hilfe ihrer Erfahrungen.

Die Schüler übernehmen die Modellskizze in ihr Sachkundeheft.

Abb. 2

Hausarbeit: Beschreibung der Spielflugzeugdemonstrationen.

Bei unserem Vorversuch entstand zu dieser Aufgabe z. B. folgende Arbeit:

Wir stellten einige Versuche mit einem Propellerflugzeug an. Als erstes ließen wir das Flugzeug einfach rollen. Dann versuchten wir, ob es auch mit einem einfachen eckigen Propeller aus Pappe rollen kann. Aber es ging nicht, denn der Propeller muß eine ganz bestimmte Form haben. Wir hatten uns zu diesen Versuchen im Museumskreis um den Lehrertisch herumgestellt. Herr H. nahm das Flugzeug in die Hand. Schaltete den Propeller an und ging nun den Halbkreis entlang, damit wir den Wind spürten, den der Propeller verursachte. Dann ließ Herr H. das Flugzeug fliegen. Zuerst stellte er den Propeller an und ließ das Flugzeug über den Lehrertisch rollen. Als es fast am Ende angekommen war, faßte Herr H. die Schnur und brachte das Flugzeug über seinen Kopf. Da zog es nun mehrere Kreise. Sobald jedoch der Propeller ausgeschaltet wurde, sank das Flugzeug immer tiefer. -Regina A.

Der sechste Tag (ca. zwei Unterrichtsstunden)
Die Hausarbeiten werden eingesammelt (und vom Lehrer zu Hause gelesen).

Jeder Schüler erhält ein DIN-A-6-Blatt Schreibmaschinenpapier und folgende schriftliche Anweisung:

Hast du bemerkt, daß die Oberseite der Tragflächen eines Propellerflugzeuges anders geformt ist als die Unterseite?

Meist so:  Das hat einen Grund!

(Wenn du die Querschnittzeichnung der Tragfläche nicht verstehst, melde dich bitte!)

Heute lernst du, wie es kommt, daß ein Propellerflugzeug fliegen kann.

Arbeitsanleitung
Schneide ein rechteckiges Stück Papier aus, das 5 cm breit und 12 cm lang ist!
Falte es so, wie du es auf der Zeichnung siehst! Halte das Papier mit Zeigefinger und Daumen so, daß die kleinere 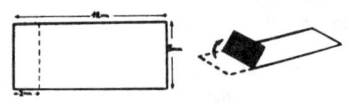 umgefaltete Fläche nach oben weist und der Kniff wenige Zentimeter von deinem Mund entfernt ist! Blase dann mit aller Kraft über die Oberseite des Papiers!

Eine *vergleichende Skizze* (Abb. 3) wird an der Tafel erarbeitet und von den Schülern ins Sachkundeheft gezeichnet.

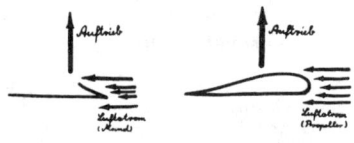

Abb. 3

Tragflächenquerschnitt und
Faltpapierlängsschnitt
werden in einer Skizze
zusammengefaßt (Abb. 4).

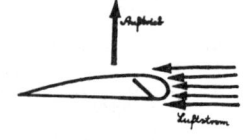

Abb. 4

Der siebte Tag (ca. zwei Unterrichtsstunden)

Wiederholung der Spielflugzeugdemonstrationen (Interpretation durch Schüler, die im Fragebogen falsche Auswahlantworten angekreuzt hatten).

Klärung: Kann ein Propellerflugzeug mit einer so geformten Tragfläche (Abb. 5) fliegen?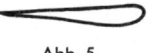

Abb. 5

Klärung: Kann ein Propellerflugzeug zum Mond fliegen?

Keine Hausarbeit

Der achte Tag (ca. zwei Unterrichtsstunden)

Spielzeugraketendemonstrationen auf
dem Schulhof
1. Luft (komprimiert)
2. Wasser + Luft (komprimiert)
3. Wasser

Die Demonstrationen werden nicht ge-
deutet. Stattdessen werden die Schüler
mit Abb. 6 konfrontiert.

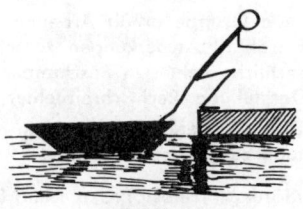

Abb. 6

Abstrahierung des Rückstoßphänomens
durch vergleichende Betrachtung von
Abb. 6 und Abb. 7.
Abb. 6 und Abb. 7 werden ins Sachkundeheft gezeichnet.

Abb. 7

Hausarbeit: Beschreibung und Deutung der Spielraketendemonstrationen.

Bei unserem Vorversuch entstand zu dieser Aufgabe z. B. folgende Arbeit:

Raketenversuche

Wir gingen auf den Schulhof, um eine Spielrakete abzuschießen. Wir
sahen, daß in die Rakete mit einer Spezialpumpe Luft gepumpt wurde.

Herr V., unser Lehrer, zog an einer Schnur, die an der Pumpe war, und
löste damit die Rakete. Sie flog 10 cm hoch und fiel dann zu Boden.

Nun wurde die Rakete zur Hälfte mit Wasser gefüllt und Luft dazu-
gepumpt. Es wurde wieder an der Schnur gezogen, und nun flog die Rakete sehr hoch, und das Wasser lief dabei hinaus. Als alles Wasser aus-
gelaufen war, fiel sie zu Boden.

Nun wurde die Rakete nur mit Wasser gefüllt. Wir wollten noch Luft
hineinpumpen, aber es ging nicht. Die Rakete sollte jetzt starten, sie flog
aber gar nicht hoch und blieb auf der Pumpe.

Warum?

1. Start:
Raketen werden durch Rückstoß angetrieben. – Weil kein Wasser in der
Rakete war, konnte der Rückstoß nicht erfolgen[22].

2. Start:
Das Wasser wurde von der zusammengepreßten Luft durch die Düse ab-
gestoßen, dadurch schoß die Rakete in die Höhe.

3. Start:
Der Rückstoß konnte diesmal gar nicht erfolgen, weil keine Luft in der
Rakete war, die das Wasser durch die Düse abstoßen konnte. -Holger S.

---

[22] Diese Deutung Holgers ist falsch. Als die komprimierte Luft die Rakete verließ,
erfolgte ein Rückstoß.

Der neunte Tag (ca. zwei Unterrichtsstunden)

Kontrolle der Hausarbeiten in Gruppen

Jede Gruppe erhält Arbeiten anderer Mitschüler und macht auf einem Extrablatt Anmerkungen zu jeder Arbeit mit Hilfe folgender Kriterien: sachliche Fehler in Beschreibung und Deutung, Ungenauigkeiten bei der Darstellung, Rechtschreibfehler.

Diese Anmerkungen sind von jedem Gruppenmitglied nach genauer Prüfung zu unterschreiben.

Klärung: Treibstoffrakete und Düsenflugzeug (vereinfachte Darstellung)

Hausaufgabe: In Zeitschriften, Prospekten u. a. Bilder zum Thema „Fliegen" suchen

Der zehnte Tag (ca. drei Stunden)

Die jetzt und in den nächsten Tagen von den Schülern mitgebrachten Abbildungen werden der Struktur des Themas gemäß geordnet für zehn Tage an die *Schautafel der Klasse* geheftet.

Danach wählen je zwei Schüler eines der folgenden Themen:

1. Wie es kommt, daß ein Ballon, der Lasten tragen kann, fliegt.

2. Wie es kommt, daß ein Propellerflugzeug fliegt.

3. Wie es kommt, daß eine Rakete fliegt.

Sie bereiten in Partnerarbeit Text und Sachzeichnungen zum *Vervielfältigen mit Hilfe von Matrizen* vor.

Die fertig bearbeiteten Matrizen werden von der Klasse begutachtet. Jeder Schüler darf zu jedem Thema die seiner Auffassung nach beste Arbeit bestellen.

(Die bestellten Arbeiten werden vervielfältigt und den Schülern am nächsten Tag ausgehändigt.)

Kontrolle des Gelernten:

1. Die richtigen Auswahlantworten des Fragebogens werden schriftlich begründet.

2. Eine Reihe fliegender und nichtfliegender Körper (Propellerflugzeug, Staub, Zeppelin, Düsenflugzeug, Sand, leere verschlossene Flasche, Korken, Wasserstoffballon, Seifenblase, Freiballon, Hubschrauber „fliegender Teppich", Luftballon) ist *zu ordnen* mit Hilfe der Kriterien: fliegt nicht — kaum schwerer als Luft — leichter als Luft — eine Luftströmung trifft auf eine besonders geformte Tragfläche — Rückstoß.

DETLEF C. KOCHAN

Deutsch: Die 'direkte Rede'

Planungsbeispiel für eine Unterrichtseinheit in der 7. Klasse

Mit der Planung einer Unterrichtsstunde über die „direkte Rede" als gestaltetes Sprachhandeln soll ein Beitrag zur funktionalen Spracherziehung[1] geleistet werden. Der Unterrichtsgegenstand ist seit längerer Zeit unter verschiedenen didaktischen Bedingungen von einigen Studenten des Didaktikums[2] in Berliner Schulen erprobt worden[3]. Unser Modell bezieht sich auf eine herausgegriffene reale Klassensituation [7. Schuljahr einer Oberschule Technischen Zweiges (Mittelschule)] und verwertet die aus den genannten Stunden gewonnenen Einsichten[4].

A ANALYSE DER STOFFBEDINGTEN ANSPRÜCHE ALS PERSÖNLICHE AUSEINANDERSETZUNG DES LEHRERS MIT DEM UNTERRICHTSGEGENSTAND

Unter dieser Formel sollen vornehmlich zwei grundsätzliche Fragen aufgeworfen werden, die uns unser muttersprachliches Unterrichtsthema stellt. Die eine ist sprachwissenschaftlicher, die andere sprachdidaktischer Art. Sie lassen sich letztlich nicht isoliert betrachten, da sie sich aus dem gemeinsamen Horizont *einer* Sprachauffassung verstehen. Deren Kerngedanke ist die Einsicht in die innere Eigengesetzlichkeit der deutschen Sprache, nach der sich ihr Bau und ihre Leistung (Funktion) richten, und damit die Abkehr von dem aus dem Griechischen bzw. Lateinischen übernommenen grammatischen System[5]. Eine ausführliche Darstellung verbietet der uns zugemessene Raum, daher sei auf die jüngste Arbeit von Karl Graucob verwiesen[6].

---

[1] Dieser Begriff wird in doppelter Weise gebraucht: 1. sammelt er unter sich die unterschiedlichen Richtungen der modernen Sprachwissenschaft, soweit sie für die Muttersprachliche Bildung bedeutsam sind; 2. bezeichnet er — gegenüber der einengenden Bezeichnung ‚Grammatik' (Sprachlehre) — den gesamten betrachtenden Umgang mit der Muttersprache. Vgl. auch unten Abschnitt A.

[2] Zum „Didaktikum" siehe Teil III dieses Bandes.

[3] Folgende Unterrichtsversuche wurden herangezogen: J. Schwarz, Die wörtliche Rede im erzählenden Text (5. Schj.); I. Beßlich, Die Zeichensetzung bei der direkten Rede (7. Schj.); U. Becker, Erfassung der direkten und epischen Elemente der sogenannten „wörtlichen Rede" (7. Schj.); D. Schiele, Funktion und Interpunktion der angeführten Rede im zusammenhängenden Text (7. Schj.); D. Mauthe, Der Begleitsatz steht in der Mitte der Aussageeinheit (8. Schj.); H. Orlowski, Die wörtliche und die nichtwörtliche Rede (8. Schj.); H. Daubitz, Verwandlung der direkten in die indirekte Rede (9. Schj.) — Die Unterrichtsversuche sind nicht von mir — etwa im Hinblick auf diesen Aufsatz — angeregt worden; die Verschiedenartigkeit der verwendeten Terminologie ist Zeugnis dafür. Entweder war das Thema in den Stoffverteilungsplänen der Mentoren vorgesehen und dem Studenten übertragen worden oder die Studenten haben sich, aus unterschiedlichen Erwägungen, für dieses Thema entschieden.

[4] Auch in meinem fachdidaktischen Hauptseminar zur „Übung im Deutschunterricht" wurde die Übbarkeit der direkten Rede strukturanalytisch untersucht. Die hier erörterten Anregungen und Vorschläge werden ebenfalls dankbar benutzt.

[5] Zur Kritik an der traditionellen Grammatik: Hans G l i n z , Geschichte und Kritik der Lehre von den Satzgliedern, Bern 1947.

[6] Karl G r a u c o b , Sprachbetrachtung im muttersprachlichen Unterricht der Real- und Mittelschule. Düsseldorf 1964; bes. S. 9—63 („Zum gegenwärtigen Stande der deutschen Sprachwissenschaft mit besonderer Berücksichtigung des pädagogisch Wichtigen").

1. Die „direkte Rede" ist ihrer Funktion nach Mitteilung. Sie ereignet sich ausschließlich im Zusammenhang mit anderen sprachlichen Aussageformen, von denen sie sich nach Absicht des Mitteilenden (etwa des „Erzählers") abhebt. Dabei spielt keine Rolle, ob sich dieser als sprachlich Handelnder in die Situation erklärend oder informierend einschaltet (sagte er; setzte er nach längerem Zögern hinzu; konnte er dem Abfahrenden noch zurufen), ob nur Gedachtes wiedergegeben wird („erlebte Rede"[7]) oder ob der gesamte Sprachzusammenhang als eine ununterbrochene direkte Rede aufzufassen ist (z. B. „Der Zauberlehrling", bis zum Schlußwort des Meisters). Stets ist beim Verwenden direkter Rede ein unmittelbarer Bezug zum Aufnehmenden, der außerhalb der sprachlichen Situation steht, mitgedacht. Daraus ergeben sich mehrere Rederichtungen, die sich einzig aus der Sprachgestalt erkennen lassen: die aufeinander bezogenen Redenden (Zuwendrichtung) und der „Erzähler" (Leserbezug). – Beim schriftlich festgehaltenen Sprachzusammenhang tritt die Zeichensetzung als optische Hilfe hinzu, jedoch ist dies eine sekundäre, wenn auch von der Regel geforderte Erscheinung. Die Leistung der Sprache besteht bei der direkten Rede darin, den jeweils Redenden als Beteiligten ins Geschehen zu bringen, indem er durch die verwendeten sprachlichen Formen und Prägungen in seine Rede selbst eingebunden ist. Das geschieht mit dem gesamten Reichtum sprachlicher Möglichkeiten und durch den (oder die) in die Rede gedanklich aufgenommenen Partner, den (oder die) Angesprochenen, für den (oder die) das Gesagte gilt. Diese sprachliche Situation darf aber nicht als „Gespräch" verstanden werden; dem dialogischen Sprachgeschehen steht der unbeteiligte „Erzähler" entgegen. Er schafft durch sein Eingreifen den Mitteilungscharakter, der dem Wesen des Gesprächs widerspricht[8]. So begreifen wir den Terminus „direkte" Rede als an Außenstehende durch den „Erzähler" mitgeteilte oder weitergegebene *Rede zwischen Beteiligten*.[9] Der Aufschluß über „direkte Rede" hat uns zu einem Verständnis dessen geführt, was sich als sprachliche Leistung und sprachliches Geschehen in diesem Vorgang begibt. Mit unserer Erläuterung „Rede zwischen Beteiligten" soll der Benennungsvielfalt nicht noch ein neuer Name hinzugefügt werden. Uns ist darum zu tun, das Wesen der „direkten Rede" angemessen zu beschreiben. Dieser Bezeichnung bedienen wir uns als terminus technicus, um den sprachlich widersinnigen Gebrauch von „wörtlicher Rede" zu vermeiden.

---

[7] Vgl. Herbert S e i d l e r , Allgemeine Stilistik, Göttingen 1953, S. 322 ff.; Franz K. S t a n z e l , Episches Praeteritum, erlebte Rede, historisches Präsens. In: DVjS 33 (1959) S. 1—12, bes. S. 7 f.; Duden. Grammatik der deutschen Gegenwartssprache, Mannheim 1959, S. 558 Nr. 1161 (Der Große Duden. 4.)

[8] Zum Gespräch als Sprachhandeln vgl. Hans G l i n z , Ansätze zu einer Sprachtheorie, Düsseldorf 1962, S. 11—32: „Die Leistung eines Gespräches für zwei Menschen; die Grundformen des sprachlichen Handelns". (Wirkendes Wort. Beih. 2.)

[9] Von der Rede zwischen Beteiligten (= direkte Rede) ist einmal die indirekte Rede zu unterscheiden, deren Wesen der Bericht (nicht die Mitteilung) ist, mit möglichen Konsequenzen im Modalsystem (Konjunktiv), zum anderen der Dialog (Gespräch, Drama), der den unbeteiligten ‚Erzähler' nicht kennt.

2. Mit der Blickwendung des Lehrers von der Orientierung im Stoff auf den Unterricht ergeben sich fachdidaktische Konsequenzen. Will sich Muttersprachliche Bildung didaktisch ernst nehmen, so kann sie nicht weiterhin so verfahren, als sei Deutsch eine Sprache, die von den Schülern gleich anderen Sprachen erlernt werden muß. Das nach wie vor vielfach geübte Prinzip, Deutsch nach Form und System zu betreiben, verstellt den Blick auf die Tatsache, daß Voraussetzung und Ziel des Deutschunterrichts nur graduell voneinander abweichen. „Indem wir zu Sprache erziehen, setzen wir Sprache voraus."[10]

Unter Berufung auf Methoden und Ergebnisse der modernen Sprachwissenschaft sehen wir in der funktionalen Spracherziehung den didaktischen Ansatz, von dem aus sich die beunruhigende Diskrepanz zwischen Mühe und Erfolg, auf die Kritiker zu verweisen pflegen[11], langsam auflösen läßt.

Im Vordergrund des muttersprachlichen Unterrichts (als Spracherziehung) steht der Umgang der Schüler mit der lebendigen Sprache, das heißt: Aneignen, Bewältigen der Umwelt und Handeln in ihr und ihrer Gesellschaft erleben und erfahren sie durch und mit Sprache. Um sich ihrer zu vergewissern und mit wachsender Sprachentwicklung ihrer in zunehmendem Maße mächtig zu werden, will die funktionale Spracherziehung dem Heranwachsenden zeigen, was die Muttersprache leistet. Das geschieht an Hand sprachlicher Muster aus allen Bereichen muttersprachlichen Umgangs, in denen entweder nachsinnendes Äußern des einzelnen oder partnerbezogenes Darstellen oder Rede und Gegenrede gestaltet worden sind. Unsere Aufzählung nennt die Grundtypen des Sprachhandelns, die zugleich gesellschaftlich-kommunikative Grundtypen sind. Daß hierin auch die *Rede zwischen Beteiligten* ihren Ort hat, bedarf keiner eigenen Begründung. Da sich die funktionale Spracherziehung aus dem Sprachhandeln ableitet, liegt das Schwergewicht aller muttersprachlichen Arbeit auf der mündlichen Sprachgestaltung. Auf solche Weise läßt sich am ehesten der sprachliche Umgang der Schüler ermessen und beeinflussen. Erst an zweiter Stelle steht die schriftliche Form der Sprachgestaltung[12], zu der als Hilfsmittel das (durch Orthographie und Interpunktion) geordnete und gegliederte Schriftbild gehört. Es ist ebenfalls Gegenstand unserer Bemühungen.

Das Zusammenspiel aller Faktoren aus Sprachwissenschaft und Sprachdidaktik, die wir hier nur andeuten konnten, muß vom Unterrichtenden

---

[10] Erika E s s e n , Methodik des Deutschunterrichts, 4. Aufl. Heidelberg 1962, S. 11. — Vgl. auch Erwin V o i g t , Die Muttersprache als Inhalt und Medium des Unterrichts in der 7. und 8. Klasse. In: Die OPZ in Berlin. Berichte, Analysen, Probleme. Ein Beitrag zur Neugestaltung der Volksschuloberstufe, hrsg. von Ulrich J. Kledzik. Hannover, Berlin, Darmstadt 1963, S. 68—81, bes. S. 68 f.

[11] V o i g t , a. a. O. S. 68.

[12] Diese Reihenfolge gilt bei selbsttätiger Sprachgestaltung durch die Schüler; betrachtender Umgang mit gestalteter Sprache dagegen kann in beiden Unternehmungen seinen Platz haben.

angestrebt werden, wenn er fachdidaktisch konsequent vorgehen will. Er wird selbstverständlich, um nicht zu verwirren, stets einem Moment des sprachlichen Zusammenhangs vornehmlich zugewandt sein, doch können Einsichten immer nur aus den Funktionen im Rahmen der Sprachganzheit gewonnen werden. In diesem Sinne setzt sich unsere geplante Unterrichtsstunde als Ziel: Die Leistung der Sprache für die Rede zwischen Beteiligten ("direkte Rede") und die Wiedergabe ihrer sprachlichen Ordnung im Schriftbild[13].

B STRUKTUR DER STUNDE

1. Anthropogene Voraussetzung[14]

Die 7. Klasse besteht jetzt zwei Monate und befindet sich im Probehalbjahr (vgl. B 2). Die Schüler wissen, daß von Leistung und Verhalten ihr Verbleiben auf dem neuen Schulzweig abhängt, eine pädagogische Situation, aus der sich zahlreiche Erscheinungen im Klassenbild erklären und auf die der Lehrer angemessen reagieren muß.

a) *Die Schüler:* Zur Klasse gehören 18 Mädchen und 13 Jungen. Sie sind aus mehreren Grundschulen auf den Technischen Zweig (Mittelschule) überwiesen worden. Es bestehen einige Gruppen, die sich aus dem früheren Besuch derselben 6. Klasse bzw. derselben Grundschule herleiten. Man muß berücksichtigen, daß die Personalgruppen zumeist auch insoweit Gruppen mit modifiziertem Wissen und Können darstellen, wie sie bestimmte Stoffe, Pragmata (Fähigkeiten) und Techniken (Fertigkeiten) beherrschen oder zumindest kennen, andere dagegen nicht[15]. Der Binnendruck ist so stark, daß Kontakte im gesamten Klassenfeld bislang ausblieben. Auf ihre frühere Stellung in der Grundschulklasse wird das Hervortreten zweier Schüler zurückgehen, die durch aufdringlich-eifrige Mitarbeit Aufsehen erregen und Anerkennung erwerben wollen.

Die Schüler wählten sich zu Schuljahrbeginn ihre Sitznachbarn selbst. Ihr Arbeiten im Klassenverband ist zur Zeit noch recht unausgeglichen: die Schüler der „Türreihe" beteiligen sich weniger, zögernder als die der „Fensterreihe". Insgesamt wirkt die Klasse lernwillig. Sie zeigt sich im Deutsch-Unterricht besonders bemüht; Vorstellungen von „Deutsch" als „Hauptfach" und Einfluß der Eltern wirken sich aus. Die Sprachbeherrschung (Wortschatz, grammatische Regeltreue, Sprechaktivität) läßt sich bis jetzt nicht zureichend beurteilen. Die neue Klassensituation mit ihrem

---

[13] Auf die Darstellung, wie funktionale Spracherziehung den sprachtheoretischen Einsichten in die direkte Rede gerecht werden kann, wird an dieser Stelle verzichtet, weil sich die Stundenplanung selbst als ein Beitrag zum Problem versteht.

[14] Die folgenden Angaben beruhen auf dem Entwurf, der der Stunde seinerzeit zugrunde lag; sie werden für die Beschreibung der Unterrichtsbedingungen z. T. wortgetreu übernommen, ohne das besonders zu kennzeichnen.

[15] Diese Bemerkung bezieht sich auf die vermittelten Inhalte, deren Auswahl in gewissem Rahmen freisteht.

Zwang zur Umstellung auf z. T. fremde Mitschüler, vor denen man sich keine Blöße geben will, und auf das ausgeprägte Fachlehrerprinzip hemmt die Schüler; der Druck, sich in einem bemessenen Zeitraum zu bewähren, beeinträchtigt spontane und unbefangene Reaktionen, wenn er sie nicht sogar in einzelnen Fällen verhindert.

Diese Spannungen im Klassengefüge bieten jedoch gerade eine günstige Ausgangslage für unsere Absicht, die Schüler, die bisher ausnahmslos auf formale Sprachlehre eingestellt waren, zur funktionalen Sprachauffassung zu erziehen. Das ist eine neue Sichtweise für *alle* Schüler, die ihnen gleiche Chancen gewährt. Das ihnen allen gleichermaßen Unbekannte fordert von jedem einzelnen eine seinen Möglichkeiten entsprechende Hinwendung zur Sache. Der Umgang mit Sprache im Sinne der funktionalen Spracherziehung stiftet im noch ungefestigten Klassenverband eine erste Gemeinsamkeit, die – man denke an den Doppelaspekt: Erziehung durch und zur Muttersprache – als elementar erfahren wird.

b) Der Lehrer: Im allgemeinen bestehen zwischen Schülerverhalten und Führungsstil des Lehrers deutliche Wechselwirkungen. In unserem Falle obliegt es dem Unterrichtenden, durch sein erzieherisches Vermögen Gemeinschaftsformen anzubahnen und reifen zu lassen. Deshalb wird im Rahmen des Führungsanspruches der „demokratische" Stil bei nicht immer adäquaten Durchsetzungsformen intendiert[16], d. h. die Maßnahmen des Lehrers werden teilweise deutlicher, dringlicher und konsequenter praktiziert als in einer konsolidierten Gruppe, um die Schüler nach Arbeitsweise und Gruppenzugehörigkeit in bestimmte Vorstellungen zu lenken. Jede Stunde muß dazu beitragen, die vorhandenen Kleingruppen-Barrieren durch übergreifende Kontakte zu durchbrechen. Andererseits sind die Schüler individuell anzusprechen, um ihre Fähigkeiten zu entdecken. Die „Türreihe" unterliegt für die nächste Zeit intensiver Aufforderung.

2. Sozial-kulturelle Voraussetzungen

Die pädagogische Situation des Probehalbjahres ist vorgegeben[17]. Die Schüler empfinden ihre „Vorläufigkeit" in der neuen Schule; für einige Elternhäuser bedeutet der möglicherweise gegen das Gutachten der Grundschule kraft rechtlichen Anspruchs erzwungene Schulbesuch angeblich Sozialprestige und Aufstiegschancen[18]. Fehleinschätzungen solcher Art, die außerhalb der Schule entstehen, müssen im Klima der beginnenden Klassengemeinschaft aufgefangen und, soweit möglich, ins Positive gewendet werden.

---

[16] Klaus Birth und Gisela Prillwitz: Führungsstile und Gruppenverhalten von Schulkindern. In: Ztschr. f. Psychologie 163 (1959) S. 230—301; bes. 243 ff.
[17] § 5, Abs. 2 der Dritten Durchführungsverordnung zum Schulgesetz für Berlin.
[18] Vgl. die einschlägigen Arbeiten von Schelsky u. a. zusammenfassend Hans-Heinrich P l i c k a t , Die Schule als Instrument des sozialen Aufstiegs. Weinheim 1959. (Pädagogische Studien. 2.)

Die Muttersprache ist Mittel, sich gegenseitig mitzuteilen. Wir ergreifen jede sich bietende Gelegenheit, um miteinander zu sprechen. Die Umwelt des einzelnen wird in Bericht, Darstellung und Gedanke für alle lebendig; wir eignen uns durch Sprache Welt an und nehmen am Leben des anderen teil.

Für die Sprachbeherrschung (vgl. B 1a) spielen die sozialen Grundlagen des Sprachgebrauchs eine nicht unwesentliche Rolle[19]. Um mögliche Unterschiede, die, wie angedeutet, noch nicht erfaßt werden konnten, zu beseitigen, muß die Sprechaktivität in der sprachlichen Bewältigung unterschiedlicher Teilbereiche der Umwelt gefördert werden[20] und mit der Betrachtung gestalteter Sprache Hand in Hand gehen[21].

3. Intentionen

Es war unvermeidlich, in den voraufgegangenen Abschnitten die übergreifenden Absichten des Lehrers durchscheinen zu lassen. Im weitesten Sinne liegen sie in der Entscheidung für die funktionale Spracherziehung begründet. Zudem gewähren auch die Bedingungsfelder (B 1 und 2) Einblick, in welchem Maße Absichten nicht allein vom Lehrer bestimmt werden (Interdependenz).

Die Intention, die unsere Thematische Einheit strukturiert, zielt auf das Ineinander von Sprachwelt und Umwelt und deren gegenseitige Erhellung. Indem wir auf das früher Gesagte verweisen (vgl. A), läßt sich die umfassende Intention bestimmen: Die Schüler erkennen und bestätigen sich im Sprachfeld als Partner, sie begreifen im Gespräch miteinander die Zuwendung als gemeinschaftsstiftende Kraft der Sprache, sie entdecken durch Einsicht in den Bau ihrer Muttersprache Ordnungsmerkmale, die über das betrachtete Sprachwerk hinausweisen zur sinnentsprechenden Gliederung und Fassung der eigenen Gedanken. Die Teilintentionen der geplanten Blockstunde beziehen sich demnach auf folgende Punkte: Aufspüren von Sachverhalten in der Rede zwischen Beteiligten und beim Mitteilen, Abwägen des sprachlichen Ausdrucks und seiner Genauigkeit, Übernehmen des Zeichensystems (Interpunktion) als Gliederungshilfe. Diese Absichten lassen sich nur verwirklichen, wenn die Schüler bereits ein Vorwissen über die direkte Rede besitzen, und zweifelsohne haben sie es in der Grundschule erworben. Unser Vorhaben rechnet mit ihm und setzt voraus, daß die direkte Rede, wie häufig zu beobachten, als Satzschema (– – – : „..." usw.) formalisiert wurde, indem man die sprachlichen Erscheinungsformen aus der Zuordnung von Redeteil, Be-

---

[19] Vgl. hierzu Basil B e r n s t e i n , Sozio-kulturelle Determinanten des Lernens. Mit besonderer Berücksichtigung der Rolle der Sprache. In: Soziologie der Schule, hrsg. von Peter Heintz. Köln & Opladen 1959. S. 52—79. (Kölner Ztschr. f. Soziologie und Sozialpsychologie. Sonderheft 4.)
[20] Das geschah in einer Thematischen Einheit, die den Problemen des Stadtverkehrs gewidmet war (8 Stunden).
[21] Dafür wurde die Thematische Einheit über „Kleine Rechtsfälle" geplant, zu der auch die hier diskutierte Stunde gehört.

gleitsatz und Interpunktion ableitete[22]. Demgegenüber bemühen wir uns, den Schülern einsichtig zu machen, was die Sprache selbst leistet, damit wir direkte Rede als solche erfahren.

Den Intentionen sucht die Auswahl des Stoffes unter thematischer Sicht zu entsprechen. Nach der vorausgegangenen Thematischen Einheit (mit sachbezogenem Inhalt „Verkehr") wählen wir diesmal Texte (= Unterrichtsgegenstände) aus, in denen gezeigt wird, wie Menschen voreinander versagen oder sich bewähren. Die Schüler sollen zu Stellungnahme und Urteil herausgefordert werden (Sprechaktivität, Eingehen auf andere Meinungen). In allen Beispielen handeln mehrere Personen (Partnerbezogenheit) und stehen in Rede und Gegenrede (Sprachhandeln).

4. Inhalt der Thematischen Einheit und der Blockstunde

Die Auswahl berücksichtigt Darstellungen, in denen ein kluger oder weiser Rat die angetastete Ordnung schließlich wiederherstellt. Diese „kleinen Rechtsfälle" – so lautet der Titel der Thematischen Einheit – bieten hinreichend Anlaß, das menschliche Verhalten zu prüfen. An jedem Text werden bestimmte Leistungen der Sprache eingehend betrachtet.

Gliederung der Thematischen Einheit „Kleine Rechtsfälle":

Sprachwerk		Sprachleistung
Herder	Der gerechte Kadi	Bedeutungs- und Vorstellungsträger. Sinngliederung. Satzbau und Wortstellung.
Hebel	Der kluge Richter	Erzählhaltung. Handlungsträger, ihre Sprechweise. Satzspannung und Inhalt.
v. Schmid	Der kluge Landmann und sein Pferd	Charakteristik der Handelnden in den Erzählteilen. Wechselrede, ablesbar am Schriftbild, und sprachliche Zuwendung.
v. Schmid	Dampf und Klang	Rede zwischen Beteiligten als gestaltetes Sprachhandeln. Zeichensetzung als Gliederungs- und Ordnungshilfe.
Fehse	Der Gänsebraten	Zusammenfassung: die Grundformen sprachlichen Handelns[23].

Für den vierten Abschnitt der Thematischen Einheit verwenden wir eine Doppelstunde, um Text- und Spracharbeit ungetrennt behandeln zu können.

---

[22] Ein typisches Beispiel solcher formalen Sprachlehre findet sich bei Karl R e u - m u t h und Alfons Otto S c h o r b , Der muttersprachliche Unterricht. Beiträge zur deutschen Spracherziehung. 8., bearb. Aufl. Bad Godesberg 1963, S. 118 f.
[23] Darunter sind nach G l i n z , Ansätze, S. 30 f. Aussage/Aufruf; Entscheidungs- und Ergänzungsfrage; Aufforderung; Verneinung; Anrede/Anruf zu verstehen.

Der Text lautet[24]:

Dampf und Klang
Ein Reisender kam in die Küche eines Gasthauses, als der Wirt eben
einen Braten vom Spieß nahm. „Soll ich Euch ein Stück davon abschneiden?" fragte der Wirt. „O nein", antwortete der Mann, „ich habe mich an
dem wohlriechenden Dampf schon hinreichend erquickt." „Nun denn",
sprach der Wirt, „so bezahlt mir für den Dampf sechs Kreuzer." Der
Fremde fand diese Forderung lächerlich und schüttelte den Kopf. Allein
der Wirt packte ihn und führte ihn vor den Schultheiß.
Der Schultheiß befahl dem Fremden, den Wirt zu bezahlen, und der Mann
warf den Sechser mit Unwillen auf den Tisch. „Habt Ihr den Klang gehört, Herr Wirt, klingt es gut?" fragte der Richter. „O ja", sagte der
Wirt und wollte das Geld lachend einstecken. Allein der Richter rief:
„Halt!" und tat nun erst seinen richterlichen Ausspruch: „Da Euer Gast
sich mit dem Dampf des Bratens begnügte, so ist es nicht mehr als billig,
daß Ihr Euch mit dem Klang des Geldes zufrieden gebt."

a) Zunächst interessiert das Geschehen; es ist so überschaubar, daß es
keiner Deutung bedarf. Die Zweiteiligkeit der Geschichte ist offensichtlich
und durch den Ortswechsel motiviert. Der Vorgang mit seinem Gleichnis-
charakter erinnert an Lehrdichtung. – Der Erzähler führt den Leser in
einem Satz in das Geschehen ein und nennt den Ort der Handlung. Ohne
Überleitung folgt sogleich die erste Äußerung (auffordernde Frage) des
Wirts. Der kurze Redewechsel zwischen ihm und dem Gast führt schnell
zu einem Spannungsgipfel. Die Herausforderung des Wirts verschlägt
dem Gast die Sprache. Der Erzähler springt ein, nachdem er bisher nur
Erläuterungen eingeflochten hatte (fragte . . .; antwortete . . .), und schil-
dert das Verhalten des Gastes. Schnell bringt er die Szene zum Abschluß. Nach dem Ortswechsel läßt er die Beteiligten wieder selbst sprechen. Wie zuvor geht die Rede zwischen zweien, dem Schultheiß und
dem Wirt; der Gast hört zu. Den zweiten Teil beschließt der Erzähler mit
dem angeführten Spruch des Richters. Dies scheint ihm wirkungsvoll genug, nicht nur den Wirt zu maßregeln, sondern auch dem Gast zum Recht
zu verhelfen und den Leser seinen Gedanken zu überlassen.

b) Der sprachliche Befund wird zum Erfassen der drei am Geschehen
Beteiligten benutzt. Die Redestücke unterscheiden sich im Aufbau und im
Rollenspiel der Satzglieder: die Stellungen der verbalen Teile (Personalform, Infinitform) lassen bestimmte Sprachhaltungen erkennen (Frage,
Ausruf etc.), die zu analysieren sind. Auch der Erzähler „redet". Seine
Hinwendung an das Geschehen ist aus dem nur ihm zukommenden Er-
zähltempus und aus dem Spiel zwischen Geschehensbericht und infor-
mierendem Beisatz deutlich zu spüren. Partner des Erzählers ist der
Leser. Im Text liegen demnach drei Rederichtungen vor, die sich aus
ihrer sprachlichen Gestalt bestimmen. Die Rede geht jeweils nur zwischen
zwei Beteiligten: 1. vom Wirt zum Gast (Soll *ich Euch* . . . abschneiden? –

[24] Kurze Geschichten zum Nacherzählen und für andere sprachliche Übungen.
Hrsg. von Hans Thiel. Frankfurt/M, Berlin, Bonn 1963, S. 30 f. Diesem Bande sind
auch die anderen Texte der Thematischen Einheit entnommen.

... so *bezahlt* mir für den Dampf ...) und vom Gast zum Wirt, ohne diesen jedoch einzubeziehen (O nein ... *ich habe mich* ... *erquickt*); die Aussage macht die Subjektivität der Antwort deutlich. 2. vom Richter zum Wirt (*Habt Ihr* ... *gehört, Herr Wirt* ... ?) und vom Wirt zum Richter (O ja); keiner der beiden Beteiligten nimmt sich selbst in die Rede auf. Frage, Aufforderung und Ausspruch des Richters sind konsequent auf den Partner bezogen, während sich der Wirt hinter dem unpersönlichen Ausruf, der dennoch seine Erwartung verrät, zurückhält. 3. vom Erzähler zum Leser.

Die Rederichtungen lassen sich folgendermaßen darstellen:

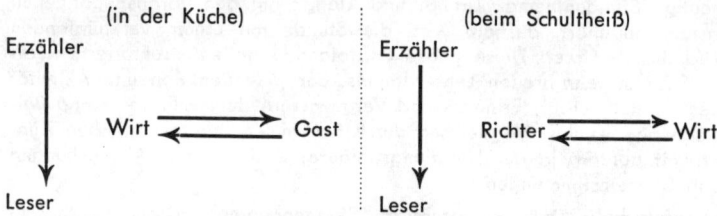

c) Die Ordnung des sprachlichen Zusammenhangs in Sinnabschnitte und Gedankenglieder ist nur aus der Sprache selbst zu ersehen. Ihr ist das Sekundärsystem der Interpunktion von Natur aus fremd[25]. Deshalb rückt die „optische Orientierungshilfe" für direkte Rede an die letzte Stelle in der Abfolge der Arbeitsschritte, denn sie ist für das Erfassen der Redeteile bedeutungslos.

d) Wir greifen nicht auf sprachliches Material zurück, das durch die Schüler selbst entstanden ist[26]. Uns erscheint die Klasse noch zu stark aufgespalten und einander zu wenig vertraut (Vgl. B 2), um Eigentexte einer umfangreicheren Bearbeitung auszuliefern. Darum nehmen wir vorgestaltete Sprachganze mit überschaubarer Handlung, an denen sich Interesse und Arbeitsbereitschaft entzünden können. Der Weg über den geschilderten Vorgang verhilft uns dazu, uns für die Sprachbetrachtung gediegen im sprachlichen Zusammenhang auszukennen.

e) Absichtlich wählen wir einen anspruchsloseren Text, weil wir trotz der erforderlichen Beschäftigung mit dem Inhalt ohne Schwierigkeiten und Verzögerung zur Spracharbeit kommen wollen. Er muß sich für die Ver-

---

[25] Die heute gebräuchlichen Zeichen wurden im 15. Jh. von Aldus Manutius eingeführt, sind also erst verhältnismäßig spät in das Schriftbild eingefügt worden, von dem her sie sich allein rechtfertigen. Der umfangreiche Regelkanon hat zwar die Interpunktion zum System erhoben, kann aber nicht darüber hinwegtäuschen, daß die Zeichensetzung im Gebrauch der Sprache eine Sekundärerscheinung ist, deren Funktion sich in einer optischen Orientierungshilfe für den Lesenden, und nur für diesen, erschöpft.

[26] Wie Erika E s s e n , Methodik, mehrfach vorgeschlagen hat.

wendung in der Klasse einige Eingriffe gefallen lassen, die aus methodischen Erwägungen notwendig sind.

5. Methodische Maßnahmen

a) Textvorbereitung: Der Text muß für eine Sprachuntersuchung, die sich an das Wortmaterial in sinngemäßer Zuordnung wendet, hergerichtet sein. Deshalb wird im Schriftbild die Interpunktion beseitigt und die Schreibung entsprechend angeglichen. Jetzt gibt der Text die reine Wortfolge; der Sinnzusammenhang bleibt unangetastet. – Der Text erscheint zweimal im Unterricht: an der Tafel und auf Arbeitsblättern (Umdrucke) für die Schüler.

b) Zur Eröffnungsphase: Den Schülern muß deutlich werden, daß das heutige Stundenthema „Dampf und Klang" mit den vorausgegangenen zusammengehört, deshalb wird die Stunde mit einem verknüpfenden Rückblick eröffnet. Diese Phase ist folgendermaßen strukturiert: Rückgriff durch sehr breiten Lehrer-Impuls, der jede Reaktion und Aktivität der Schüler zuläßt; Erinnern und Vergewissern durch Hinweise und Beiträge der Schüler; Vergleichen durch Bestimmen der thematischen Ähnlichkeit auf Grund der Handlungsabläufe; Ordnen nach Abweichungen und Übereinstimmungen.

c) Tafelarbeit: Der Text steht zu Stundenbeginn an der verdeckten Mitteltafel, seine Freigabe hat Aufforderungscharakter. Die eigentliche, sprachbetrachtende Arbeit wird am Tafeltext geleistet (Phase VIII, 1–4). Die Schriftzeilen müssen relativ eng stehen, so daß keine Kennzeichnung durch Satzlinien möglich ist. Sollte es sich für das Verständnis als notwendig erweisen, werden die Rede- und den Erzählteilen farbig (lila) abgehoben unterstrichen. – In Phase V könnte es ratsam erscheinen, die Feststellungen als Stichwörter zu fixieren, hierfür wird die linke Klapptafel freigehalten (Tafelnotiz). Die graphische Darstellung der Rederichtungen (Phase X) erfolgt auf der rechten Seitentafel.

d) Textarbeit: Jeder Schüler erhält den Text (Umdruck), mit breitem Zeilenabstand geschrieben, damit die Satzlinien und Satzgliedsymbole eingetragen werden können[27] (Phase IX). Tafel- und Stillarbeit am Text wechseln ab: jene dient der betrachtenden Beschäftigung und ermöglicht Einsichten, diese fixiert sie als Ergebnisse und erlaubt Schüler und Lehrer, die Arbeitsschritte zu kontrollieren. Sollte von den Schülern zu VIII, 3 (s. S. 91) angeregt werden, die Satzfiguren[28] zu zeichnen, so steht dafür die Rückseite des Umdrucks zur Verfügung. Die Arbeitsblätter sind – wie unter 5c erwähnt – erforderlich, weil die Länge des Textes die Mitte des Tafelraumes voll beansprucht.

[27] Wir verwenden Kennzeichnungen nach den Vorschlägen des Sprachbuches „Deutscher Sprachspiegel" Heft 1.
[28] Nach Erika Essen; zur Verwendung der Satzfiguren in der Volks- und Mittelschule: G r a u c o b , Sprachbetrachtung, und d e r s., Sprachlehre auf der Oberstufe der Volksschule. 2., neubearb. Aufl. Kiel 1964 (Wegweiser für die Lehrerfortbildung. 22.) — Hans-Heinrich S c h u l t e , Exemplarische Syntax. Neue Wege in der deutschen Satzlehre. Hannover, Berlin, Darmstadt 1964.

e) 1. Arbeitsabschnitt (Phase III–VI): Er wird durch einen unvermuteten optischen Impuls eingeleitet: Freigabe des Textes und die Beschaffenheit des Schriftbildes sind Aufforderung; diese strukturiert den gesamten Abschnitt: Informatives Stillesen (Textvermittlung) – spontane Schülerreaktionen – zweifaches Angebot: vom Text ausgehend, den Inhalt zu erörtern; vom Schriftbild angeregt, die Interpunktion nachzutragen (Akutalisierung des früher erworbenen Wissens). An diesem Punkt muß sich der Lehrer bereithalten, durch einen Lenkungsimpuls seine Absicht, zuerst den Inhalt zu besprechen, durchzusetzen. Die Maßnahme entfällt, wenn die Schüler von sich aus auf den Inhalt eingehen.

f) 2. Arbeitsabschnitt (Phase VII–IX): Ihn leitet der Lehrer mit einer organisatorischen Maßnahme (Austeilen der Arbeitsblätter) und mit einem Frageimpuls ein. Die vier geplanten Arbeitsgänge unterliegen straffer Lenkung. Phase VIII bildet einen hohen Aktivitätsgrad der Schüler aus, der sich aus dem mehrfachen Wechsel der didaktischen Artikulation (Analysieren – Kontrollieren – Wiederholen) und der Arbeitsformen (schriftlich: Tafel, Umdruck; mündlich: Vergleichen, Prüfen) ergibt. In der IX. Phase wird Aktion und Tempo auf die Stillarbeit der Schüler reduziert.

g) 3. Arbeitsabschnitt (Phase X): Er ist durch den vom Lehrer gelenkten Abstraktionsvollzug geprägt. Auf das Vertrautwerden mit Text und Inhalt, auf die Betrachtung der sprachlichen Erscheinungs- und Grundformen sowie der konstitutiven Elemente der Redeteile folgt das, was wir oben Einsicht in die Leistung der Sprache genannt haben. Die Schwierigkeit des 3. Abschnittes liegt darin, daß der Stufenbau der Unterrichtsstunde sicher tragende Voraussetzungen geschaffen haben muß und daß die Lösung vom Geschehen sowie das Übersteigen der bisher gebrauchten Arbeitsverfahren gelingt. Um den Schülern eine Hilfe zu geben, wird das geplante Tafelbild entwickelt.

h) 4. Arbeitsabschnitt (Phase XI): Als Motivation dient die Unvollständigkeit und Regelwidrigkeit des Schriftbildes. Dem Einfügen der Interpunktion geht voraus: Wiederholen der Einsichten in die sprachliche Gestaltung der Redeteile und das sinngliedernde Lesen des Sprachganzen als Zusammenfassung. – Das einwandfreie Schriftbild, zweifach erstellt (Tafel, Umdruck), steht als Ergebnis und sichtbarer Erfolg am Ende der Arbeitsphasen.

i) Schlußphase: Ein Denkanstoß des Lehrers führt die Schüler in die Anfangssituation der Stunde zurück. Im gelenkten Gespräch erfolgt die Einbeziehung des neuen „Rechtsfalles" in die Reihe der übrigen. Zuordnung ruft Vergleich hervor; Beobachtungen hierzu beschließen die Stunde.

6. Medien

Im einzelnen sind die Medien schon im Zusammenhang mit den methodischen Maßnahmen dargestellt und begründet worden; es sind:

a) das „präparierte" Schriftbild des Textes an der Mitteltafel

Dampf und Klang

Ein Reisender kam in die Küche eines Gasthauses als der Wirt eben
einen Braten vom Spieß nahm soll ich euch ein Stück davon abschneiden fragte der Wirt o nein antwortete der Mann ich habe mich an dem
wohlriechenden Dampf schon hinreichend erquickt nun denn sprach der
Wirt so bezahlt mir für den Dampf sechs Kreuzer der Fremde fand diese
Forderung lächerlich und schüttelte den Kopf allein der Wirt packte
ihn und führte ihn vor den Schultheiß

Der Schultheiß befahl dem Fremden den Wirt zu bezahlen und der Mann
warf den Sechser mit Unwillen auf den Tisch habt ihr den Klang gehört
Herr Wirt klingt es gut fragte der Richter o ja sagte der Wirt und wollte
das Geld lachend einstecken allein der Richter rief halt und tat nun erst
den richterlichen Ausspruch da euer Gast sich mit dem Dampf des Bratens
begnügte so ist es nicht mehr als billig daß ihr euch mit dem Klang des
Geldes zufrieden gebt

b) Arbeitsblatt für die Hand der Schüler: wie unter a)

c) Eventuelles Tafelbild: Tafelnotizen

d) Geplantes Tafelbild: Die Rederichtungen (siehe oben 4b)

C VERLAUFSPLANUNG

Die planenden Überlegungen werden im Stundenentwurf zusammengefaßt. Wir beschränken uns hier auf den Abschnitt des Entwurfs, der
den Unterricht in seinem voraussichtlichen Verlauf festlegt.

I Aufgreifen der bisherigen Themen

Eröffnung: Wir haben uns in den letzten Stunden mit einigen kleinen
Rechtsfällen beschäftigt.
Arbeitsimpulse durch Schüler (zum Geschehen oder zu
sprachlichen Erscheinungen)

o d e r :   Lehrerhinweis: Die Lösung eines verwickelten Falles liegt
manchmal sehr nah.

Erwartet: Schüler rufen sich Handlungszusammenhänge ins Gedächtnis
– Vergleich

II Lehrer: Ihr könnt jetzt einen neuen Rechtsfall kennenlernen. – Freigabe des Tafeltextes

III Stillesen der Schüler: Informative Vermittlung

IV Raum für Spontanäußerungen

Erwartet: Äußerungen zum Schriftbild
Äußerungen zum Inhalt
Äußerungen zur „Moral"

Die Reihenfolge stellt eine Vermutung dar. Es ist denkbar, daß die
Schüler durch Phase I (wie beabsichtigt) zuerst auf den Inhalt eingehen.

V Festigung des Unterrichtsgegenstandes im Gespräch: Inhalt
　　　　　　Schüler treten in Aussprache ein
o d e r :　　　Arbeitsgespräch über Vorgehen
o d e r :　　　Lehrer lenkt direkt auf Inhalt

VI Schüler betrachten den Inhalt
　　　　　　Form: gelenktes Gespräch (Lehrer strebt Deutung nach B 4a an)
　　　　　　Bewußte Lenkung, besonders die „Türreihe" wird aktiviert
Erwartet werden folgende Gesichtspunkte
　　　　　　(Eventuelles Tafelbild: Tafelnotizen)
　　　　　　Das Verhalten des Wirts
　　　　　　Die Zurückhaltung des Gastes
　　　　　　Der Schultheiß und sein Spruch
Möglich:　　Sittliche Wertung

VII Neue Aufgabenrichtung durch den Lehrer: Die Redehaltungen
Austeilen der Arbeitsblätter
Frageimpuls: wieviel Personen sprechen?
　　　　　　wer bezieht sich auf wen?

VIII 1. Arbeitsgang: Die Redeteile werden von den Schülern erkannt
Tafelarbeit und allgemeine Kontrolle
Wiederholen auf Arbeitsblatt
2. Arbeitsgang: Die Erzählteile werden von den Schülern erkannt
Tafelarbeit und allgemeine Kontrolle
Wiederholung auf Arbeitsblatt
3. Arbeitsgang: a) Aussagebeziehungen zwischen Wirt und Gast
Ansprechen, Fragen, Äußern, Entgegnen
　　　　　　b) Aussagebeziehungen zwischen Schultheiß und Wirt
Fragen, Befehlen, Urteilen und Belehren
Eventuell: Anwendung der Satzfiguren (nach Erika Essen)
4. Arbeitsgang: Erläuternde Einschübe − Erzähler
Tempuswechsel; Satzmodelle (Fügungen, weiter Spannungsbogen)
Kennzeichnung der Sprechweise

IX Schülerarbeit auf Arbeitsblatt
Redeteile:　Herausheben der Personalform (blaue Klammer auf der Satz-
　　　　　　linie) und der personbezogenen Pronomen (hellbraune Mar-
　　　　　　kierung)
　　　　　　Die Stelle der Personalform in den verschiedenen Redeteilen
　　　　　　Unterschiede bei: Befehl und Frage
Erwartet:　zunehmende Sicherheit und Selbständigkeit beim Arbeiten
Kontrolle:　Lehrer gibt auf Wunsch Hilfe, überzeugt sich von den Ar-
　　　　　　beitsergebnissen; gegenseitige Hilfe der Schüler

X Reflexion (vom Lehrer gelenkt): Die Rederichtungen
Absicht nach B 4b

Die Schüler sollen erkennen: Partnerbezug der Sprechenden
Bezug des Erzählers zum Leser
Entwicklung des geplanten Tafelbildes
Möglicherweise: Nachprüfen am Text
oder: Sicherung der Redeteile durch farbiges Unterstreichen
(Ergebnis: Erkennen der direkten Rede an ihrer sprachlichen Gestalt)[29]

XI Einfügen der Interpunktion (Orientierungshilfe)

a) Schüler erfassen die einzelnen sprachlichen Beziehungen zwischen den
   Sprechenden (Tafel und Arbeitsblatt als Kontrolle)

b) Sinngliederndes Lesen (durch Schüler)

c) Zeichensetzung der direkten Rede
   an der Tafel
   auf dem Arbeitsblatt

d) Korrektur der Schreibweise im „präparierten" Schriftbild und Nach-
   tragen der Satzzeichen

(Ergebnis: Die Interpunktion verdeutlicht beim Lesen die Teile der direkten Rede.)

*XII Eingliederung der neuen Geschichte in die übrigen Texte der
Thematischen Einheit:*
Anregungen zum Vergleichen.

---

[29] Das ,Ergebnis' wird für den Lehrer fixiert. Diese Notiz darf nicht etwa als
,Merksatz' mißverstanden werden.

HELMUT SCHÜTZ

Mathematik: Berechnung der Kreisfläche

Planungsbeispiel für eine Unterrichtseinheit in der 9. Klasse

Das hier dargebotene Beispiel aus dem Bereich der Geometrie geht auf Unterrichtsversuche aus dem Didaktikum des Wintersemesters 1962/63 zurück. Der Darstellung wird ein Hinweis auf einige Grundsatzfragen jeglichen Mathematikunterrichts vorangeschickt, die für unsere Planungseinheit von Bedeutung sind. Es geht in diesem Zusammenhang nur darum, diese Probleme aufzuzeigen und die Richtung ihrer Lösung anzudeuten; keineswegs ist dabei an breite und ausschöpfende Diskussion gedacht. Der Verfasser will damit nur die Grundposition klarstellen, auf der seine Planung basiert und die als Anfangsbedingung bei allen Entscheidungen über unterrichtliches Handeln stillschweigend mitgedacht wird.

A GRUNDPROBLEME DES UNTERRICHTSFACHES

1. Mathematik als Wissenschaft und Schulfach

Die Systematik der Wissenschaft wirkt deutlich in den Aufbau der Mathematik im Schulunterricht hinein; dieser „Zwang zum System" wohnt aller Mathematik inne und bleibt somit ein Charakteristikum auch für das Schulfach[1]. Doch ist es nicht erforderlich, auch alle anderen Eigentümlichkeiten der Wissenschaft in der Schulmathematik nachzubilden: etwa die scharfe Trennung von reiner („theoretischer") und angewandter („praktischer") Mathematik oder den Purismus, mit dem der Mathematiker sich bemüht, jede Einzeldisziplin seiner Wissenschaft möglichst unabhängig von allen anderen aufzubauen. Hier hat die Schule vielmehr das Bestreben, den Zusammenhang, z. B. zwischen Geometrie und Algebra, aufzuzeigen und zu betonen[2]. Dieser „Fusionsgedanke" trägt in starkem Maße dazu bei, den Weg durch die Mathematik nicht nur einbahnig, linear deduzierend, einer Kette vergleichbar zu nehmen, sondern ein ganzes Netzwerk von Beziehungen und Zusammenhängen sichtbar werden zu lassen[3]. Dagegen sollte in den rein formalen Dingen, wie z. B. den Benennungen und Bezeichnungen, die Schule sich eng an die Systematik halten, weil damit vieles an kleinen Schwierigkeiten und Unklarheiten gar nicht erst entstehen würde.

2. Der Weg zur Abstraktion

Jede mathematische Aussage zielt auf Allgemeingültigkeit, während das Kind zunächst ganz auf den singulären Einzelfall einzugehen geneigt ist. Hier wird die Mittlerfunktion des Mathematiklehrers deutlich, seine Auf-

---

[1] s. „Entwurf des Bildungsplans für die Oberschule Technischen Zweiges", Berlin, Ausgabe 1955, (im folgenden als „Bildungsplan" zitiert), S. 36 („Aufgaben")
[2] s. Bildungsplan, S. 35 („Wege"), und Strunz, „Pädagogische Psychologie des mathematischen Denkens", Quelle u. Meyer/Heidelberg 1953, S. 66.
[3] s. Strunz, a. a. O., S. 100

gabe, dem Schüler ein Förderer auf dem Wege ständig fortschreitender Abstraktion zu sein[4]. Das Endziel wird besonders klar, wenn man das Beispiel der Entwicklung einer mathematischen Formel aus einer konkreten Einzelaufgabe betrachtet; diese Anknüpfung an eine praktische Aufgabe stellt eine wichtige methodische Hilfe dar[5]. Jedoch wäre es falsch, das zum unumstößlichen Grundprinzip erheben zu wollen: Es gibt ausgesprochen anwendungsarme Gebiete in der Mathematik, in denen jedes „lebensnahe Beispiel" erst „an den Haaren herbeigezogen" werden müßte; zum anderen kann ein mathematisches Problem aus sich heraus so interessant und reizvoll sein, daß daraus die Motivation für eine Beschäftigung mit dem Sachverhalt vollauf zu gewinnen ist.

3. Die Rolle der Tafel im Mathematikunterricht

Oft wird verächtlich von „Kreide-Physik", „Kreide-Chemie" u. ä. gesprochen. Der darin liegende Vorwurf trifft für die Mathematik, insbesondere die Geometrie, nicht zu: Ihre Objekte (geometrischer Punkt, geometrische Gerade usw.) gehören dem „Reich der Ideen" an; jeder reale Ersatz, gleich ob Kreidestrich oder Schnur oder Lineal, kann nur Modell sein[6] — insofern kann das Tafelbild die gleiche Legitimität beanspruchen wie etwa ein Holzmodell. Messen wir dem aber ein derartiges Gewicht bei, so bedarf die Benutzung der Tafel natürlich besonders sorgfältiger Planung und Vorbereitung. Auf die Verwendung bunter Kreide als Anreiz zur Gestaltbildung und damit zum Herauslösen von Teilstrukturen sei hier nur kurz verwiesen[7]. Schließlich ist bei jedem Tafelgebrauch, speziell aber bei der Verwendung zu irgendwelchen Anschriften, daran zu denken, daß wir mit dem Mathematischen auch Kulturtechniken zu vermitteln haben: geordnete Notierungen, übersichtliche Rechenschemata, Anlage von Tabellen usw.[8].

4. Das Problem der Rechengenauigkeit

Jede Rechnung mit gemessenen Größen ist durch die Meßfehler von vornherein „ungenau". Insofern kann jede Anwendung des Rechnens auf konkrete Beispiele für das Resultat nur eine „Näherung" liefern. Ferner wird in den oberen Klassen der Schule mit Einführung der Wurzeln, der Zahl π und der Winkelfunktionen der Zahlenraum um solche Zahlen erweitert, die sich in unserem Dezimalsystem zwar „beliebig genau", aber nicht mehr „absolut genau" darstellen lassen. Aus diesen Gründen empfiehlt sich der Abschluß einer Konvention zwischen Lehrer und Schülern, daß grundsätzlich „auf 3 geltende Ziffern" (d. h. mit gerundeten Zahlen unter Berücksichtigung der 4. Ziffer) gerechnet wird.

Die Zweckmäßigkeit einer solchen Vereinbarung wird unterstrichen durch

[4] vgl. z. B.: Strunz, a. a. O., S. 96 ff.
[5] s. Bildungsplan, S. 35 („Wege"); vgl. dazu aber: Breidenbach, „Raumlehre in der Volksschule", Wissenschaftliche Verlagsanstalt/Hannover 1949, S. 69.
[6] s. Breidenbach, a. a. O., S. 68 u. S. 70, sowie Strunz, a. a. O., S. 30 ff.
[7] s. Strunz, a. a. O., S. 55.
[8] s. Bildungsplan, S. 35 („Ziele" u. „Wege").

die Tatsache, daß die damit erreichbare Genauigkeit mit der unserer üblichen Rechenhilfsmittel (Rechenstab und vierstellige Logarithmentafel) gut zusammenstimmt. Diesem Genauigkeitsgrad fügt sich auch zwanglos die Verwendung der Zahlentafeln z. B. für Quadratwurzeln ein, denen gegenüber dem numerischen Wurzelziehen im Hinblick auf die Benutzung auch anderer Zahlentafeln und der Logarithmentafeln auf die Dauer unbedingt der Vorzug zu geben ist[9].

B STRUKTUR DER UNTERRICHTSEINHEIT

1. Anthropogene Voraussetzungen[10]

Die Planung ist gedacht für das 9. Schuljahr (einer OTZ), also für Vierzehnjährige mit einiger mathematischer Vorbildung. Insbesondere wird in dieser Hinsicht erwartet:

a) das Zurechtfinden in einer komplexen geometrischen Figur, die zum größten und wesentlichen Teil unter Mithilfe und Anwesenheit der Schüler entsteht, und zwar sukzessiv, so wie die Einzelteile benötigt werden;

b) das Herauslösen und Akzentuieren gewisser Teilstrukturen aus dieser Figur, wie z. B. die isolierte Betrachtung eines Sehnentrapezes, eines Tangententrapezes, verschiedener rechtwinkliger Teildreiecke — ein Prozeß, den man durch Farbgebung und Herauszeichnen des momentan Aktuellen unterstützen kann;

c) das Denken in Begriffen, wie es hier z. B. durch das Arbeiten mit einem allgemeinen Kreis (d. h.: vom Radius r anstelle eines bestimmten Maßes für r) verlangt wird — für diese Passagen seines Entwurfs sollte der Lehrer auch konkretere, dingnähere Varianten des unterrichtlichen Vorgehens einplanen;

d) Abstraktionsfähigkeit und Vorstellungsvermögen müssen eine Höhe erreicht haben, die es gestattet, bei dem zeitweise rein algebraischen Vorgehen vorübergehend die anschauliche Grundlage völlig zu verlassen — durch Erstellung eines Arbeitsprogramms mit den Schülern kann der Lehrer dafür sorgen, daß trotz Verlassens der dinglichen Basis der Überblick nicht verloren geht;

e) die funktionale Betrachtungsweise mathematischer Zusammenhänge muß so weit geläufig sein, daß Überlegungen der Änderung einer Größe in Abhängigkeit von den Änderungen einer oder mehrerer anderer Größen nicht mehr außerordentlich und ungewöhnlich erscheinen — diese Denkweise ist zwar bis zu gewissem Grade altersspezifisch, sie ist andererseits aber auch schul- und übbar. Funktionales Denken ist die Grundbedingung für die Durchführung der Grenzübergänge, welche bei solidem mathematischem Vorgehen in der Kreisberechnung unvermeidbar sind;

---

[9] s. Bildungsplan, S. 35 („Wege").
[10] vgl. zu den „anthropogenen Voraussetzungen" vor allem: Strunz, a. a. O., S. 47 ff.

diesen Grenzprozessen muß zur Verdeutlichung und Heraushebung in Extraskizzen nachgegangen werden.

Die Frage, ob derartige Dispositionen und Denkweisen der vorgesehenen Altersstufe entsprechen, ist nach einschlägiger Literatur[11] und vielfacher Erfahrung zu bejahen. Doch muß man sich davor hüten, diese Antwort zu verabsolutieren: Die angedeuteten Dispositionen und Denkweisen werden von verschiedenen Menschen in unterschiedlichem Maße entwickelt; wir müssen an einer OTZ mit einem erheblichen Prozentsatz von Schülern mit nur gering entfaltetem Abstraktionsvermögen rechnen und solchen, die immer sehr stark der unmittelbaren Anschauung verhaftet bleiben werden. Aus diesem Grunde wurden bei Schilderung der anthropogenen Voraussetzungen an einigen kritischen Stellen sogleich Hilfen zur Überwindung eventueller Schwierigkeiten angegeben.

2. Sozial-kulturelle Voraussetzungen

Sieht man in einem „Bildungsplan" einen Niederschlag sozial-kultureller Gegebenheiten und Anforderungen, so stellt er eine legitime Möglichkeit zur Klärung von Voraussetzungen unserer Planung dar. Für unser Vorhaben ist dabei entscheidend die Forderung nach „Einsicht in gesetzmäßige Zusammenhänge, aber in stetem Hinblick auf die Verwendungsmöglichkeiten"[12]. Damit sind also Grundsätze für Auswahl und Behandlung unseres Themas gegeben.

So findet sich denn auch die „Kreisberechnung" als Unterrichtsstoff neben der „Ähnlichkeit ebener Figuren" im 9. Schuljahr aller Kursrichtungen der OTZ. Mit „Linien und Winkeln am Kreis", „Quadratwurzeln", „Flächensätze am rechtwinkligen Dreieck", „Berechnungen von Vierecken, Dreiecken und unregelmäßigen Vielecken"[13] stellt das 8. Schuljahr Vorkenntnisse für die Behandlung der Kreisberechnung bereit. Wir benötigen davon u. a. die Begriffe Sehne, Tangente, Sektor, weiter die Flächenberechnung der Vielecke, den Satz des Pythagoras und den Begriff der Quadratwurzel.

Die große praktische Bedeutung unseres Themas liegt darin, daß die Schüler erstmalig (und oft leider auch einmalig!) Verfahren anwenden, die zur Berechnung ganz beliebig, also auch irgendwie krummlinig berandeter Flächen geeignet sind. Eine derartige Methode erschließt mit einem Schlage die zahlenmäßige Erfassung einer gegenüber den bisherigen Möglichkeiten viel größeren Mannigfaltigkeit an Formen der Umwelt. Diese Tatsache gewinnt noch an Bedeutung, wenn dabei klar herausgestellt wird: Flächen sind in ihrer Größe nicht mehr (wie die Längen) unmittelbar meßbar (Ausnahme: die Rastermethode mit ihrem Auszählverfahren); die Zuordnung eines Zahlwertes als „Flächeninhalt" ist nur auf dem Wege über die Rechnung möglich.

---

[11] s. die Literaturangaben bei Strunz, a. a. O.
[12] s. Bildungsplan, S. 36 („Aufgaben").
[13] s. Bildungsplan, S. 37/38.

3. Thematik und Intentionen

a) Die beiden Hauptthemen. Unter „Kreisberechnung" haben wir vom Standpunkt der OTZ die Berechnung von Umfang und Flächeninhalt des Kreises zu verstehen. Dabei stellt die Umfangsberechnung einen für die Volks- und Mittelschule einmaligen Fall insofern dar, als hier die Länge eines gekrümmten Kurvenstückes, die „Bogenlänge", ermittelt werden soll. Dies ist im Grunde ein Anliegen der höheren Mathematik (Analysis); jedoch sollte auch die OTZ zeigen, wie man das Problem in theoretischer Weise durch Einbeschreiben von Streckenzügen und in praktischer Weise durch Benutzung von Meßrädchen (einfache Kilometerzähler an Fahrrädern!) angehen kann.

Das zweite Hauptthema, die Flächenberechnung, nimmt eine ähnliche Schlüsselstellung ein, wenngleich diese Berechnung einer krummlinig berandeten Fläche kein Einzelfall zu bleiben braucht. Bei richtiger Beurteilung dieser Aufgabe wird im Gegenteil die Berechnung der Kreisfläche einen Brückenschlag von den Polygonflächen zu den allgemeinen ebenen Flächen darstellen, indem sie uns auf die auch in diesem Bereich noch anwendbaren Verfahren führt: Raster- und Wägemethode, Näherungspolygone u. a.

b) Stellung unseres Themenkreises in der Schulgeometrie. Während bis in das 8. Schuljahr die Geometrie vorwiegend in zeichnerisch-konstruktiver Weise betrieben wird, gewinnt sie in den oberen Klassen immer stärker arithmetisch-rechnerischen Charakter, wird also mehr und mehr zu einer Anwendung der Algebra[14]. Dies ist besonders deutlich an der Behandlung der Dreieckslehre im 7. und im 10. Schuljahr abzulesen: Steht mit den Hauptfällen der Dreieckskonstruktionen (Kongruenzsätze) in der 7. Klasse die Zeichnung im Vordergrund, so erscheint mit der Trigonometrie in der 10. Klasse dieses Thema nochmals, nun aber völlig unter dem Aspekt der Berechenbarkeit der Stücke des Dreiecks.

Die Flächenlehre markiert in etwa den Übergang zwischen den Bereichen der Schulgeometrie, in denen jeweils die eine der beiden Behandlungsweisen vorherrscht: Bei der Verwandlung und Vergleichung von Flächen interessiert nur das Verhältnis der Inhalte; bei der Flächenberechnung dagegen wird der absolute Zahlwert des Inhalts verlangt („Der Flächeninhalt beträgt . . . Flächeneinheiten").

c) Intentionen. Unter den gängigen Methoden zur Bearbeitung unseres Themas befinden sich mit der „Rastermethode" (Überziehen der zu berechnenden Fläche mit einem Gitternetz aus Einheitsquadraten, die dann ausgezählt werden) und mehr noch mit der „Wägemethode" (Berechnung der Flächengröße über das Gewicht eines Abbildes der Fläche aus homogenem Material, das mit dem Gewicht einer Einheitsfläche aus gleichem Material verglichen wird) Verfahren, die mit ihrer ausgesprochen empirisch-physikalischen Tendenz den Intentionen des mathematischen

---

[14] s. Bildungsplan, S. 35 („Wege").

Unterrichts gerade der Oberklassen nicht entsprechen: Sie beschreiben und konstatieren, sie liefern zunächst nur Resultate für den Einzelfall; es muß aber unser Ziel sein, unsere Aussagen zu begründen[15] und sie so zu fassen, daß sie möglichst allgemeingültig sind (hier: gültig für alle Kreise, nicht nur für das eine gerasterte oder gewogene Exemplar).

Es sei in diesem Zusammenhang auf weitere methodische Schwierigkeiten hingewiesen, welche die beiden kritisierten Verfahren mit sich bringen: Abgesehen davon, daß das Rasterverfahren (wie freilich auch das später dargestellte rein mathematische Verfahren) ein Näherungsverfahren ist, benötigt man für die Erhebung seiner Resultate zur Allgemeingültigkeit für alle Kreise den Strecken- und den Flächensatz der Ähnlichkeitslehre – Voraussetzungen, die bei anderen Verfahren entbehrlich sind; das gleiche gilt für das Wägeverfahren, welches noch mit besonderer Problematik beladen ist durch die Tatsache, daß dabei Körper (dreidimensionale Gebilde!) anstelle der eigentlich gemeinten Flächen gewogen werden.

Diese Einwände stellen jedoch kein grundsätzliches Hindernis dar, die genannten Methoden zur Ergänzung und Überprüfung unserer theoretischen Überlegungen im konkreten Einzelfall heranzuziehen. Das erscheint um so wichtiger, als in späteren Fällen (nämlich bei völlig regellos begrenzten Flächen) diese Verfahren die einzig praktikablen sind (z. B. bei der Aufgabe, die Fläche Westberlins aus der Karte im Maßstab 1:100 000 zu bestimmen). Ein weiteres Argument für die Berücksichtigung der empirisch-physikalischen Wege liefert uns das Bemühen, aus der Isolierung der Einzelfächer heraus zu einer Fächerkooperation zu gelangen[16].

4. Methoden- und Medienwahl

a) Die Fundamentalbeziehung zwischen Umfang und Flächeninhalt des Kreises. Umfang u und Flächeninhalt F des Kreises vom Radius r sind miteinander verknüpft durch die Gleichung $F = \frac{1}{2} u \cdot r$. Läßt man diese grundlegende Beziehung außer Betracht, so muß das Auftreten des gleichen Zahlfaktors π in den Formeln für den Umfang und den Flächeninhalt $u = 2\pi r$ bzw. $F = \pi r^2$ fast wie ein Zufall wirken, zumal wir im Unterricht den Wert von π nur näherungsweise bestimmen können. Es ist also, unabhängig von dem im übrigen einzuschlagenden Wege, die direkte Herleitung der Fundamentalbeziehung sehr zu empfehlen.

Als gängiges und bewährtes Verfahren hierzu bietet sich der „Kreissektorenbeweis" an, bei dem der Kreis in Sektoren zerlegt wird, die dann zu einer parallelogrammartigen Fläche zusammengeschoben werden. Die Abweichungen dieser Fläche von einem wirklichen Parallelogramm werden um so geringer, je kleiner man die einzelnen Sektoren macht (d. h.: in je mehr Sektoren der Kreis zerlegt wird). Hier ist also ein Grenz-

---

[15] s. Bildungsplan, S. 35 („Ziele"), und Breidenbach, a. a. O., S. 70/71.
[16] s. Bildungsplan, S. 35 („Wege").

prozeß mit funktionalen Betrachtungen durchzuführen, dessen Prinzip an Tafelzeichnungen gut zu verfolgen ist.

Da aber zunächst ein kinematischer Vorgang (Zerlegung und Verschiebung) abläuft, ist hier legitimer Platz für ein bewegliches Modell, welches ein anschauliches Verfolgen des Prozesses erlaubt. Ein zweites Modell wäre denkbar an späterer Stelle, wenn wir daran gehen, das arithmetische Resultat der Kreisberechnung zu veranschaulichen. Im übrigen sei hier nur der Hinweis angefügt, daß statische (also unbewegliche) Modelle für zweidimensionale Gegebenheiten nicht verwandt werden sollten; hier leistet ja die Tafelzeichnung Gleichwertiges. Dagegen sind Modelle dreidimensionaler Sachverhalte eine wertvolle Hilfe für das Vorstellungsvermögen[17].

b) *Wege durch unsere Unterrichtseinheit.* Als Kriterien zur Beurteilung der verschiedenen Möglichkeiten seien genannt

1. die Anzahl und Art der empirischen Bestandteile und
2. die Anzahl und Art der durchzuführenden Grenzprozesse.

Weg I:
1. empirische Gewinnung der u-Formel durch Messungen von Durchmesser $d = 2r$ und Umfang u an Kreisen (kreisförmigen Gegenständen); Betrachtung des jeweiligen Verhältnisses u:d führt auf die Zahl π (streng genommen mit Benutzung des Streckensatzes der Ähnlichkeitslehre!)
2. empirische Gewinnung der F-Formel (z. B. mittels Raster- oder Wägemethode, unter Benutzung des Flächensatzes der Ähnlichkeitslehre).
3. Verknüpfung von 1 und 2 durch den Kreissektorenbeweis.

Weniger empirisch, aber für die Volksschule empfohlen[18] und durchaus gangbar ist der
Weg II:
1. empirische Gewinnung der u-Formel wie in I.
2. Kreissektorenbeweis.
3. Die Fundamentalbeziehung aus 2. ergibt unmittelbar die F-Formel.

Völlig frei von empirischen Bestandteilen schließlich ist der
Weg III:
1. Gewinnung der F-Formel mit Hilfe der Trapezmethode[19].
2. Kreissektorenbeweis.
3. Auflösung der Fundamentalgleichung nach u ergibt die Umfangsformel.

Die Reinigung von allen „physikalischen Schlacken" wird bei diesem Vorgehen erkauft mit einem zweiten Grenzprozeß (neben dem Kreissektorenbeweis), den die Trapezmethode mit sich bringt; im Rahmen der von uns beabsichtigten Genauigkeit (π auf 2 Kommastellen) tritt er aber nur am

---

[17] vgl. dazu: Breidenbach, a. a. O., S. 70, und Strunz, a. a. O., S. 33.
[18] s. Breidenbach, a. a. O., S. 51/52 u. S. 90.
[19] s. Lietzmann, „Altes und Neues vom Kreis", Teubner/Leipzig 1951, S. 36/37.

Rande in Erscheinung. Dafür macht uns dieses Vorgehen unabhängig von den bei Weg I und II notwendigen Anleihen aus der Ähnlichkeitslehre. Damit eröffnet sich die Möglichkeit, die „Ähnlichkeit ebener Figuren" noch zurückzustellen und die gesamte Flächenberechnung im Zusammenhang zu behandeln. Auf der anderen Seite bleiben die im Vergleich zu den beiden ersten Wegen gesteigerten theoretischen Anforderungen im Rahmen dessen, was Schülern einer OTZ angemessen ist.

c) Zur Motivation unseres Unterrichtsvorhabens. Folgen wir nun dem Weg III, so hätten etwa folgende Unterrichtseinheiten voranzugehen:

1. Flächenberechnung allgemeiner Vielecke (Polygone), insbesondere durch Zerlegung in Dreiecke (Triangulation) und nach der Trapezmethode.
2. Grundprinzipien der Inhaltsberechnung für beliebig berandete Flächen, insbesondere die Wäge- und die Rastermethode sowie die genäherte Berechnung mit Hilfe von Rechtecken, Trapezen oder anderen Polygonen.

Damit ist aus dem Sachzusammenhang heraus eine starke Motivation dafür gegeben, die Verfahren aus 2 nun auf den konkreten Fall des Kreises anzuwenden. Eine „lebensnahe Anknüpfung", eine „praktische Anwendungsaufgabe" als Ausgangspunkt erübrigt sich um so mehr, als ein solches einführendes konkretes Beispiel bis zur Abwicklung der zeitraubenden und anspruchsvollen Formelgewinnung längst seinen aktuellen Reiz verloren hätte.

5. Aufgliederung der Unterrichtseinheit in Unterrichtsstunden

1. Stunde: Schätzen und Überschlagen des Inhalts der Kreisfläche (ein- und umbeschriebenes Quadrat führen auf die Abschätzung $2r^2 < F < 4r^2$); Sammlung und erste Diskussion möglicher Methoden mit Schwerpunkt auf dem archimedischen Verfahren (ein- und umbeschriebene regelmäßige Vielecke); Ansatz dieses Verfahrens für Sechs- und Zwölfeck.

2. Stunde: Das Sehnentrapezverfahren der Flächenberechnung[20].

3. Stunde: Auswertung des Trapezverfahrens, Ergänzung durch das Tangententrapezverfahren[21] bzw. durch Überlegung des Grenzprozesses bei Verfeinerung der Trapezeinteilung (je nach Ausgang der 2. Stunde); Mittelwertbildung aus beiden Trapezverfahren („gewogenes Mittel"!).

4. Stunde: Veranschaulichung des Resultats der Rechnung; Rückgriff auf die Abschätzung der 1. Stunde, Gegenüberstellung von Kreis und $3\frac{1}{7}$ Quadraten der Seitenlänge r, Veranschaulichung nach Lietzmann[22].

5. Stunde: Anwendung der F-Formel; Näherungswerte für π (3,14; $\frac{22}{7}$); Transzendenz der Zahl π (unendlicher, nichtperiodischer Dezimalbruch, auch kein Wurzelwert).

6. Stunde: Der Kreissektorenbeweis und die Fundamentalbeziehung $F = \frac{1}{2} u \cdot r$.

---

[20] neben Lietzmann, a. a. O., S. 37, s. z. B.: Lambacher—Schweizer, „Mathematisches Unterrichtswerk" Geometrie E 2, Klett/Stuttgart, o. J., 175/176.
[21] s. Lambacher — Schweizer, a. a. O., S. 176.
[22] s. Lietzmann, „Sonderlinge im Reich der Zahlen", Dümmler/Bonn 1948, S. 147 ff.

Aus dieser Stundenfolge unserer Unterrichtseinheit wird in C. die Verlaufsplanung für die 2. Stunde gegeben. Um die Skizze des Stundenablaufs von den notwendigen mathematischen Entwicklungen zu entlasten und dem Leser das Verfolgen des Gedankenganges zu erleichtern, sei dieser im Folgenden knapp im Zusammenhang dargestellt.

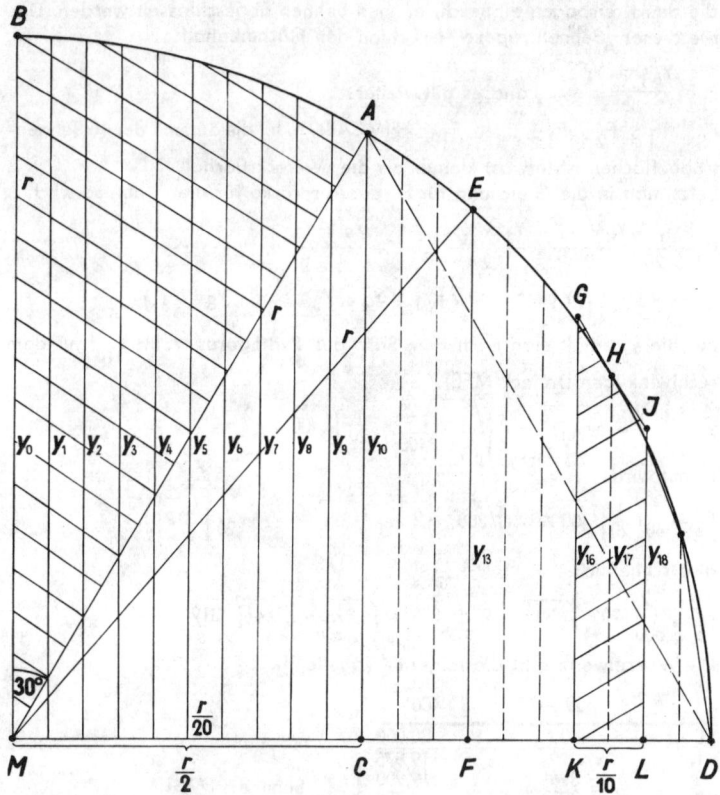

6. Das Trapezverfahren; Rechnungsgang der 2. Stunde
(Vergleiche hierzu die Abbildung, welche die Tafelskizze in vollständiger Ausführung, also am Schluß der Stunde, wiedergibt!)
MCA ist die linke Hälfte des gleichseit'gen Dreiecks MDA. Deshalb ist der Winkel AMD ein Winkel von 60° und der Winkel BMA als sein Ergänzungswinkel zu 90° ein Winkel von 30°. Folglich ist der Sektor MAB ein Zwölftel der Fläche des Vollkreises. Sein Flächeninhalt F(MAB) läßt sich wie folgt berechnen:

F(MAB) = F(MCAB) – F(MCA).

Dabei ist MCA ein bei C rechtwinkliges Dreieck und MCAB ein „Viereck", dessen eine Seite von dem Kreisbogen AB gebildet wird.

F(MCAB) kann man näherungsweise berechnen durch Einteilung in 10 Streifen von gleicher Breite $\frac{r}{20}$, die oben statt durch Kreisbogen durch die den Kreisbogen einbeschriebenen Sehnen abgeschlossen werden. Das i-te dieser „Sehnentrapeze" hat dann den Flächeninhalt

$$F_i = \frac{y_{i-1} + y_i}{2} \cdot \frac{r}{20}, \text{ und es gilt weiter:}$$

$F_S = F_1 + F_2 + F_3 + \cdots + F_{10} < F(MCAB);$ h. h.: die Summe der 10 Sehnentrapezflächen ist (etwas) kleiner als die „Vierecksfläche".

Setzt man in die Gleichung für F_S die Ausdrücke für die F_i ein, so wird

$$F_S = \frac{r}{20}\left(\frac{y_0 + y_1}{2} + \frac{y_1 + y_2}{2} + \cdots + \frac{y_9 + y_{10}}{2}\right)$$

oder $F_S = \frac{r}{40}(y_0 + y_{10} + 2[y_1 + y_2 + y_3 + \cdots + y_8 + y_9])$

Für die y_i erhält man nach dem Satz des Pythagoras (z. B.: y_{13} aus dem rechtwinkligen Dreieck MFE):

$$y_i = \sqrt{r^2 - \left(i \cdot \frac{r}{20}\right)^2} = r\sqrt{1 - \frac{i^2}{400}} = \frac{r}{20}\sqrt{400 - i^2}$$

Damit wird:

$$F_S = \frac{r}{40}\left(\frac{r}{20}\sqrt{400} + \frac{r}{20}\sqrt{300} + 2\left[\frac{r}{20}\sqrt{399} + \ldots + \frac{r}{20}\sqrt{319}\right]\right),$$

also schließlich:

$$F_S = \frac{r^2}{800}(20 + \sqrt{300} + 2[\sqrt{399} + \sqrt{396} + \ldots + \sqrt{319}])$$

Die Wurzelwerte gibt die folgende Tabelle[23]:

i	$400 - i^2$	$\sqrt{400 - i^2}$
0	400	20,000
1	399	19,975
2	396	19,900
3	391	19,774
4	384	19,596
5	375	19,365
6	364	19,079
7	351	18,735
8	336	18,330
9	319	17,861
10	300	17,321

Summe: 172,615
verdoppelt: 345,23
Klammerwert der F_S-Formel
(auf 2 Kommastellen): 382,55

[23] Zahlenwerte aus „Der neue Koschemann", Rechnen — Algebra — Geometrie 8. Schuljahr, Diesterweg/Frankfurt a. M. 1962, S. 172.

Damit wird: $F_S = \dfrac{r^2}{800} \cdot 382,55 = 0,4782\ r^2$

Nun ist die davon abzuziehende Fläche des rechtwinkligen Dreiecks MCA:

$F(MCA) = \dfrac{1}{2} \cdot \dfrac{r}{2}\, y_{10} = \dfrac{r}{4} \cdot \dfrac{r}{20} \cdot \sqrt{300} = \dfrac{r^2}{80} \cdot 17,321$

oder $\underline{F(MCA) = 0,2165\ r^2}$

Also ist $F_S - F(MCA) = 0,2617\ r^2$ ein (etwas) zu kleiner Wert („untere Schranke") für den Flächeninhalt des Sektors MAB; durch Verzwölffachung erhält man daraus eine untere Schranke F_u für die gesuchte Kreisfläche F:

$F_u = 12 \cdot 0,2617\ r^2 = \underline{\underline{3,1404\ r^2}} < F$

Auf gleichem Wege erhält man eine „obere Schranke" (einen etwas zu großen Wert) für F, wenn man die Sehnentrapeze durch doppelt so breite Tangententrapeze (z. B. KLJG mit der Kreistangente in H und der Mittellinie y_{17}) ersetzt. Das „Viereck" MCAB wird dann angenähert durch 5 solche Trapeze der Breite $\frac{r}{10}$. Die Summation ihrer Flächeninhalte führt auf den Wert F_T, der also F(MCAB) etwas übertrifft:

$F(MCAB) < F_T = y_1 \cdot \dfrac{r}{10} + y_3 \cdot \dfrac{r}{10} + y_5 \cdot \dfrac{r}{10} + y_7 \cdot \dfrac{r}{10} + y_9 \cdot \dfrac{r}{10}$

Darin ist also: $F_T = \dfrac{r}{10}\,(y_1 + y_3 + y_5 + y_7 + y_9)$

Entnimmt man die Werte der y_i aus der Berechnung von F_S, so hat man:

$F_T = \dfrac{r}{10}\left(\dfrac{r}{20}\sqrt{399} + \dfrac{r}{20}\sqrt{391} + \dfrac{r}{20}\sqrt{375} + \dfrac{r}{20}\sqrt{351} + \dfrac{r}{20}\sqrt{319}\right)$

oder $F_T = \dfrac{r^2}{200}\,(19,975 + 19,774 + 19,365 + 18,735 + 17,861)$

bzw. $F_T = \dfrac{r^2}{200} \cdot 95,71 = 0,4786\ r^2$

Vermindert man diesen Wert wieder um die Dreiecksfläche, so erhält man für den Flächeninhalt des Sektors:

$F(MAB) < F_T - F(MCA) = 0,4786\ r^2 - 0,2165\ r^2 = 0,2621\ r^2$

Verzwölffachung ergibt schließlich als obere Schranke F_0 für die gesuchte Kreisfläche F:

$\underline{\underline{F < F_0 = 12 \cdot 0,2621\ r^2 = 3,1452\ r^2}}$

Damit hat man das Resultat:

$F_u < F < F_o$; in Worten: Der Flächeninhalt des Kreises vom Radius r liegt zwischen $3,1404\ r^2$ und $3,1452\ r^2$.

Die Formel für die Kreisfläche lautet daher:

$\underline{\underline{F = 3,14 \ldots r^2.}}$ —

Der hier beschrittene Weg der Rechnung benutzt alle möglichen algebraischen Rechenvorteile; für die Berechnung im Unterricht wird ein Verfahren geplant, welches dichter an der anschaulichen Grundlage bleibt, indem es die Strecken y_i und die einzelnen Trapezflächen F_i explizit ausrechnen und erst am Schluß aufsummieren läßt.

C PLANUNG DER 2. STUNDE DER UNTERRICHTSEINHEIT

„Berechnung der Kreisfläche nach dem Sehnentrapezverfahren"

Vorbemerkungen

1. Die Schüler sind darin geübt, sich selbständig Notizen im Unterricht zu machen; deshalb sieht der Plan keine ausdrücklichen Aufforderungen zum Mitschreiben oder Mitzeichnen vor.
2. Verschiedene mögliche Schüleraktionen sind mit A, B, C usw. bezeichnet; darauf bezogene Lehreraktionen als Varianten (soweit diese als erforderlich angesehen werden) tragen den gleichen Kennbuchstaben.

Aktionen des Lehrers	Aktionen der Schüler	Methodische Organisation
1. Phase (2 Minuten): Klärung der Situation bezüglich erreichter und noch anzustrebender Ziele		
Aufforderung zum Bericht über unsere bisherigen Untersuchungen zur Berechnung der Kreisfläche.	Bericht schließt Wiederholung ein; Resultate und Schwierigkeiten der Rechnung in der Hausarbeit werden herausgestellt.	Bericht erfolgt anhand der Hausarbeit „Näherungsweise Berechnung d. Kreisfläche aus dem ein- u. umbeschriebenen Sechs- und Zwölfeck"
2. Phase (5 Minuten): Hinführung auf den vorgesehenen Weg		
Bekanntgabe des Planes für diese Stunde: „Ich möchte euch heute ein Verfahren zeigen, mit dem wir besser zum Ziel kommen; einiges davon kennt ihr schon aus unseren früheren Flächenberechnungen."	Vorschläge: A: Rasterverfahren B: Wägemethode C: Ein- und umbeschriebene Vielecke D: Zerlegung in Rechteckstreifen	Tafel mit Skizze des leeren Viertelkreises wird aufgeklappt.
A: „Ist eine Möglichkeit – ich möchte aber ein rein rechnerisches Verfahren haben. Wir werden deinem Vorschlag später zur Kontrolle noch nachgehen."	Begutachtung d. vorgeschlagenen Verfahren; Kritik, Abwandlungen, Verbesserungsvorschläge	

B: s. ersten Teil von A! „Natürlich bleibt uns dieser Weg immer noch offen, wenn uns gar nichts anderes einfällt."

C: Falls keine Abweisung durch Mitschüler als „nicht der Aufforderung entsprechend" erfolgt, muß sie vom L. erfolgen: „Dein Vorschlag ist trotzdem nicht völlig unbrauchbar!"

D: Aufforderung zur Ergänzung d. Tafelskizze.

In allen Fällen muß vom L. die Einteilung des Viertelkreises in 20 gleich breite Streifen angesteuert werden.

Viertelkreisskizze wird durch Streifenzerlegung ergänzt; evtl. Abschluß der Streifen zu Rechtecken.

3. *Phase (3 Minuten):* Reduktion und Verbesserung des vorgesehenen Verfahrens

Fragen u. Einwürfe, die sich auf das angestrebte Ziel, die Durchführbarkeit der Teilflächenberechnung und die möglichst gute Näherung beziehen.

Hinweis auf d. gröbsten Ungenauigkeiten.

Anleitung: die ganze rechte Hälfte ist fortzulassen.

Vorschlag: Berechnung der Teilflächen; Abschluß der Streifen durch Sehnen statt durch Kreisbogen; Trapeze werde als Teilflächen erkannt.

Vorschlag, einige Trapeze am rechten Rande fortzulassen.

Eintragung des Sehnenpolygons in den gesamten Viertelkreis

Abtrennung bei y_{10} wird in die Skizze eingetragen.

4. *Phase (3 Minuten):* Analyse der neuen Figur

Frage nach der Beziehung der Restfläche zum Kreis

A: Vorschlag, das „Viereck" in bekannte Flächenformen zu zerlegen.

A: Ratlosigkeit
B: Vorschlag d. Zerlegung des „Vierecks" in Dreieck und Sektor
Jetzt kommt der Vorschlag (B).

B: (zugl. auch Anschluß für A) Frage nach Art und Berechenbarkeit der neuen Teilflächen.	Rechtwinkliges Dreieck und Sektor werden als Formen erkannt; das Dreieck berechenbar, d. Sektor nicht.	Eintragen der neuen Zerlegung; Dreieck und Sektor in verschiedenen Farben.

5. Phase (3 Minuten): Erfassung der entscheidenden Teilfigur

Aufforderung zu genauer Beschreibung des Sektors	Beschreibung d. Sektors durch r und den Kreisbogen oder den Mittelpunktswinkel; dessen Größe wird zunächst nicht erkannt.	
Als Hilfe zur Bestimmung des Mittelpunktswinkels erfolgt Hinweis auf Dreieck MDA.	Erkenntnis: Dreieck MDA ist gleichseitig; sein Winkel beträgt $60°$, folglich d. Winkel des Sektors $30°$.	Dreieck MDA wird in der Tafelskizze vervollständigt.

6. Phase (3 Minuten): Erstellung des „Hauptprogramms"

Frage nach der Beziehung zwischen d. Flächen des Sektors und des Vollkreises.	Begründung d. Gleichung $F(MAB) = \frac{1}{12} F(Kreis)$	
Kontrollfrage nach der Entstehung des Sektors.	Kurzformulierung als „Wortgleichung" Sektor = „Viereck" minus Dreieck	Anschrift unter der Tafelskizze: $F(MAB) = \frac{1}{12} F$ $= F(MCAB) - F(MCA)$

7. Phase (5 Minuten): Erstellung von zwei „Unterprogrammen"

Aufforderung zur Durchführung des Programmes.	Erkenntnis: Das „Viereck" besteht aus 10 Trapezen; Flächenformel des Trapezes wird genannt u. angewandt.	Anschrift an der 2. Tafel: $F_1 = \frac{y_0 + y_1}{2} \cdot \frac{r}{20}$ allgemein:
Frage nach der Gewinnung der y_i-Werte.	Vorschläge: A: Ausmessen B: mit Hilfe des Satzes von Pythagoras.	$F_i = \frac{y_{i-1} + y_i}{2} \cdot \frac{r}{20}$
A: Hinweis auf Verlangen nach rein rechnerischer Lösung.	Jetzt erfolgt B.	Tafelanschrift:
B: (zugl. Anschluß f. A) Aufforderung, das Verfahren für y_{13} vorzuführen.	Das Beispiel wird vorgerechnet, anschließend die allgemeine Formel entwickelt.	$y_{13} = \sqrt{r^2 - (13\frac{r}{20})^2} = ..$ allgemein: $y_i = \sqrt{r^2 - (i \cdot \frac{r}{20})^2}$ $= \dots\dots\dots$ $= \frac{r}{20}\sqrt{400 - i^2}$

8. Phase (8 Minuten): Durchführung der Unterprogramme

Vorschlag der Arbeitsteilung, Einteilung von 10 Gruppen Anleitung zur Tabellenvorbereitung.	Fragen: „Woher bekommen wir die y_i?" Klärung durch Mitschüler. Berechnung der y_i und F_i.	Dreispaltige Tabelle (i, y_i, F_i) wird an der 3. Tafel eingerichtet. Jede Gruppe läßt läßt durch einen Vertreter zunächst ihr y_i, dann auch ihr F_i
Frage nach dem Resultat.	Vergleich der Resultate innerhalb der Gruppe. „Wenn wir die F_i addieren erhalten wir F(MCAB)." Einspruch; Einigung darauf, daß das Resultat etwas zu klein wird.	in die Tabelle an der Tafel eintragen.
Anleitung: Resultatsbezeichnung mit F_s als Hinweis auf die Sehnentrapeze.		Addition der F_i am Schluß der Tafeltabelle mit dem Resultat Fs.

9. Phase (5 Minuten): Durchführung des Hauptprogramms

Erinnerung an das Hauptprogramm.	Begründung des weiteren Rechnungsganges (Dreiecksfläche ist abzuziehen); Formel für das rechtwinklige Dreieck wird genannt und angewandt, Fläche v. Fs subtrahiert. Schließlich noch Verzwölffachung d. Fläche des Sektors.	Fortsetzung der Anschrift an der 2. Tafel: $F(MCA) = \frac{1}{2} \cdot \frac{r}{2} \cdot y_{10} =$. $= \ldots \ldots r^2$ $F(MAB) = \overline{F(MCA)}$ $= \ldots \ldots r^2$ $F(Kreis) = \overline{12 \cdot F(MAB)}$ $= \ldots \ldots r^2$

10. Phase (3 Minuten): Diskussion des Resultats

Frage nach der Genauigkeit des Resultats.	Feststellung, daß das Resultat zu klein ist, wird durch eine Extraskizze nochmals begründet.	Extraskizze an der 4. Tafel: Bogen und Sehne mit schraffierter Differenzfläche.
Frage nach der Größe des Fehlers und den Möglichkeiten z. Verbesserung d. Resultats.	Vorschläge: A: Verbesserung d. verfeinerte Streifeneinteilung B: Annäherung von außen durch umbeschriebene Trapeze	

11. Phase (5 Minuten): Ansätze zu Verbesserungen

A: Aufforderung zu einer Extraskizze; Hinweis, daß	Skizze induziert die Erkenntnisse: 1. Verfeinerte Tei-	Extraskizze für einen halbierten Streifen (Ergänzung der vor-

Streifenhalbierung am einfachsten ist.

Hausaufgabe: Viertelkreisfläche mit r = 10 cm auf mm-Papier (Raster-verfahren!); Anleitung: angeschnittene Karos als halbe zählen.

B: Aufforderung zu einer Extraskizze; Vorschlag, die alte Streifeneinteilung beizubehalten Anleitung: Streifenbreite verdoppeln, Tangente in der Streifenmitte ansetzen; Frage nach der Bedeutung der y_i in der neuen Figur.

Frage nach der nun auszuführenden Flächenberechnung. Aufforderung z. Ansetzen d. Verfahrens mit den Tangententrapezen des „Vierecks" MCAB. Anweisung, die 5 Trapeze mit F_I, F_{II} .. zu bezeichnen und das Resultat der Addition mit F_T (wegen der Tangenten). Hausaufgabe: Durchführung der Näherungsberechnung der Kreisfläche mit Benutzung der Tangententrapeze.

lung verkleinert die Differenzfläche.
2. Es entstehen 20 Streifen der Breite $\frac{r}{40}$.
3. Die y könnte man wie zuvor berechnen.

Versuch, irgendwie Tangentenstücke an den Kreisbogen der Tafelskizze zu legen; Frage, an welchen Stellen das denn geschehen soll.
Ausführung der Anweisung im freien rechten Teil der Tafelskizze; Erkenntnis: Die äußeren y_i liegen auf den Parallelseiten des neuen Trapezes, das mittlere ist seine Mittellinie.
Trapezflächenformel in der Gestalt $F = m \cdot h$ wird genannt und auf das Beispiel angewandt.
Formulierung d. Programms: Es sind 5 Trapezflächen zu berechnen und dann zu addieren.

angegangenen Skizze); Eintragung des neuen Sehnenverlaufs.

Zunächst Extraskizze an der 4. Tafel.
Dann Zeichenversuche an der Viertelkreisskizze der 1. Tafel.

Zeichnung des Tangententrapezes im rechten Teil d. Viertelkreisskizze (Trapez KLJG).

Anschrift (4. Tafel):

$$F = y_{17} \cdot \frac{r}{10}$$

In der Tafelskizze werden y_2, y_4, y_6, y_8 farbig nachgezogen.

Den Tangententrapezen wird die zugehörige römische Zahl eingeschrieben. Dazu wird unter d. Skizze notiert:

$$F_T = F_I + F_{II} + F_{III} + F_{IV} + F_V$$

Geplantes (optimales) Tafelbild bei 4 Tafelflächen

1. *Tafel:* Große Viertelkreisskizze; Formel für das Hauptprogramm (s. 6. Phase!).
2. *Tafel:* Formeln der beiden Unterprogramme; Durchführung des Hauptprogramms (s. 9. Phase!).
3. *Tafel:* Tabelle mit i, y_i, F_i.
4. *Tafel:* Laufende Nebenrechnungen und Extraskizzen, die nach Erledigung jeweils sofort gelöscht werden.

Zur Beachtung von Grundprinzipien in der Verlaufsplanung

1. *Interdependenz zwischen Entscheidungs- und Bedingungsfeldern*[24]
a) *Thematik und Intention.* Die dargestellte Stunde hat die Einführung in eine mathematisch bedeutsame Methode zum Thema. Sie ist bedingt durch Alter und Vorkenntnis der Schüler, durch Schulzweig und Bildungsplan, der seinerseits in starkem Maße bestimmt ist von den Anforderungen des kulturellen und wirtschaftlichen Lebens. Besonderes Gewicht gewinnt das Verfahren, mit dem die Schüler bekanntgemacht werden, durch seinen hohen Grad von Anwendbarkeit und Verallgemeinerungsfähigkeit.
b) *Wahl der Methoden und Medien.* Eine volle Unterrichtsstunde hindurch in einer einzigen, dazu recht anspruchsvollen Arbeitsform (entwickelndes Gespräch) tätig zu sein, wäre auch für Schüler eines 9. Schuljahres der OTZ eine Überforderung. Deshalb ist für eine Phase des Planes Gruppenarbeit vorgesehen. Eine solche kann natürlich nur da geplant werden, wo eine Teilstruktur des Themas dafür geeignet ist. Da jede Gruppe (mit Ausnahme der ersten) für den zweiten Teil ihrer Aufgabe ein Resultat des ersten Teiles einer Nachbargruppe benötigt, wird ein gewisses Maß an Kooperationsfähigkeit der Gruppen erwartet.
Weiter wird versucht, die Schüler an der Aufstellung des Programmes (Arbeitsplan) zu beteiligen. Sie erfahren dabei systematisch-wissenschaftliches Vorgehen, indem zu dem Hauptprogramm (6. Phase) Unterprogramme (7. Phase) für die Entwicklung der notwendigen Hilfsmittel erarbeitet werden. Auf diese Weise werden, nach Art eines exakt-naturwissenschaftlichen Experiments, die Schwierigkeiten isoliert. Damit ist aus der Thematik heraus ein Grundprinzip mathematischer Methodik erwachsen.
Den Denk- und Vorstellungsweisen der beteiligten Schüler kommt die Planung durch die anschauliche Fundierung in der Tafelskizze und die fortwährende Einbeziehung dieser Grundlage in die Entwicklung des Rechenganges entgegen. Die Tatsache, daß viele Schüler des fraglichen Schuljahres noch stark der Anschauung verhaftet sind, findet besondere Berücksichtigung in den folgenden Stunden, in denen das auf algebraisch-rechnerischem Wege gefundene Resultat geometrisch-konstruierend verdeutlicht wird.

[24] Begriffe nach Heimann, „Didaktik als Theorie und Lehre", in „Die deutsche Schule", 9/1962, S. 416.

2. Zur Variabilität der Planung

Neben den in die Verlaufsskizze eingearbeiteten Varianten besteht eine Möglichkeit anderen Vorgehens vor allem in der 7. und 8. Phase, indem die Entwicklung der Formeln für die Berechnung der Sehnentrapeze stärker algebraisiert wird, etwa in der Art, wie dies am Schluß der Strukturskizze (B. 6.) dargestellt wurde. Sollte sich die Zeitplanung durch Verzögerungen im Phasenablauf als undurchführbar erweisen, so ist es ohne weiteres möglich, die Stunde bruchfrei mit der 9. Phase abzuschließen. In diesem Falle kann die Hausaufgabe aus der 11. Phase in der Variante A beibehalten werden; nur muß dann zur Wahrung des Anschlusses eine Abwandlung des Beginns der nächsten Stunde bedacht werden.

Durch die vorangegangene Stunde ist der in der Verlaufsskizze ausführlich dargestellte Unterricht in der zweiten Stunde der Planungseinheit stärker präformiert, als dies allgemein der Fall sein muß; damit sind der anzustrebenden Variabilität enge Grenzen gezogen. Solche Grenzen bestehen aber auch prinzipiell durch den der Mathematik innewohnenden Zwang zu einem unabweisbaren Minimum an Systematik. Dieses Dilemma ist u. a. unmittelbar an den Formulierungen des Bildungsplanes abzulesen[25].

Im Unterschied zum Verlauf der zweiten Stunde mit relativ geringem Spielraum für Varianten weist die vorangehende Stunde mit ihrem Thema „Diskussion von Möglichkeiten der Kreisflächenberechnung" weit größere Chancen der Variation auf. Hier ist ja z. B. zunächst noch in keiner Weise darüber entschieden, welche der vielen Möglichkeiten an Berechnungsverfahren überhaupt und dann als erste zum Zuge kommen wird.

3. Kontrollierbarkeit des Lernerfolges

Überprüfungen des Lernerfolges gehören im Mathematikunterricht in Form von Wiederholungen, des beständigen Übungsrechnens, der Kontrolle von Hausarbeiten, von Klassenarbeiten u. a. zum „stehenden Repertoire" des Lehrers. Darüber hinaus ist in diesem Fache mit seiner außergewöhnlich starken Abhängigkeit der folgenden Unterrichtsschritte von den vorangehenden bereits eine gewisse laufende Kontrollmöglichkeit durch die Beachtung von Mitarbeit und Aktivität der Schüler gegeben. Neben den zuerst genannten Formen der Überprüfung enthält die dargestellte Planung aber eine Phase, deren Kontrollfunktion vielleicht auf den ersten Blick nicht so deutlich ist; das ist die 8. Phase mit der darin vorgesehenen Gruppenarbeit. Hier findet der Lehrer zusätzlich Zeit, sich über den Lernerfolg der Schüler zu informieren bzw. diesen im Einzelfall vielleicht durch ein klärendes Wort überhaupt erst auszulösen.

---

[25] s. Bildungsplan, S. 35/36 (besonders in „Aufgaben").

HORST KÄSLER

Leibeserziehung:
Rolle vorwärts mit rundem Rücken

Planungsbeispiel für eine Unterrichtseinheit in der 6. Klasse

A GRUNDPROBLEME DES UNTERRICHTSFACHES

Der Terminus Leibeserziehung setzt sich mit dem Einfluß des österreichischen natürlichen Turnens durch, das mit der Gymnastikbewegung um 1920 zusammenfällt und sich als Gegengewicht zum Leistungssport versteht. Im Gegensatz zu diesem betont der neue Begriff die Erziehungsabsicht.

„Die Leibeserziehung gehört zur Gesamterziehung der Jugend; Bildung und Erziehung sind insgesamt in Frage gestellt, wenn sie nicht oder nur unzureichend gepflegt wird. Turnerische und sportliche Betätigung ist daher zur Gesunderhaltung der Jugend nötig[1]." Über die körperliche Erziehung hinaus umfaßt die Leibeserziehung hygienische (Gaulhofer-Streicher), sozialpsychologische (Buytendijk) und pädagogische Aspekte (Nohl).

Wenn dieser Anspruch der Leibeserziehung in der Schulwirklichkeit noch nicht voll realisiert werden konnte, so geht das im wesentlichen auf folgende Faktoren zurück: Schulbehörde und Klassenlehrer sind über die Aufgabe der Leibesübungen und deren Beitrag zur Entwicklung von Kindern und Jugendlichen nicht ausreichend orientiert. „Beschäftigungstheorien", wie sie in anderen Fächern kaum hingenommen werden („Spielen Sie doch mit der Klasse Völkerball!"), verzichten auf jede didaktische Rechtfertigung[2]. Andererseits wird selbst von Fachlehrern

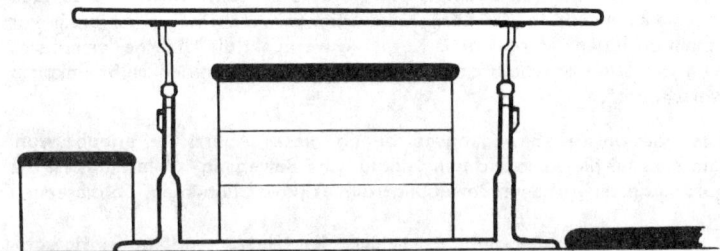

---

[1] Empfehlungen der Kultusministerkonferenz zur Förderung der Leibeserziehung in den Schulen, 1956.
[2] DOG Memorandum zum ,Goldenen Plan' für Gesundheit, Spiel und Erholung, Frankfurt/M 1960. — Es ist jedoch nicht damit getan, daß Kanzler, Parteien, Minister und Professoren der verschiedensten Wissenschaften sich um die Ausnutzung der erziehlichen Möglichkeiten der Leibesübungen bemüht zeigen und auf die besorgniserregenden Zustände hinweisen.

eine Vielzahl von Übungen angeregt, ohne daß deren Auswahl und Anordnung konsequent von übergreifenden Intentionen bestimmt wird.
Nicht selten werden die Unterrichtsverfahren vom sportlichen Betrieb
der Erwachsenen entlehnt, statt die Erkenntnisse der Psychologie des
Kindes und des Jugendlichen zu nutzen[3].

B STRUKTUR DER UNTERRICHTSEINHEIT

1. Anthropogene Voraussetzungen

Eine psychologisch begründete Betrachtung muß u. a. von der Forderung
ausgehen, dem Bewegungsbedürfnis des heranwachsenden Kindes Rechnung zu tragen. Seelische Regungen setzt das Kind in Bewegung um,
und wir wissen, wie dynamisch Kinder sein können. Dagegen erleben wir
ständig, wie im 7. bis 9. Schuljahr die 13- bis 15jährigen mit der Auflösung der ganzheitlich beseelten Motorik ihrer Kindheit auch die Aus-
drucksfähigkeit in Sprache, Schrift und Bewegung verändern[4].

Einem Vorschlag von R o t h folgend, rechnen wir für die folgende
Erörterung mit einem Schüler, dessen Entwicklungsmerkmale besonders
deutlich ausgeprägt sind[5]. Solche Schüler ermöglichen Rückschlüsse auf
die gesamte Klasse.

Nach den Entwicklungsstufen von M ö c k e l m a n n befinden sich die
Schüler unserer 6. Klasse im Übergang zwischen zwei Stufen: Höhepunkt
der kindlichen Strukturen und deren beginnender Wandel[6]. Obwohl
unser Schüler zu den älteren Schülern seiner Klasse gehört (er ist zwölf
Jahre und sechs Monate alt), befindet er sich noch in der erstgenannten
Stufe, was sich nicht zuletzt in einer guten Gesamtharmonie ausdrückt[7].

Die auffallende Bewegungssicherheit dieses Alters ist durch eine harmonische Konstitution bedingt; das stärkere Breitenwachstum schafft den
Ausgleich innerhalb der Körperproportionen. Nach Meinel ist dafür vor
allem auch der tiefergelegene Körperschwerpunkt die Ursache; er hat sich
von der Lage oberhalb des Nabels bis etwas unter den Hüftbeinkamm
verschoben[8].

Die harmonische Bewegungsgestaltung dieser Altersstufe erlaubt wohl
am ehesten die Kennzeichnung „natürliche Bewegung". Allerdings ist die
Größe des erworbenen Bewegungsraumes davon abhängig, ob die ersten

---

[3] Heinrich Roth: Pädagogische Psychologie des Lehrens und Lernens; Hannover
1957, S. 130—138. (Weitere Auflagen.)
[4] Hans Möckelmann: Leibeserziehung und jugendliche Entwicklung; Schorndorf 1964,
5. Aufl., S. 97.
[5] Heinrich Roth, a. a. O., S. 131.
[6] Hans Möckelmann, a. a. O., S. 79—97.
[7] u. a. wird durch Meinel und Roth das Lebensalter der 10- bis 12jährigen als das
beste Lernalter überhaupt bezeichnet.
Kurt Meinel: Bewegungslehre, Berlin-Ost 1962, S. 304. Heinrich Roth, a. a. O., S. 80.
[8] Kurt Meinel, a. a. O., S. 306.

Schuljahre entwicklungsgemäß genutzt wurden, und ob dem Bewegungsbedürfnis der Kinder Rechnung getragen wurde. Nur wenn dies geschehen ist, können wir mit Gewandtheit rechnen, dürfen wir Harmonie beim Lauf erwarten, Bewegungsfreudigkeit beim Spiel und Mut beim Klettern, Geschicklichkeit beim Boden-, Hindernis- und Geräfturnen.

Es entspricht der Altersstufe und dem Fach, Lernvorgänge häufig durch optische Impulse (Vortun) auszulösen. Sie sind wirksamer als die akustischen, wobei die letzteren eher für die Begleitung der Bewegungsführung (Gong, Handklatsch, Wort) Verwendung finden können. Rhythmisches Gefühl und harmonische Bewegung sind voneinander abhängig. Allerdings müssen sich Schüler dieser Altersstufe erst daran gewöhnen, Bewegungsrhythmen nachzuvollziehen. Ist die Aufgabe für sie neu, brauchen sie ein wenig Zeit; vor allem nehmen sie sie anfangs nicht ernst genug. Der Erzieher wird bestrebt sein, die Bewegungsfreudigkeit dieses Alters auszunutzen, um den Bewegungsraum zu erweitern und vielseitige Bewegungserfahrung zu ermöglichen. Nach eigenen Beobachtungen halten dann bei Jungen und Mädchen Störungen der Bewegungsfähigkeit während der Pubertät nur kurzfristig an.

Die Schüler fangen an, von der Klassengemeinschaft zu reden. Die Sportgemeinschaft, Gruppe und Mannschaft als Sozialformen ziehen das Interesse auf sich; der Mannschaftsführer erhält als Autoritätsperson Bedeutung[9]. Von unsportlicher Rivalität ist innerhalb der Klasse wenig zu spüren[10]. Die Vorstellung von fairer sportlicher Haltung bekommt Inhalt und wird gewissenhaft beachtet. Kleine Spiele genügen nicht mehr. Die Schüler wollen mehr leisten, wollen eine Aufgabe bekommen, wollen ihre Kräfte messen; es zieht sie zu den Kampfspielen.

2. Sozial-kulturelle Voraussetzungen

Die geplante Unterrichtseinheit findet an einer Ganztagsschule statt. Die Schüler haben nachmittags eine zusätzliche Spielstunde. Die Jungen unserer 6. Klasse nutzen diese Zeit zum gemeinsamen Fußballspiel mit dem Lehrer. Die Regeln dieses Spiels sind ihnen bekannt.
Das Interesse an Leibesübungen ist bei den Jungen dieser Klasse ebenso allgemein wie heute in der Gesamtgesellschaft; insbesondere ist es unabhängig von den sozialen Schichten, denen sie entstammen.
In der Klasse überwiegen die Jungen (24:4). Die Mädchen werden, wie auf dieser Altersstufe im allgemeinen üblich, in der Leibeserziehung getrennt von den Jungen unterrichtet. (Von den drei Wochenstunden Leibeserziehung wird eine für Schwimmunterricht verwendet.) In den Wintermonaten wird die alte Turnhalle eines benachbarten Gymnasiums benutzt, die über zwei Geräteausstattungen verfügt. Die Waschgelegenheiten dieser Halle reichen nicht aus; die Ausstattung erschwert die Erziehung zur Körperhygiene. Es ist dort üblich, daß die Schüler Seife und

---

[9] Karl Mierke: Vortrag beim 3. Kongreß für Leibeserziehung Wiesbaden 1964: Leistungseros und Leistungsethos der heranwachsenden Generation; in: Kongreßbericht ‚Die Leistung‘, Schorndorf 1964.
[10] Rivalität ist hier im Gegensatz zum ‚edlen Wettstreit‘ zu verstehen. Vergl. Lersch, in Leibeserziehung und Sport in der modernen Gesellschaft, Weinheim 1963, S. 53.

Handtuch in der Schule haben und wöchentlich wechseln[11]. Die Wald-grundschule bietet der Freilufterziehung besondere Möglichkeiten: Sie liegt mitten im Waldgebiet; häufig wird im Freien unterrichtet; auch während der Pausen können sich die Schüler im Gelände bewegen. Unterricht ist täglich von 8 bis 13.20 Uhr. Daran schließen sich eine Essenzeit, eine Spielstunde und eine Arbeitsstunde für die Haus-aufgaben an. Um 15.20 Uhr verlassen die Schüler das Grundstück.

Die Gymnastik der Jungen macht gegenwärtig in der Schule eine erfreu-liche Entwicklung durch. Körperschule, Freiübungen und Zweckgymnastik in älterem Sinne sind der rhythmischen Bewegungsschulung gewichen; Laufen, Springen, Schwingen sind als Grundformen an ihre Stelle getreten und leiten eine rhythmische Bewegungserziehung in der Schule ein.

In den Stunden der Unterrichtseinheit „Rolle mit rundem Rücken", die der hier darzustellenden Stunde vorausgegangen sind, hat die kleine Rolle vorwärts auf der Bodenturnmatte und auf dem Kastenoberteil zum Unterrichtsschwerpunkt gehört. Besonderes Gewicht war auf das Nutzen der Stützkraft gelegt worden, da sie Bedingung für Bewegungsverbesse-rung und Bewegungsbeherrschung ist. Um diese zu prüfen, war eine Kontrolle des Krafteinsatzes durch Üben des Zappelhandstandes erfolgt. Die Rolle auf dem langen Sprungkasten war schon in einer früheren Entwicklungsreihe bis zur Feinformung geübt worden.

Die Schüler beherrschen durchweg die kleine Rolle auf dem Kasten
a) aus dem Hockstand,
b) durch Absprung vom kleinen Kasten,
c) mit einigen Schritten Anlauf und Absprung vom kleinen Kasten.

3. Intention

Die Koordinationsfähigkeit soll durch neue Anforderungen (Rollen) im Rahmen einer Bewegungseinheit verbessert werden (pragmatisch). Es wird darauf ankommen:

durch neue Bewegungserfahrungen Bewegungsreichtum zu schaffen;
die Bewegungsbeherrschung soll durch Rollen in verschiedenen Situatio-nen verbessert werden unter Benutzung verschiedener Hilfsgeräte und unter Beachtung von Bewegungsverwandtschaften;
die Bewegungsqualität durch vielseitiges und intensives Üben optimal zu formen (Feinkoordination).
Das Entwicklungsstadium kommt der Intention entgegen, Selbständig-keit, Selbsttätigkeit, Selbstvertrauen und Mut durch körperliche Leistun-gen zu fördern.

Auf der Suche nach einer Thematik, die dieser Intention entspricht, mußte eine Bewegungsaufgabe gefunden werden, die an die spezifischen Vorerfahrungen dieser Klasse anknüpfen konnte (Berücksichtigung an-thropogener Voraussetzungen), und die sowohl in den Augen der Schüler als auch im Hinblick auf andere Bewegungsabläufe im Bereich

---

[11] Kongreßbericht: Gesundheitserziehung in der Lehrerbildung; Bad Godesberg 1964.

der Leibeserziehung unserer Zeit (sozial-kulturelle Voraussetzungen) Beispielhaftes enthielt. Wenn dieses Thema mit den Mitteln und Wegen des Schulunterrichtes auch vorbildlich behandelt werden könnte, würde man von einem *exemplarischen* Thema der Leibeserziehung reden können.

4. Stundenthema: Die Oberarmrolle am Stützbarren

Dieses Thema steht auch da, wo es nicht direkt angezielt wird, im Mittelpunkt der Stunde[12], d. h. auch der Oberarmrolle am Stützbarren vorangehende und auf sie folgende Übungen werden ebenso wie die Wahl der jeweiligen Geräte von hier aus entschieden.

Teilthemen:

1. Rhythmisches Laufen und Hüpfen,
2. Oberarmrolle,
3. Fangen und Werfen mit dem Handball.

5. Methodische Vorüberlegungen

Wir unterscheiden mindestens zwei methodische Ansätze in der Leibeserziehung; einmal gewinnen wir eine *Entwicklungsreihe*[14] aus freien *Bewegungsaufgaben*[13], bei denen die Aktivität der Schüler führend ist[15]. Auch der entgegengesetzte Weg wird empfohlen: Der aktive Lehrer gibt eine *Anordnung*, die der Schüler *nachvollzieht*. Dazwischen und didaktisch durchaus vertretbar liegt ein methodischer Ansatz, der vom *Bewegungsvorbild* (hier des Schülers) ausgeht. Diesen Ansatz wählen wir, da die Kinder in unserem Beispiel entsprechend ihrer Entwicklungsphase als besonders optisch aufnahmefähig gelten. Kern der Bewegungsaufgabe, die den Lernanstoß auslöst, ist der Impuls des Lehrers: Wer *kann das Hindernis überwinden?*

Damit ist auch das eigentliche Merkmal der Aufgabe genannt; sie ist nur dann richtig gestellt, wenn sie dem Schüler Raum läßt für eigene Entscheidungen und selbständige Lösungen (Alternativen).

Neben diesen methodischen Erwägungen sollte das Prinzip der *Bewegungsganzheit* beachtet werden. Damit wird eine organisch-rhythmische Bewegung gekennzeichnet, die im Gegensatz zu den Freiübungen alter Schule steht[16].

Bei einer methodischen Organisation, die den obengenannten Prinzipien folgt, bietet sich als Sozialform des Unterrichts vor allem die Gruppenarbeit in der Riege oder in der Zweier- und Dreiergruppe an.

---

[12] Günther Spohn: Didaktische Leitsätze in den Richtlinien für die Leibeserziehung im Lande Nordrhein/Westfalen, in der Zs. Leibeserziehung, Schorndorf, 6/1960, S. 185.
[13] Annemarie Seybold-Brunnenhuber, in: Terminologie der Leibeserziehung; Schorndorf 1962, S. 99.
[14] Walter Häusler, in: Handbuch für Lehrer Bd. 2, Gütersloh 1961, S. 620.
[15] Annemarie Seybold-Brunnhuber unterscheidet a. a. O., S. 101 in diesem Zusammenhang zwischen induktiver und deduktiver Methode.
[16] Annemarie Seybold-Brunnhuber, a. a. O., S. 58; vgl. auch dies., Prinzipien der modernen Pädagogik in der Leibeserziehung, Schorndorf o. J., S. 76.

Über die ersten Lernschwierigkeiten (Mißerfolgserlebnisse) hilft vielleicht ein freundlich ermunterndes Wort hinweg; der geschickte Aufbau
der Entwicklungsreihe gestattet es möglichst vielen Schülern, möglichst
lange mitzutun; zuverlässige Sicherheitsstellung ermutigt sie, etwas zu
wagen, weil ihr Risiko kalkulierbar ist. Gruppenarbeit[17] aktualisiert
soziale Motive zur Leistungssteigerung.

7. Medien

Als Medien bieten sich in dieser Unterrichtseinheit an:
das Gerät als Hilfsgerät (großer Sprungkasten),
die Gerätekombination,
das Bewegungsvorbild des Schülers,
das Bewegungsvorbild des Lehrers,
die Sicherheits- und Hilfestellung[18].

C VERLAUFSPLANUNG

Vermutetes Schülerverhalten	Geplantes Lehrerverhalten	Didaktischer Kommentar
1. Teilsituation: Schüler nutzen die Möglichkeit, in der Halle zu spielen, als Reaktion auf den theoretischen Unterricht und auf den Sitzzwang im Klassenzimmer freudig aus.	L.: „Bis wir die Stunde beginnen, dürft Ihr in der Halle spielen." Lehrer stellt bereit: 6 Hohlbälle, 2 Basketballständer, 2 Sprungständer als Handballtor.	Stillen des ersten Bewegungshungers.
Schüler gewöhnen sich schnell an den gemeinsamen Stundenbeginn und freie Ordnungsformen[19].	Handklatsch des Lehrers: L.: „Bitte im Halbkreis hinsetzen." Lehrer ändert die Sozialform.	Konzentration zum Stundenbeginn.

[17] Otto Neumann: Sport und Persönlichkeit, München 1957, S. 70.
[18] Die Hilfestellung hat in der schulischen Leibeserziehung eine dreifache Aufgabe
zu lösen. Erstens soll sie helfen, Unfälle zu vermeiden. Zweitens soll sie zu
Hilfsbereitschaft und Partnerschaft führen. Drittens soll sie eine erste Bewegungs-
hilfe sein, um Bewegungserfahrungen zu sammeln. In diesem Falle ist die Hilfestellung als Medium denkbar. Allerdings ist die Wirkung negativ, wenn Schüler
‚geturnt werden' und dabei verlernen, die eigene Kraft einzusetzen und das
eigene Leistungsvermögen einzuschätzen. Demgegenüber erwartet die Sicherheitsstellung eine aktive Hilfeleistung erst, wenn der Übende beim Mißlingen eines
Bewegungsablaufes Unterstützung benötigt. Unsere Schüler sollen bereits vom
1. Schultage an lernen, Sicherheits- und Hilfestellung zu geben.
Vergl. dazu: Ohnesorge: Richtige Hilfestellung beim Turnen FWU Film 340,
München; Annemarie Seybold-Brunnhuber, a. a. O., Seite 64; H. Müller, Sichern
im Geräteturnen, Frankfurt 1964.
[19] Die freie Ordnungsform ist im Gegensatz zur gebundenen Ordnungsform (Riege)
zu verstehen.

Vermutetes Schülerverhalten	Geplantes Lehrerverhalten	Didaktischer Kommentar
Anfangs wissen die Schüler nichts mit dem Raum anzufangen. Es zieht sie stets in die Hallenmitte und zu den Mitschülern hin.	L.: „Lauft frei herum, ohne einen Mitschüler anzulaufen." Laufen wird durch Gong unterstützt. Gong: tam – tam – tam – tam – tam. L.: „Halt! Bitte am Ort stehen bleiben." L.: „Wir wollen uns besser in der Halle verteilen." „Alle mit schwarzen Hosen hocken sich hin." L.: „Die anderen laufen um die Mitschüler herum und nutzen die gesamte Halle aus."	Übung im rhythmischen Lauf. Gewöhnung an Raum ausnutzende Bewegung.
Schüler laufen zum Teil wenig gelöst, treten mit der ganzen Fußsohle auf, klemmen die Arme am Brustkorb fest.	L.: „Halt! Und wechseln!" Korrekturen der laufenden Schüler.	Die Kritik vermittelt gleichzeitig Bewegungsimpulse.
Schüler versuchen, Hinweise zu befolgen und haben Freude dabei, beim Laufen nichts mehr zu hören.	L.: „Leise laufen!" L.: „Groß bleiben!" L.: „Arme schwingen wie beim Gehen auf der Straße mit." L.: „Jetzt läuft wieder die ganze Klasse."	Gewöhnung an ökonomisches Laufen.
Schüler testen anfangs behutsam den Laufweg. Bald haben sie den Bogen heraus und legen sich schwungvoll in die Kurven. Bei dem Eifer wird das federnde Laufen wieder vergessen.	L.: „Wir wollen eine Acht laufen." L.: „Gerhard läuft uns eine vor." L.: „Gut so! Jeder läuft jetzt *seine* Acht." Benutzung von Schülervorbildern. Unterstützung des Laufens mit dem Gong.	Nachvollziehen eines Bewegungsvorbildes. Organschulung.
Schüler versuchen sofort, wieder leise zu laufen.	L.: „Langsam laufen, federnd laufen!"	Übung in der Selbstkontrolle von Bewegungsabläufen.
Tempowechsel wird schon gut eingehalten.	L.: „Lauft, wie ich klopfe!" Gong: tam, tam, tam, tam – tam – tam.	Übung im rhythmischen Laufen, Schulung der Koordinationsfähigkeit.

Vermutetes Schülerverhalten	Geplantes Lehrerverhalten	Didaktischer Kommentar
Für einige sind Hinweise ihrer Mitschüler nötig.	Der Lehrer fordert durch Klopfrhythmus zum Laufen und Hüpfen heraus. Gong: tam – ta – tam – ta – tam.	Schulung der Koordinationsfähigkeit, Bewegungshöhepunk durch schnellen Wechsel der akustischen Impulse.

2. Teilsituation

Vermutetes Schülerverhalten	Geplantes Lehrerverhalten	Didaktischer Kommentar
Die Aufstellung in vier Riegen ist den Schülern bekannt.	L.: Gong! L.: „Halt!" L.: „Bitte in Riegen Aufstellung nehmen!" L.: „Aus unseren vier Riegen machen wir heute zwei. Riege zwei stellt sich hinter Riege eins, und Riege vier stellt sich hinter Riege drei." Änderung der Sozialform: Riege.	
	L.: „Die ersten vier jeder Riege holen einen Barren. Die nächsten zwei holen einen langen Sprungkasten. Die nächsten zwei holen einen kleinen Kasten. Ihr vier holt eine Matte, ihr vier die zweite Matte und ihr vier die dritte Matte[20]."	Schüler sollen lernen, selbständig und diszipliniert Aufträge auszuführen, in diesem Falle Geräte aufzubauen.
Schüler sind mit dem Aufbau von Geräten vertraut. Riegenführer sind dabei Helfer des Lehrers.	Der Lehrer hilft beim Aufbau der unbekannten Gerätekombination: je Riege 1 Barren, 1 Sprungkasten längs in der Holmengasse, 1 Matte an jeder Längsseite des Barrens, 1 Matte hinter dem Barren, 1 kleiner Kasten vor dem Barren.	

[20] Ob vom Lehrer genau angegeben werden muß, welcher Schüler welches Gerät aufzubauen hat, hängt einmal von der Arbeitsweise des Lehrers und zum anderen von der Arbeitsdisziplin der Schüler ab. Es ist gut möglich, daß die Schüler auch hier ihre Selbsttätigkeit weitgehend unter Beweis stellen.

Vermutetes Schülerverhalten	Geplantes Lehrerverhalten	Didaktischer Kommentar
		Der Unterschied zwischen dem Barrenholm und dem Kasten beträgt etwa 10 cm (2 Ringe).
Die Bewegungssicherheit wird ausreichen, um die Rollbewegung mit rundem Rücken im Gegensatz zum Überschlagen mit langem Rücken je nach Aufgabenstellung verfügungsbereit zu haben.	L.: „Und jetzt eine Rolle vorwärts auf der Matte!" – Handklatsch. L.: „Und wieder zurück!" – Handklatsch. L.: „Und jetzt eine Rolle vorwärts mit anschließendem Hochfedern! Handklatsch. L.: „Wieder zurück! – Handklatsch.	Die Ausführung dieser den Schülern schon bekannten Übung dient dazu, auf den neuen Unterrichtsgegenstand vorzubereiten und zu wiederholen, wie man den Rücken rund macht. Die Rolle vorwärts ist Bestandteil des natürlichen kindlichen Bewegungsgutes. Diese Grundform soll nun zu turnerischer Geschicklichkeit entwickelt werden.
Die Riegen turnen auf beiden längsliegenden Matten am laufenden Band. Nach dem Durchgang nimmt die Riege Aufstellung auf der anderen Barrenseite.		
	L.: „Und jetzt die gleiche kleine Rolle auf dem langen Kasten!"	
Vereinzelte Schüler lassen sich beim ersten Durchgang durch die neue Gerätekombination irritieren.	L.: „Aufhocken – Rolle – ab!" Lehrer läßt Barrenholme weit auseinanderstellen.	
Schüler werden gewohnheitsmäßig Sicherheits- und Hilfestellungen selbst geben und sich selbständig ablösen.	L.: „Der Riegenführer steht als Sicherheitsstellung rechts neben dem Gerät." – Handklatsch. Lehrer weist gegebenenfalls darauf hin, daß die Hilfestellung zweckmäßigerweise durch Anheben der Oberschenkel des Turnenden und durch Druck unter dessen Schulter geleistet werden sollte. L.: „Bei der nächsten Rolle legen wir die Hände nicht mehr auf	Als Hauptaufgabe der Gruppenarbeit muß den Schülern das Sichern und Helfen zur Selbstverständlichkeit werden. Die Sicherheit der Schüler ist durch die Barrenholme gegeben.

Vermutetes Schülerverhalten	Geplantes Lehrerverhalten	Didaktischer Kommentar
	den Kasten, sondern fassen die Barrenholme an." – Handklatsch.	
	L.: „Nun rollen wir aus dem Hockstand und springen mit einem hohen Niedersprung auf die Matte." – Handklatsch.	Die Stützkraft soll ausgenutzt werden.
Einige Schüler melden sich und möchten gern vorturnen. Es melden sich nicht nur die geschickten Schüler.	L.: „Wer kann jetzt so rollen, daß während des Rollens der Kasten nicht mehr berührt wird? Nach der Rolle sitzen wir auf dem Kasten. Peter turnt uns die Übung einmal vor. Habt ihr gut aufgepaßt? Peter, turne bitte noch einmal."	Die Oberarmrolle als turnerische Form. Bewegungserfahrung sammeln.
Ein Teil der Klasse findet sofort heraus, daß bei dieser Aufgabe auf den Oberarmen gerollt wird. Die Ellenbogen müssen nach außen gelegt werden.	Lehrer läßt die Barrenholme eng stellen.	Die Bewegung wird durch das Bewegungsvorbild von Schülern verbessert.
1. Ein Teil der Schüler wird bereits wissen, worauf es bei der Bewegungsführung ankommt.	L.: „Jetzt versuchen wir es alle."	
2. Einige Schüler legen die Ellenbogen noch an die Oberkörper an und rollen auf dem Kasten.	Auf das Schülerverhalten 3 reagiert der Lehrer wie folgt: L.: „Gerd, stell bitte die Barrenholme vorn 2 Ringe höher."	
3. Einige wenige Schüler haben jetzt besondere Schwierigkeiten, den Körperschwerpunkt hochzubekommen, das Gesäß über die Hände zu bringen.	Lehrer ändert die Übungsvoraussetzung durch Schaffung einer schiefen Ebene.	Geräteinstellung unterstützt die Bewegung.
Schüler beobachten die Aktion des Lehrers und besprechen sie mit ihm.	Lehrer turnt die Übung vor und unterstreicht Wesentliches im Übungsablauf: Gesäß hochbringen, Oberarme waagerecht	Um die weitere Differenzierung der Bewegung zu zeigen, wird der Lehrer eingesetzt. Lehrervorbild soll

Vermutetes Schülerverhalten	Geplantes Lehrerverhalten	Didaktischer Kommentar
	nach außen legen, Kopf auf die Brust nehmen und sich ganz klein machen, Hände halten lange und mit Krafteinsatz die Holme fest, wodurch ein leises Aufsitzen auf den Kasten möglich wird. Lehrer zeigt Hilfeleistung zur Unterstützung der Bewegungsführung. L.: „So, und nun versuchen wir es alle noch einmal."	zum exakten Nachvollziehen anleiten.
Äußerungen der Schüler und Übungsausführung werden zeigen, daß alle wissen, worauf es ankommt, obwohl noch Bewegungsmängel da sind.	Hilfeleistung: eine Hand faßt unter dem Holm durch und stützt unter der Schulter, während die andere Hand den Oberschenkel leicht anhebt.	Die Bewegungserfahrung soll durch wiederholtes Üben zur Sicherheit führen.
Bei den meisten Schülern wird sich eine erfreuliche Bewegungssicherheit zeigen. Fast alle rollen schon auf den Oberarmen. Die Hälfte etwa wird Schwierigkeiten haben, den Körperschwerpunkt hochzubringen. Es liegt erstens am Absprung, zweitens am Hängenlassen der Beine, drittens am unzureichenden Einrollen des Kopfes (Hemmung durch neue Schwierigkeit).	L.: „Jetzt wollen wir uns das Aufhocken schenken. Wer kann aus dem Stand vom kleinen Kasten gleich auf den Barren aufrollen?" L.: „Ingo, zeig es uns einmal." L.: „Die ersten zwei gehen jetzt zur Sicherheits- und Hilfestellung ans Gerät." — Handklatsch.	
	Beim folgenden Üben setzt der Lehrer besonders die Schüler zur Hilfeleistung und zum Bewegungsvorbild ein, die den Bewegungsablauf beherrschen.	

Vermutetes Schülerverhalten	Geplantes Lehrerverhalten	Didaktischer Kommentar
Die geschickten Schüler werden jetzt hoch auf den Barren aufrollen. Die anderen brauchen bis zur Beherrschung des Bewegungsablaufes noch einige Übung.	L.: „Wir versuchen jetzt, vor dem Absprung einige Male auf dem kleinen Kasten zu federn." — Handklatsch.	Die Kinder sollen die Rolle spielend beherrschen lernen.

3. Teilsituation

Vermutetes Schülerverhalten	Geplantes Lehrerverhalten	Didaktischer Kommentar
Schüler werden schnell die Riegenordnung und die Aufstellungsform zur Ballstaffel finden.	L.: „Aufstellen in der alten Riegenordnung (4 Riegen): Riege 1 u. 4 = 4 Schritte, Riege 2 u. 3 = 1 Schritt nach außen gehen." L.: „Die ersten jeder Riege holen einen Sprungständer und stellen ihn 4 m von der gegenüberliegenden Hallenwand auf. Die zweiten jeder Riege holen aus dem Ballschrank einen Handball." Lehrer verändert die Sozialform für den Staffellauf.	Den lustbetonten Abschluß dieser Stunde soll eine Ballstaffel bilden, in der die Fertigkeit der Ballbehandlung durch eine Aufgabe spielend vertieft werden soll. Diese Übung kann die Kinder noch einmal maximal belasten, da die anschließende 20-Minuten-Pause als Erholungszeit bis zur Arbeitsstunde ausreicht. Die gesamte Halle steht zur Verfügung.
Die Schüler werden das Prellen des Balles beherrschen.	(1. Staffelform:) L.: „Wir prellen den Ball um den Sprungständer herum und übergeben ihn prellend an den nächsten."	Erneuter Bewegungshöhepunkt und Stundenabschluß durch Wettkampfformen, die den Schülern noch einmal Gelegenheit geben, sich mit dem Ball zu tummeln, sich energisch einzusetzen und in der Gruppe zu spielen.
Alle Schüler werden einen indirekt geworfenen Ball annehmen können.	(2. Staffelform:) L.: „Wir prellen den Ball bis zum Sprungständer und werfen ihn dann im indirekten Wurf (Aufsetzer) dem Partner zu und laufen nach."	Verbesserung der Koordinationsfähigkeit.
Nur wenige Schüler werden den Ball nach dem Wurf gegen die Wand wieder auffangen. Die meisten lassen ihn erst auftippen.	(3. Staffelform:) L.: „Wir prellen den Ball wie eben bis zum Sprungständer, werfen ihn gegen die Wand, nehmen ihn an und prellen ihn zurück zum Partner."	Anwendung von Prellen, Fangen, Werfen in der Wettkampfform. Einstellung auf den fliegenden Ball.

Vermutetes Schülerverhalten	Geplantes Lehrerverhalten	Didaktischer Kommentar
Ein großer Teil der Schüler wird indirektes Fangen und Werfen bevorzugen.	(4. Staffelform:) L.: „Wir prellen den Ball wiederum bis zum Sprungständer, werfen ihn gegen die Wand, nehmen ihn an und werfen ihn zurück zum Partner." (Verschiedene Lösungen sind möglich.)	Fangen und Werfen als Leistungsform.
	(5. Staffelform:) L.: „Wir prellen wie zuerst den Ball um den Sprungständer herum und übergeben ihn prellend dem nächsten und setzen uns hin.	Letzter Bewegungshöhepunkt.
	Welche Riege sitzt zuerst?"	Auf die Feststellung der Placierung wird vom Lehrer bewußt verzichtet.
	L.: „Die dritten und vierten jeder Riege bringen die Geräte weg. Das genügt für heute."	Sammlung zum Abschluß der Stunde.

D RÜCKBLICK ZUR SELBSTKONTROLLE

Eine objektivierte Erfolgskontrolle war in diesem Fall nicht durchzuführen.

1. Zur ersten Teilsituation

Der Unterrichtende hatte recht daran getan, in dieser Stunde — wie überhaupt in der Grundschule — nicht auf einen speziellen Rhythmus bzw. Rhythmuswechsel hinzuweisen. Die Kinder verstanden es spielend, sich auf den Klopfrhythmus einzustellen und den geforderten Bewegungsablauf nachzuvollziehen.

2. Zur zweiten Teilsituation

Einen Grund für das schnelle Bewältigen der neuen Bewegungsanforderungen sieht der Unterrichtende in der Beachtung der Bewegungs-

verwandtschaften, oder besser in der Beachtung der Bewegungseinheit
„Rolle vorwärts[21]". Die Bewegungsmerkmale sind dieselben (Dickhut).
Als Ergebnis können wir feststellen:
Der Bewegungsraum des einzelnen Kindes hat sich erweitert.
Das Koordinationsvermögen wurde geschult.
Neue Bewegungserfahrungen wurden gesammelt.
Eine neue Grundform wird von einem Großteil der Kinder beherrscht.
Die Kinder haben das Neue im weiteren Verlauf der Entwicklungsreihe,
die sich über etliche Stunden hinzog, stets verfügungsbereit gehalten.

3. Zur dritten Teilsituation

Anerkennend wurde von der Klasse vermerkt, daß von den weniger
geschickten Schülern drei erstmalig einen direkt zugeworfenen Ball
fingen und ein Schüler erstmalig einen Wurf über etwa acht Meter direkt
zum Partner schaffte.
Der größte Teil der Klasse beherrscht das Fangen und Werfen in der
Grobform.

---

[21] Otto Hanebuth, in: Terminologie . . ., S. 39 und Grundschulung zur sportlichen
Leistung, Frankfurt/M 1956, S. 45 und Der Rhythmus in den Leibesübungen, Frank-
furt/M 1961, S. 22.
Adalbert Dickhut: Moderne Grundsätze in der Methodik der Leibeserziehung, in:
Turner-Jugendführer-Handbuch, Frankfurt/M 1956, S. 110.

GUNTER OTTO

Kunstunterricht: 'Reicher Hafen'[1)]

Planungsbeispiel für eine Unterrichtseinheit in der 10. Klasse

A GRUNDPROBLEME DES UNTERRICHTSFACHES

Das nachfolgende Beispiel wird als Einführung in die Probleme des Kunstunterrichtes aus mehreren Gründen gewählt:

1. Es beansprucht den Schüler auf verschiedenen, für diesen Sachbereich typischen Ebenen: er soll *malen*, und er soll ein Bild von Klee sachgerecht *betrachten*[2].

2. Malen und Betrachtung von Malerei werden als Zusammenhang verstanden. Zwischen dem vorherrschend *praktischen*, auf Malen und Zeichnen beruhenden Kunstunterricht der Schule und dem vorherrschend *kontemplativen* Verhältnis des Erwachsenen zur Kunst besteht eine Kluft.

3. In unserem Beispiel wird eine Form der doppelten Orientierung — sowohl an der Mentalität des Jugendlichen wie an der Sachstruktur der Kunst — versucht[3]. Sie weicht bewußt ab von dem in diesem Fach nicht seltenen Appell an die als gegeben vorausgesetzten kindlich-schöpferischen Kräfte.

4. Schließlich versuchen wir, im Zusammenhang mit den praktischen Arbeitsaufträgen an zwei Themen zu zeigen, wie reale Vorgänge („Verzahnung") oder vorstellbare Gegenstände („Alte verwitterte Tafel") Ausgangspunkt für bildnerisches Handeln sein *können*. Ein solches Verhältnis zwischen gegenständlichen Ausgangspunkten und bildnerischen Gehalten wird als typisch angenommen für die Malerei der Jugendlichen[4] und die Rolle von Gegenständen in deren Malerei.

B STRUKTUR DER UNTERRICHTSEINHEIT

Die Einheit besteht aus drei Doppelstunden. Ihr Zusammenhang entsteht dadurch, daß den vielfältigen Aspekten, unter denen ein Unterrichtsgegenstand gesehen werden kann, in wechselnden Arbeitsformen und Methoden entsprochen wird[5]. *Unterrichtsgegenstand ist ein Bild von*

---

[1] Die folgende Darstellung ist die überarbeitete und wesentlich erweiterte Fassung meines gleichnamigen Unterrichtsbeispiels in: Zur Unterrichtsplanung, Didaktische Informationen 4/5, hrsggb. von G. Otto und W. Schulz, Berlin 1963, S. 63 ff., (vergriffen).
[2] Weitere Beispiele für die Verschränkung von Malen und Betrachten vgl. u. a. in Gunter Otto, Kunst als Prozeß im Unterricht, Braunschweig 1964, S. 127 und S. 139 ff. (im Folgenden als ,Kunst als Prozeß' zitiert).
[3] Zu dieser Betrachtungsweise vgl. ebenda, S. 11 und S. 24.
[4] ebenda, S. 112 f.
[5] Hierzu vgl. auch weiter unten die ,Vorbemerkungen' zur Wahl der Intentionen.

Paul Klee: „Reicher Hafen" (Tempera auf Zeitungspapier auf Leinwand; 77,5 × 165 cm; 1938; Öffentliche Kunstsammlung Basel; vgl. die Bildanalyse S. 132).

Es ist Ausgangspunkt (des Lehrers) für die Auseinandersetzung mit bildnerischen Problemen, Prinzipien und Verfahren im Unterricht: Konstituierung der Bildeinheit aus Bildelementen, Integration verschiedener Malweisen, Ausnutzung gegebener, vorgestellter oder erzeugter Oberflächenreize u. a. m. Am Schluß der Einheit rücken zugleich mit der Betrachtung des Bildes von Paul Klee einige Weisen der Bildbetrachtung in den Mittelpunkt des Unterrichtes.

1. Anthropogene Bedingungen:

Als Entwicklungslage dieser Schüler wird die Pubertät angenommen[6]. Mit Beginn der Vorpubertät läßt die für das kindliche Zeichnen oft typische Lust am spontanen Selbstausdruck nach. Was in diesem Alter an der Welt und an der eigenen Person interessiert, ist oft so komplizierter Natur, daß der Jugendliche es nicht mehr spontan auszudrücken vermag. Hier greifen mindestens drei anthropologische oder anthropologisch relevante Faktoren ineinander:

a) Die subjektive Aufmerksamkeit richtet sich, ohne daß Klarheit darüber bestünde, mehr auf das Wesen der Dinge als auf die objektive Wiedergabe äußerer Erscheinungen. Formelhaft abgekürzt kann man sagen: es geht u. a. mehr um die innere Ordnung als um die äußere Erscheinung, mehr um den Zusammenhang als um den Einzelgegenstand.

b) Die Aufmerksamkeit für die optisch wahrnehmbaren, d. h. oberflächenhaften Qualitäten der sichtbaren Welt läßt nach; dafür gewinnt in unserem Bereich das Interesse für Fragen der bildnerischen Objektivität an Bedeutung. Im Malvorgang sind bildnerische Strukturen gegenüber den thematischen vorrangig. Auf das entwicklungstypische Bemühen, an den intersubjektiven Ordnungen und Verfahren der jeweiligen Ausdrucksbereiche (Musik, Bildende Kunst, Literatur) teilzuhaben, muß daher mit der *Lehre* dessen, was in diesen Disziplinen lehrbar ist, geantwortet werden.

c) Die spannungsreiche Situation wird erst ganz deutlich, wenn man sich klar macht, daß mit der Hinwendung zur Kultur die Besinnung auf das „Selbst" übereingeht. Viele bildnerische Entscheidungen über Ordnung und Unordnung, Dichte und Transparenz, Offenheit und Abgeschlossenheit, Lichtes und Dunkles sind zugleich Dokumentation und Objektivation des subjektiven Befindens[7].

---

[6] Hier werden keine detaillierten Daten aus der Entwicklungspsychologie referiert, sondern nur für unseren Zusammenhang — Produktion, Reflexion und moderne Kunst — relevante Teilaussagen formuliert.
[7] Vgl. hierzu auch: Otto, Kunst als Prozeß, S. 65 ff., dort weitere Lit.; ders., Über Kunst und Unterricht, in: Rundgespräch, 2/1964, S. 114 ff.

Aus dieser anthropologischen Situation heraus muß für den Kunstunterricht gefolgert werden: die Auseinandersetzung mit der Kunst führt über subjektive Manifestationen, über optisch „richtige" Reproduktionen hinaus, sie führt hin zu streckenweis begrifflich faßbaren Gestaltungsproblemen, -prinzipien und -ordnungen. Das bedeutet für den Schüler Erfahrung im *Handeln* (Malen, Zeichnen, Formen, Bauen) wie im Stellungnehmen (Betrachten, Beschreiben, Analysieren, Vergleichen und Systematisieren). Produktion *und* Reflexion sind die mit den anthropologischen Gegebenheiten des Jugendalters korrespondierenden didaktischen Kategorien des Kunstunterrichtes[8].

Speziellere Aussagen über wahrscheinliche Reaktionen der Schüler vor dem Bild von K l e e lassen sich kaum formulieren. Die wenigen vorliegenden empirischen Arbeiten über das Verhältnis Jugendlicher zur Bildenden Kunst erlauben noch keine Verallgemeinerung der Ergebnisse[9].

2. *Sozial-kulturelle Bedingungen:*

Wir verzichten *in diesem Fall* bewußt darauf, die *besondere* soziale Situation einer dem Leser ohnehin nicht bekannten Klasse darzustellen. Demgegenüber betonen wir die *allgemeinen* Hinweise auf die Verknüpfung des Unterrichtsgegenstandes mit der soziokulturellen Gesamtlage.

Der Gegenstand unserer Unterrichtseinheit ist auf verschiedenen Ebenen mit der gegenwärtigen Realität von Kultur und Gesellschaft verknüpft. Hier werden nur einige Hauptprobleme genannt.

Im Gegensatz zu anderen Zeiten geschieht die Diskussion über die Kunst, namentlich über die Gegenwartskunst, heute „öffentlich". Auffällige künstlerische Ereignisse, wie z. B. die Eröffnung von Ausstellungen,

---

[8] Wir betonen diesen Aspekt des Kunstunterrichtes, nicht weil wir andere Auffassungen leugnen wollen, sondern weil uns das im Erwachsenendasein zentrale Moment der Reflexion gemeinhin im schulischen Kunstunterricht zu gering geschätzt wird.
Das I n e i n a n d e r von Produktion und Reflexion, von Praxis und Theorie, von Tun und Denken in einer besonderen Form sind Kennzeichen künstlerischen Handelns; vgl. hierzu Selbstzeugnisse der Maler in: Walter Hess, Dokumente zum Verständnis der modernen Malerei, rde. Bd. 19, Hamburg 1956; Jürgen Claus, Theorien zeitgenössischer Malerei, rde. Bd. 182, Hamburg 1963; Wolfgang Rothe, Wegzeichen im Unbekannten, Heidelberg o. J. (1962). Zum theoretischen Hintergrund vgl.: Arnold Gehlen, Zeit-Bilder, Bonn 1960; Hans Platschek, Neue Figurationen, München 1959; ders., Bilder als Fragezeichen, München 1962; Sixta Diering, Produktion und Reflexion als didaktische Kategorien der Kunstbetrachtung, (Examensarbeit an der PH Berlin, Ms., Referent: G. Otto).
[9] Vgl. Otto Stelzer, Alt oder modern?, in: Westermanns Monatshefte, 100. Jhrgg. (1959), Heft 1, S. 14; Stelzer berichtet über die Reaktion von 112 Schülern, die aus einem Angebot von Munch, Hackert, Murillo, Picasso und Nay (je ein Bild) Munch (‚Mädchen auf der Brücke') am häufigsten und Hackert (‚Italienischer Abend bei Mondschein') am seltensten wählten; vgl. Hans Platte, Das Menschenbild in der Plastik, in: Westermanns Monatshefte, 103. Jhrgg. (1962), Heft 10, S. 15 ff.; Platte legte 481 Primanern Plastiken vor aus Olympia, von Rodin, von Moore, aus Reims, von Michelangelo und von Lehmbruck; die Beliebtheitsreihe, die sich aus der Wahl der Schüler ergab, lautet: Olympia, Rodin, Moore, Reims, Michelangelo, Lehmbruck.

werden durch Film, Funk, Fernsehen und Presse in Bild und Wort weiten
Teilen der Bevölkerung zur Kenntnis gebracht. Von daher ist damit zu
rechnen, daß auch Schüler mit Dokumentationen der Kunst, mit Urteilen
und Vorurteilen, mit sachlichen und unsachlichen Berichten über Malerei,
Graphik und Plastik in Berührung kommen, wenn sie Zeitungsleser,
Illustriertenleser, Radiohörer oder Fernsehteilnehmer sind.

Das Eindringen der Kunst in die Alltagsumwelt des Menschen hat zu
ständigen Kontakten mit künstlerischen und kunstnahen Erscheinungen
geführt: Tapete, Gardine, Wandschmuck, Kalenderblatt und Reproduktion
nehmen mit unterschiedlicher Berechtigung Kunstcharakter für sich in
Anspruch. Der Heranwachsende muß lernen, diesem Angebot kritisch zu
begegnen.

Das Verhältnis weiter Erwachsenenkreise zu allen diesen künstlerischen
und kunstnahen Erscheinungen ist gebrochen, affektiv gestört und im
allgemeinen kaum geeignet, den Heranwachsenden zu sachlicher Stellungnahme anzuleiten und — was nicht minder wichtig ist — ihn für Qualität
sensibel zu machen. Der Umgang mit der heutigen Kunst muß deshalb
vorwiegend in der Schule gelernt werden.

Die Demokratisierung künstlerischer Erscheinungsformen nötigt die
Schule, mit Heranwachsenden „exakte Versuche im Bereiche der Kunst"
(Paul Klee) zu unternehmen.

3. Intentionen:

Vorbemerkung: Aus der Struktur von Kunst ergeben sich Möglichkeiten
der Auseinandersetzung unter verschiedenen Gesichtspunkten: dem der
Herstellung der Zeichen, der Bildordnung, des Inhalts und anderer[10].
Auf jeden dieser Aspekte des Kunstwerks kann man andere Intentionen
des Unterrichts beziehen. Kein Werk wird jedoch von *einer* Intention her
allein erschließbar sein.

Deswegen wird im Folgenden lediglich noch von „vorherrschenden" Intentionen gesprochen und darüber hinaus angenommen, daß weitere
sekundär zur Geltung kommen.

In der *ersten Doppelstunde* werden bildnerische Probleme im Rahmen
eines Gestaltungsvorganges gelöst, an dessen Ende bei jedem Schüler ein
Bild stehen soll. Insofern sprechen wir von einer *vorherrschend pragmatischen,* auf die Herstellung eines bildmäßigen Zusammenhanges

---

[10] Die Bevorzugung einzelner Aspekte hängt davon ab, welche didaktische Auffassung des Kunstunterrichtes den Lehrer leitet: die Nähe zu Gestaltungslehren,
die Nähe zur bildenden Kunst oder die Nähe zu Auffassungen der musischen
Bildung; vgl. dazu Gunter Otto, Über didaktische Konzepte des Kunstunterrichtes,
in: Das Problem der Didaktik, 3. Beiheft der Zeitschrift für Pädagogik, Weinheim
1963, S. 127 ff. — Auch die Beiträge der Informationsästhetik legen eine solche
Unterscheidung verschiedener Dimensionen des Kunstwerks nahe; zur unterrichtlichen
Ergiebigkeit dieses Ansatzes vgl. Gunter Otto, Kunst als Gegenstand der Lehre,
in: Die Deutsche Schule, Heft 3, 57. Jahrg. (1965), S. 132 ff.

zielenden Intention, die aber nicht ohne eine *sekundäre kognitive* Bereitschaft zur Stellungnahme, zur Kontrolle des eigenen Handelns und der Prüfung des Resultats verwirklicht werden kann.

In der *zweiten Doppelstunde* geht es primär um die Herstellung bestimmter Wirkungen und Reize unter Anwendung fachspezifischer Verfahren innerhalb eines Bildzusammenhanges. Wir sprechen daher wiederum von einer *vorherrschend pragmatischen* Intention, die allerdings nicht ohne eine *sekundäre emotionale* Bereitschaft verfolgt werden kann, auf *die erzeugten Reize zu reagieren.*

In der *dritten Doppelstunde* sollen Eindrücke und Anmutungen rationalisiert, Bildordnungen erkannt werden. Insofern sprechen wir hier von einer *vorherrschend kognitiven* Intention. Zugleich wird aber gerade in Verfolgung dieser kognitiven Intention auch die Basis für *emotionale* Zuwendungen zu dem Bild bereitet. Das schließt eine undifferenzierte Anmutung der Schüler bereits bei der Präsentation des Bildes nicht aus.

Unserer These folgend, daß am Kunstwerk alle drei Intentionsbereiche beteiligt sind, zeigt der Schwerpunktwechsel in den Einzelstunden die strenge Interdependenz von Gegenstand, Arbeitsform, Methode und Intention.

Zusammengefaßt: In den drei Doppelstunden sollen die Schüler sowohl Bildordnungen intellektuell erfassen (kognitive Dimension), wie in bildnerischen Handlungen tätig sein (pragmatische Dimension) als auch von den Wirkungen, die sie herstellen, vor allem aber von jenen, die Klees Bild ausübt, innerlich bewegt werden (emotionale Dimension). Darüber hinaus soll der Schüler aus solchem Unterricht Methoden gewinnen, die ihm helfen, sich künstlerische Sachverhalte zu erschließen.

4. Methoden:

Allgemeindidaktisch gesehen, herrscht in der ersten Doppelstunde ein elementenhaft-synthetisches Verfahren vor, da das Bild aus gleichartigen Elementen zusammengesetzt wird (vgl. S. 130). In der zweiten Doppelstunde überwiegt eine ganzheitlich-analytische Haltung, indem das Bildresultat durch zunehmende Differenzierung der bildnerischen Ausgangssituation entwickelt wird (vgl. S. 131). Je nachdem welche der Verlaufsskizzen in der dritten Doppelstunde realisiert wird, ist dort ein ganzheitlich-analytisches oder ein elementenhaft-synthetisches Vorgehen möglich (vgl. S. 135 ff.).

Fachdidaktisch gesehen, ist der Wechsel zwischen Phasen bildnerischer Tätigkeit (Produktion) und solchen der Betrachtung eines Kunstwerks (Reflexion) für die ganze Unterrichtsheit bestimmend. Als durchgängige methodische Entscheidung tritt dieser Wechsel besonders dadurch in Erscheinung, daß aus Gründen, die in der Sache liegen, auch innerhalb der Produktionsphasen reflektiert wird (Besprechungen, Überlegungen, Korrekturen) und innerhalb der Bildbetrachtung auf die parallel liegenden Produktionsversuche zurückgegriffen wird.

Fachlich gesehen, handelt es sich im Anfang der Einheit um bildnerische Experimente und am Schluß um Versuche im Bereich der Strukturanalyse und der Interpretation eines Kunstwerkes.

5. *Medien:*

Als Medien werden sowohl künstlerische Verfahren (zur Bearbeitung der gestellten Aufgaben) als auch die Reproduktion des Bildes von Paul K l e e in Anspruch genommen. Ein weiteres Medium bildet die sprachliche Kommunikation.

BESCHREIBUNG DER ERSTEN BEIDEN DOPPELSTUNDEN

Erste Doppelstunde

Intention: vorherrschend pragmatisch (mit kognitivem Anteil).

Inhalt:

a) *Bildnerische Probleme:* Verbindung und Durchdringung ähnlicher Formteile zu einem Bildganzen. Entwicklung eines individuellen farblichen Zusammenhangs. Herstellung des Bildzusammenhangs während des Malvorgangs.

Hilfe bei der Schaffung eines bildmäßigen Zusammenhangs: eine variable Grundform – in diesem Sinne also die „Klammer" – wird gegeben[11]. (Material: Packpapier 29 × 42 cm, Leimfarben, Borstenpinsel)

b) *Thema:* „Es verzahnt sich".

Methode: elementenhaft-synthetisch; Produktion mit bildnerischen Mitteln (Experiment) und Reflexion über die Arbeitsergebnisse.

Stundenbeschreibung: Mit den Schülern wird geklärt, daß sich nur Elemente verzahnen können, die formal aufeinander bezogen sind; (möglicher Hinweis auf das Zahnrad, das sodann als Bildelement ausgeschlossen wird). Als geeignetes Element, das formmäßig und farblich zu variieren ist, kann gemeinsam eine Form erarbeitet werden, der ein balkenmäßig verdicktes Antiqua-E entspricht[12], bei dem der Mittelstrich fehlt. Diese Form, die als Klammer bezeichnet werden könnte, erfüllt die Voraussetzungen des Bauelementes, der Variabilität, und sie läßt die Verschränkung der Elemente zu.

Hauptgesichtspunkte der abschließenden Arbeitsbesprechung: das Verhältnis zwischen der Variabilität der Form und der Farbe; Variationsbreiten und Variationsgrenzen; Stabilität des Bildgefüges; Berichte über den Ablauf des Malvorganges und die dabei nötig gewordenen Entscheidungen.

---

[11] An dieser Stelle wird das elementenhaft-synthetische Vorgehen der Schüler besonders deutlich.
[12] Bei Klee selbst gibt es ein auf ähnlichen Zeichen beruhendes, wenn auch anders, da primär r ä u m l i c h strukturiertes Bild: Revolution des Viaduktes.

Zweite Doppelstunde
Intention: vorherrschend pragmatisch (mit emotionalem Anteil).

Inhalt:

a) *Bildnerische Probleme:* Verbindung malerischer und graphischer Mittel, Verbindung deckender und lasierender Verfahren, Verbindung künstlerischer und naturaler Reize im Bildzusammenhang[13]. (Material: weißes Papier 42×29 cm, Farbkasten, Skribtoltinte, Mal- und Zeichenwerkzeuge)

b) *Thema:* „Alte verwitterte Tafel".

Methode: ganzheitlich-analytisch; Produktion mit bildnerischen Mitteln (Experiment) und Reflexion über die Arbeitsergebnisse.

Stundenbeschreibung: Die Handlungen der Schüler gelten der Herstellung von differenzierten malerischen Werten und von Reizen, die aus der technischen Bearbeitung von Flächen (Schleifen, Schaben) resultieren. Durch die Einbeziehung der Zeichenwerkzeuge wird die Entstehung graphischer Spuren begünstigt. Im Verlauf der Arbeit stellt sich die inhaltliche Komponente „Geheimschrift", „Schriftspur", „Nicht entschlüsselte Schrift" als zusätzliches Stimulans ein[14].

Gemeinsames Kennzeichen beider Doppelstunden ist die Auseinandersetzung mit Gestaltungsproblemen der Bildenden Kunst. Darunter werden sowohl formal-künstlerische *Ordnungen* wie malerisch-graphische *Verfahren* verstanden. Die Zuwendung zu Ordnungen wie Verfahren geschieht mit Hilfe der beiden Themen, deren erstes stärker formalen Charakter hat, während das zweite sowohl durch die Betonung des technischen Momentes als auch durch die bewußte Einbeziehung einer inhaltlichen Komponente bestimmt ist[15].

Die Beziehungen zwischen praktischer Arbeit und Bildbetrachtung

Die praktische Arbeit führt in mehrfacher Weise zu dem Bild von Klee hin: Auch in Klees Bild steckt das Problem der „Verzahnung". Die „Verwitterten Tafeln" haben mit dem „Reichen Hafen" eine gewisse Nähe zur Schrift gemeinsam. Sowohl die Schülerarbeiten, besonders die der ersten Aufgabe, als auch das Bild von Klee folgen einem klaren, streng

---

[13] Das Zusammentreffen von einander entgegengesetzt scheinenden Mitteln, Verfahren und Reizen gibt der Aufgabe die Spannung. Mit Hilfe von R. Pfennings Kriterien in Bildende Kunst der Gegenwart — Analyse und Methode, Oldenburg 1959, ließe sich solche Aufgabe, je nach Akzentuierung, sowohl unter „Technik des Machens" (S. 37) als auch unter „Strukturen" (S. 32) erfassen. Das spezifische Ineinander verschiedener Ebenen und Bereiche läßt sich andererseits auch als ein „Montagevorgang" begreifen; vgl. hierzu Otto, Kunst als Prozeß, bes. S. 38 ff.
[14] Beispiele für diesen inhaltlichen Aspekt gibt es im Werk von Paul Klee u. a. in folgenden Arbeiten: Pastorale, 1927; Geheimschrift, 1934; Schrift, 1940; Pflanzenschriftbild, 1932; (alle Angaben nach Will Grohmann, Paul Klee, Stuttgart 1954). Das hier auftauchende skripturale Element der Malerei kann neuerdings mit zunehmender Häufigkeit beobachtet werden; vgl. u. a. Manfred de la Motte, Skripturale Malerei, Ausstellungskatalog Haus am Waldsee, Berlin 1963; Dietrich Mahlow (Hrsgb.), Schrift und Bild, Frankfurt/M., 1963.
[15] Dem entspricht der Wechsel in den für die Einheit vorgeschlagenen Methoden und die Tatsache mehrerer miteinander verschränkter Intentionen.

durchgehaltenen Baugesetz, einer immanenten „Logik" der Teile im
Ganzen. Bei beiden besteht eine fruchtbare Spannung, zwischen kunst-
immanenter Formproblematik, (die man gern abstrakt nennt), und Vorgängen in der realen Welt: „Verzahnung", „verwittern" und „reich" (aus
„Reicher Hafen") sind als Realvorgänge oder als Aussagen über Reali-
täten möglich; zugleich bezeichnen sie formale Erscheinungen im Bereich
des Bildnerischen.

Andererseits geht Klees Bildlösung über die Problemstellungen der
Schüler hinaus: Gegenüber der relativ statischen Bildstruktur (der ersten
Schüleraufgabe) ist K l e e s Bild in inhaltlicher wie in formaler Hinsicht
wesentlich dynamischer. Bei den Schülern lag das dynamische Moment
mehr im Thematischen als im Bildnerischen. Im Vergleich aller Teile im
Ganzen (bei der zweiten Schüleraufgabe) sind für den „Reichen Hafen"
Spannung und Kontrast im Bereich der Form wie der Farbe konstitutiv.

Die wesentlichen bildnerischen Probleme der ganzen Unterrichtseinheit
werden durch das Bild „Reicher Hafen" noch einmal präsentiert: Verknüpfung der Teile zum Ganzen, Beziehung zwischen Farbe und Zeichen,
Beziehung zwischen Zeichen und Wirklichkeit.

BILDANALYSE ALS VORBEREITUNG DES LEHRERS[16]:

Mit dem *ersten Eindruck* erfassen wir bereits wesentliche Charakteristika
des Bildes: die Maße entsprechen einem gestreckten Querformat. Die
Fläche ist von vielen fast schwarzen Zeichen bedeckt. Einige der Zeichen
erinnern an die Form von Gegenständen (Schlüssel, Dampfer, Schiff, vielleicht auch Flagge am Baum); andere sind zum Teil geometrischer Art
(Dreieck, Ellipse, Kreis und Rechteck). Die Mehrzahl der Zeichen aber ist
ohne Bezug zu definierten Symbolen und läßt sich nicht gegenständlich
zuordnen oder benennen. Die Formen sind unterschiedlich, ebenso die
Richtungen, in die sie weisen. Vielfältig ist die Art, in der sie ineinander-
greifen, umeinander herumgeführt werden, einander ausweichen oder
aufeinander zustreben.

Unter diesem Zeichengefüge liegen Flächen von unterschiedlicher Größe,
Form und farblicher Intensität: gelbe und orangefarbene Rechtecke, ein

---

[16] Das Bild gehört zu einer Gruppe von Arbeiten aus dem Spätwerk, die eine
gewisse Gemeinsamkeit im formalen Aufbau haben. Es ist zum Verständnis der
Zeichenschrift von Paul Klee unentbehrlich. Vgl. Will Grohmann, a. a. O., bes.
S. 326 f. und S. 406. — Durch das Bewegungsmoment ist ‚Reicher Hafen' für
Klee besonders typisch; vgl. Paul Klee, Das bildnerische Denken, hsrggb. von Jürg
Spiller, Basel-Stuttgart 1956; das Buch hat Klees Ausspruch vom September 1914
zum Motto: „Ingres soll die Ruhe geordnet haben; ich möchte über das Pathos
hinaus die Bewegung ordnen." Vgl. auch Jürg Spiller, Paul Klee, Berlin-München
1962, bes. S. 11 f.
Die nachfolgende Analyse hat lediglich hinweisende Bedeutung; sie erfaßt keineswegs die ganze Vielfalt der Faktoren. Die Betonung der Dynamik im Bilde wird
von der Komposition her nahegelegt, ist aber nur e i n m ö g l i c h e r Akzent.
Vgl. z. B. Will Grohmanns Hinweise a. a. O., S. 326f., die die inhaltliche Komponente des Hafenlebens stärker betonen; vgl. auch Jürg Spiller, Paul Klee,
Berlin-München 1962, S. 88, bes. die klugen Gegenüberstellungen von Bildtatsachen
und theoretischen Äußerungen Klees.

roter Kreis, kleinere olivgrüne kreisähnliche Flächen, violette, grüne u. a. Flächenformen. Das Bild wird oben durch einen blauen, unten durch einen braunen Streifen begrenzt.

Die *Analyse* wendet sich vorwiegend den Zeichen und den Beziehungen zu, die sie miteinander knüpfen. Ihre Vielfalt hat entscheidenden Anteil am Bilde. Niemand könnte sagen, aus welchen Systemen solche Zeichen — Symbole, Chiffren, Hieroglyphen — stammen. Sie enthalten — wie wir sahen — Gegenständliches ebenso wie Geometrisches, sind zum Teil eckig, zum Teil gerundet; sie sind sowohl geschlossen als auch offen, lockerer oder dichter gefügt. Wollte man ein durchgehendes Strukturmerkmal herausheben, so ist zunächst eine negative Bestimmung möglich: es gibt — mit Ausnahme dreier auf den oberen Rand bezogener — in keinem Zeichen Symmetrie.

Im allgemeinen fällt in der Komposition eine Tendenz zum Nachbarzeichen auf. Viele Zeichen sind zwar geschlossen — kreisähnlich, einem Quadrat verwandt oder wie ein Dreieck —, aber die Begrenzungslinie ist verlängert; der Kreis hat einen Dorn, oder die Linie knickt noch einmal um und geht unerwartet weiter. Geschlossene Zeichen sind ineinander gepaßt. Immer wieder gibt es „Ecken", in denen sich das nächste Zeichen verfangen kann. Die häufige Verlängerung einer Seite oder Linie bei einer an sich geschlossenen, ruhenden Form schafft Richtungen und Zusammenhänge, bringt in das ganze Bild Bewegung, bewirkt Dynamik.

Der Zusammenhang der Bildelemente wird auf verschiedene Art erzielt: Auf dem rechten ockerfarbenen Rechteck greift Klammer in Klammer; oberhalb der violetten Kreisform wird von einem Zeichen zum anderen geleitet; in der linken oberen Bildecke stößt immer ein Zeichen stumpf auf das andere. Am unteren Bildrand — auf dem graugrünen Dreieck — weist ein waageähnliches Symbol nach oben, nimmt nach rechts und nach links, die Bewegung variierend, zwei Figurzusammenhänge auf, die ihrerseits in sich die Tendenz nach unten und nach oben vereinen.

In der oberen Bildhälfte befinden sich mehr kleine Zeichen als in der unteren. Im oberen linken Bildviertel pulsiert eine vielfach bewegte und gerichtete, sowohl offene als auch geschlossene, teils gerundete, aber auch betont eckige, sowohl harte als auch weiche Zeichengruppe. Sie ist verankert: Aus der Gruppe heraus — oder in sie hinein? — wächst das große, einem Haken ähnliche Zeichen, dessen einer Schenkel das Bild deutlich gliedert. Der „Haken" und sein runderes rechtes Nachbarzeichen grenzen Bewegungskomplexe locker gegeneinander ab. Nirgendwo könnte z. B. von der kleinformigen Gruppe oben links ein ungestörter Kontakt zum unteren Rand gefunden werden. Das ist für die Formengruppen in der rechten Bildhälfte eher möglich.

Unten sind die Zeichen *in* den braunen Bildrand eingelassen, während sie oben *gegen* die blaue Kante stoßen. Der braune Rand bildet die Basis der

Gesamtbewegung: sie flutet zu ihm hin und weicht von ihm zurück. Im ersten Fall hält der Rand die Bewegung auf, im zweiten hält er sie fest. Im Gegensatz dazu strebt oben die Bewegung zur blauen Kante hin und zum Bild hinaus, d. h. ins Offene. Beides wird besonders deutlich, wenn wir das Bild auf den Kopf stellen.

Man kann die Zeichen als ein bewegliches Netzsystem auffassen, das sich immer wieder neu löst und knüpft und seine Formierung dauernd zu ändern bereit ist. Demgegenüber wirken die darunterliegenden Farbflächen fester und endgültiger. Grundrißhafte Felder, Kreisflächen, Anklänge an Bootsformen werden von dem darüberliegenden Netz- oder Gitterwerk der Zeichenwelt durchschnitten, gegliedert und fixiert. Die Farbflächen bilden Kontraste, den Untergrund, aber auch die Zwischenräume für die graphische Bewegtheit.

Unsere Teilanalyse ergibt: Bewegung, Korrespondenz, Kommunikation im Bildganzen; Kontakt, Bindung, Lösung, Verbindung der Teile schaffen die Grundstruktur. Form und Aktion sind aufeinander bezogen. Die Bildkonstellation zeigt nur einen *möglichen* Zustand; sie zeigt den Ausschnitt aus einem Geschehen. Viele wechselnde Richtungen, Ebenen und Dimensionen, die ineinander verflochten, verschränkt und verklammert sind, wirken zusammen. Die Vielfalt der Zeichen, der Reichtum der Merkmale und die mannigfachen Beziehungen der Teile untereinander sind verbal nicht restlos auflösbar. Dieser Sachverhalt liegt im Wesen der Bildsprache Paul Klees begründet.

Für den Unterricht heißt das: Wer die Formgestalt des Bildes „Reicher Hafen" begreift, erreicht den Punkt, an dem sich die Formalia des Bildes mit der Geschehensvielfalt *reicher Häfen* zum Bildganzen zusammenschließen.

C VERLAUFSPLANUNG DER DRITTEN DOPPELSTUNDE[17]

Bildbetrachtung: Paul Klee, „Reicher Hafen".

Intention: Verbalisierung erster Eindrücke (emotional); Analyse des Farb- und Formgefüges (kognitiv); Deutungs- und Interpretationsversuche (kognitiv und emotional).

---

[17] Didaktische Aussagen zur Kunstbetrachtung, die über die kunstwissenschaftliche Klärung hinausführen, vgl. bei Gunter Otto-Herbert Trümper, Das Malen und die Zugänge zu Werken der Malerei, Bd. IV/1 des Handbuchs für Kunst- und Werkerziehung, Berlin 1966; vgl. außerdem Reinhard Pfennig, a.a.O., zum Zusammenhang zwischen Malen und Betrachten; Franz Winzinger, Kunstbetrachtung (Bd. V, 2 des Handbuches der Kunst- und Werkerziehung, hrsgg. von Herbert Trümper, Berlin 1954), bes. S. 7–13 zur Zielsetzung der Kunstbetrachtung; Otto Stelzer, Vom Kunstwerk (Band V, 1 des Handbuches zur Kunst- und Werkerziehung, hrsgg. von Herbert Trümper, Berlin 1958), bes. S. 7—11 über den Zusammenhang zwischen Kunstbetrachtung und Materialbetrachtung; Gerhard Gollwitzer, Der Werkstattbesuch, Heft 1 und 2, Ratingen o. J.; J. L. Nebelthau, Grundbegriffe der Kunstbetrachtung, Stuttgart o. J. (1950); Hans Meyers macht in Wir erleben Kunstwerke, Oberursel o. J., Methodenvorschläge; weitere Lit.-Hinweise vgl. in Otto, Kunst als Prozeß, S. 174.

Der *Schwerpunkt*, der Stunde liegt eindeutig auf der kognitiven Intention, auf der Analyse des Form- und Farbgefüges. Zu ihr führt die erste (emotional bestimmte) Verbalisierung hin, und von der Analyse her wird die (emotionale Reaktionen einschließende) Interpretation erst gesichert[18].

Inhalt: „Reicher Hafen" von Paul Klee (vgl. die Bildanalyse weiter oben).

Stundenverlauf[19]

1. Möglichkeit:
Methode: ganzheitlich-analytisch; Reflexion — Mischform aus freiem und gelenktem Unterrichtsgespräch im Halbkreis vor dem präsentierten Bild; Medium: Reproduktion des o. a. Bildes in ca. halber Größe des Originals.

I. Präsentation des Bildes
a) Aufstellung des Bildes, Veranlassung zur Betrachtung
b) Stille Betrachtung, ohne Aktionen des Lehrers, leise Schülergespräche untereinander

II. Diskussion des Bildes
a) Stellungnahmen und Reaktionen (subjektiv)
b) Kontrollen, Beobachtungen und Feststellungen (objektivierend)
c) Interpretationsversuche

III. Resolution[20]
a) Mitteilung des Bildtitels
b) Zusammenfassung aller Aussagen zu Bildzeichen und deren Beziehung untereinander

IV. Verständniskontrolle in Form eines abschließenden Gesprächs über den Zusammenhang zwischen dem Bildtitel und den getroffenen Feststellungen über die bildnerischen Tatsachen. Stellungnahme zum Bildtitel.

In diesem Stundenablauf wird die vorangegangene praktische Arbeit nicht verbalisiert, sondern lediglich als Basis in Anspruch genommen.

Aus der Wahl der ganzheitlich-analytischen Methode ergibt sich im Verein mit den emotionalen *Teil*intentionen (trotz der vorherrschend kognitiven Intention) die Schwierigkeit, eine sichere Verständniskontrolle durchzuführen.

[18] Einige Anregungen zu dieser Unterrichtsplanung verdanke ich einem gemeinsamen Schulversuch mit Prof. Dr. Wolfgang Hochheimer im Wintersemester 1961/62 an einer OTZ im Berliner Bezirk Schöneberg.
[19] Für eine genauere Lokalisierung solcher Unterrichtsstunde gibt uns der Bildungsplan der Berliner OTZ (hier im weiteren zitiert nach der Ausgabe des Senators für Volksbildung, Abtlg. II, Berlin 1953) nur sparsame Hinweise. Die Aussagen über Kunstbetrachtung im 10. Schuljahr (vgl. a. a. O., S. 76 unten) enthalten kein Beispiel aus der zeitgenössischen Kunst; sie sind insgesamt stärker systematisch, allenfalls historisch-systematisch,kaum aber an kulturellen Aktualitäten orientiert. Gewisse methodische Erwägungen (S. 86 ff.) lassen sich z. T. auf unsere Stunde anwenden, ohne daß wir alle im Zusammenhang mit diesen Erwägungen geäußerten Erwartungen der Autoren zu teilen vermögen (S. 86 unten).
[20] Unter Resolution wird hier eine abschließende und zusammenfassende Meinungsäußerung verstanden.

2. Möglichkeit

Methode: elementenhaft-synthetisch; Reflexion — Mischform aus freiem und gelenktem Unterrichtsgespräch im Halbkreis vor Steckwand;

Medien: a) Schülerarbeiten, b) Reproduktionen des o. a. Bildes in ca. halber Größe des Originals.

I. Diskussion von ca. 6 Schülerarbeiten zur ersten Aufgabe dieser Einheit: „Es verzahnt sich"[21]

In diesem Gespräch soll die Abhängigkeit aller Blätter von jeweils *einer* Grundform deutlich werden, weil hiermit eine Begrenzung der formalen Bildmöglichkeiten verbunden war. Mit der Entscheidung für *eine* Grundform ist zugleich eine große Dichte und innige Verbindung der Formteile zu einem Ganzen gewährleistet. Es soll herausgefunden werden, inwieweit die farbige Organisation des Blattes den Zusammenhang der Formen steigern oder behindern kann. (Entsprechende Auswahl der präsentierten Blätter)

Hauptgesichtspunkte der Zusammenfassung: Stabilität und Ausgewogenheit der Bildordnung.

II. Diskussion des Bildes von Paul Klee

a) Form und Farbanalyse

Sprachliche Erfassung des Formencharakters, des Kontaktes der Formen untereinander und der Beziehung der Formen zu den Farben im Bildgrund.

Zusammenfassung unter den Gesichtspunkten der Bewegung, der Dynamik, des Geschehens.

b) Der Bildtitel „Reicher Hafen"

Versuch, Bildtitel und Bildordnung (= Farb- und Formgeschehen) zueinander in Beziehung zu setzen.

III. Verständniskontrolle

Prüfung, ob die Schüler den Zusammenhang zwischen ihren eigenen Arbeiten und dem Bild von Klee erkennen, in Form einer schriftlichen Hausarbeit. Es ist ein Kennzeichen einer ausschließlich verbalen Unterrichtsphase, daß eine Kontrolle dessen, was *jeder* Schüler verstanden hat, nicht unmittelbar möglich ist. Eine allgemeine Kontrolle kann eine folgende *praktische* Aufgabe erbringen oder wie in diesem Fall die schriftliche Hausarbeit.

3. Möglichkeit:

Methode: ganzheitlich-analytisch; bildnerische Versuche — Gruppen an

---

[21] Die Arbeiten zu dieser Aufgabenstellung sind einerseits dem ‚Reicher Hafen' ähnlich, weil sie aus vielen zeichenhaften Teilformen zusammengefügt sind; sie sind dem ‚Reicher Hafen' andererseits unähnlich, weil sie eher statisch gebaut sind, wo Klees Bild dynamisch bewegt ist, s. o.

Arbeitstischen; Reflexion — Mischform aus freiem und gelenktem Unterrichtsgespräch im Halbkreis.

Medien: Reproduktion des o. a. Bildes in ca. halber Größe der Originals; Arbeitsmittel: Mal- und Zeichenmaterialien für die Schüler.

I. Vorbereitung auf die Betrachtung des Bildes durch praktische Bearbeitung der Aufgabe: „*Reicher Hafen*". Material und Format werden freigestellt. Zeit höchstens 45 Minuten. Keine „Korrektur" durch den Lehrer, sondern nur die Ermunterung, jeder Schüler solle mit beliebigen Mitteln bildnerisch realisieren, was in ihm anklingt, wenn er „Reicher Hafen" hört.

II. Präsentation des Bildes von Paul Klee ohne Angabe des Titels

Stellungnahmen und Reaktionen

Form und Farbanalyse

III. Mitteilung: Dieses Bild heißt „Reicher Hafen". So hat der Maler „euer" Thema bearbeitet.

Diskussion mit dem Versuch zu begründen, warum Paul Klee sein Bild „Reicher Hafen" nennt.

Erarbeitung des Reichtums an Merkmalen in inhaltlich-gegenständlicher und in formaler Hinsicht.

IV. Verständniskontrolle: siehe 2. Möglichkeit.

Im Folgenden wird für das zweite der drei skizzierten Verlaufsmodelle eine Übersicht gegeben.

Vermutetes Schülerverhalten	Geplantes Lehrerverhalten	Didaktischer Kommentar
Sch. betrachten und diskutieren ca. 6 Malereien von Mitschülern zu der Aufgabe „Es verzahnt sich".	L. lenkt die Aufmerksamkeit noch einmal auf die Bindung der Arbeiten an eine gewählte Grundform (Tafelzeichnung)	Sch. erkennen die Abhängigkeit der Bildordnung von der Tatsache einer Grundform und die daraus resultierende Gemeinsamkeit relativ fester, stabiler Ordnungen in allen Blättern.
Sch. nehmen zu der Farbigkeit der Blätter Stellung.	L. fordert zu Vergleichen zwischen der individuellen Farbwahl der Sch. auf.	Sch. erkennen größere Einheitlichkeit bei begrenzter „Palette", stärkere Spannungen bei reicherer „Palette".

Vermutetes Schülerverhalten	Geplantes Lehrerverhalten	Didaktischer Kommentar
Betrachtung des Bildes von Klee.	L. präsentiert das Bild wortlos.	Erste Kontaktaufnahmen zwischen Sch. und Bild.
Gewöhnungszeitraum für langsame Schüler. Sch. tauschen Meinungen u. Beobachtungen untereinander aus.		Evtl. stellen Sch. dabei fest, daß Mitschüler ganz anders reagieren als sie selbst. Dabei erweitern und kontrollieren sie ihre eigenen Beobachtungen.
Verbalisierung „erster Eindrücke"	L. verdeckt das Bild, wenn die Gespräche abflauen, die Sch. eine Aktion von ihm erwarten oder kein *leiser* Gedankenaustausch mehr möglich ist.	a) Vielfalt der einander z. T. entgegengesetzten Aussagen zwingt zur objektiven Prüfung (Analyse) des Bildbestandes; oder b) mögliche Übereinstimmung vieler Reaktionen läßt nach der Ursache – die nur in der Formalstruktur liegen kann – fragen.
Verbalisierung „erster Eindrücke". Gegensätzlichkeit od. Übereinstimmung d. Aussagen läßt die Schüler erneute Betrachtung des Bildes fordern.	L. ermuntert zu mannigfachen Aussagen. Legalisierung jeder sachgerechten Reaktion.	
Analyse des Bildes a) Formen b) Farben Formulierungsschwierigkeiten	L. übernimmt Leitung und Gliederung des Gesprächs.	Vertiefte Kenntnis des Farb- und Formbestandes. Feststellung von Parallelitäten mit der eigenen Arbeit.
Zustimmung und Ablehnung. Sch. versu-	L. fragt: „Verzahnt es sich?"	

Vermutetes Schülerverhalten	Geplantes Lehrerverhalten	Didaktischer Kommentar
chen, die stärker dynamische Formbeziehung zu formulieren.		
Sch. erkennen die Beziehung der Formen zueinander.		
Sch. fassen die Bildbedeutung auf.	L. gibt den Bildtitel „Reicher Hafen".	Sch. versuchen, Formalstrukturen des Bildes und das Geschehen in einem Hafen zueinander in Beziehung zu setzen.
Sch. formulieren den Unterschied zwisch. ihren Bildordnungen und der Komposition von Klee.	L. verteilt eine Postkartenreprôduktion des betrachteten Bildes und die Ergebnisse der 1. Malaufgabe an alle Sch.	Sch. erkennen den Unterschied zwisch. einem statisch gebauten und einem dynamisch bewegten Bild.
Sch. formulieren schriftlich den Unterschied zwischen ihrer Malaufgabe — „Es verzahnt sich" — und dem Kompositionsprinzip des Bildes von Klee.	L. stellt Hausaufgabe.	Ergebniskontrolle.

NACHWORT 1970

Instruktiv scheint, sich anhand der vorstehenden Unterrichtsplanung klarzumachen, welche Richtung die fachdidaktische Diskussion in der Zeit zwischen 1965 (Erstauflage) und 1970 (5. Aufl.) genommen hat und welche Erfahrungen für die Anwendung des hier zugrundeliegenden didaktischen Konzepts vorliegen:
— Die Formulierung anthropogener und sozial-kultureller *Bedingungen* hat (stärker als hier) mit Bezugnahme auf die Lerngruppe und den jeweils unterrichteten Inhalt zu geschehen.
— Die Formulierung fachlicher *Intentionen* ist im Hinblick auf die einzelne Unterrichtsstunde durch die Angabe von Lernzielen zu präzisieren.
— Das Element „Kunst" ist in der Fachbezeichnung „Kunstunterricht" als Metapher zu verstehen, die auf einen komplexen *Fachinhalt* verweist. Dieser geht weit über traditionelle — aber prinzipiell wandelbare — Vorstellungen von Kunst hinaus, indem er die Auseinandersetzung mit optischen und haptischen Phänomenen unserer Kultur umfaßt.

PETER DOYÉ

Englisch: Simple Present Tense (SPT) und Present Progressive Tense (PPT)

Planungsbeispiel für eine Grammatikstunde in der 5. Klasse

A GRUNDPROBLEME DES UNTERRICHTSFACHES UND DER FOLGENDEN PLANUNG

Gemäß den Lehrplänen der deutschen Länder und nach weitgehender Übereinstimmung der Fachdidaktik befaßt sich der englische Anfangsunterricht mit der Alltagswelt des englischen bzw. amerikanischen Kindes. Dieser Unterricht erhält damit eine inhaltliche Fixierung, welche zum einen verhindert, daß Formen, Laute und Strukturen der fremden Sprache ohne jeden inhaltlichen Bezug gelernt werden, und die zum anderen das Interesse des Kindes für das fremde Volk als Motiv für die Aneignung der Sprache wirksam werden läßt. Zehnjährige Kinder kommen nämlich nicht nur mit der (meist positiven) Einstellung auf die Begegnung mit einer anderen Sprache in den Fremdsprachenunterricht, sondern auch mit der Erwartung, etwas über ein fremdes Land und seine Bewohner zu erfahren. Das Alltagsleben englischer Menschen, besonders englischer Kinder — d. h. der Altersgenossen der Lernenden — zum *Gegenstand des Unterrichts* zu machen, ist demnach sowohl pädagogisch erforderlich als auch psychologisch zweckmäßig.

Es muß hier bemerkt werden, daß „Unterrichtsgegenstand" im neusprachlichen Unterricht immer ein Zweifaches meint: eine Sache und die diese Sache bezeichnende Sprache[1]. Es liegt in der Zeichennatur der Sprache begründet, daß beides in einem sinnvollen Unterricht nicht zu trennen ist. Der Lehrer, der eine kulturkundlich relevante Sache zum Gegenstand seines Unterrichts macht, muß zu dieser Sache auch die dazugehörige Sprache bieten; ebenso kann er aber auch die fremde Sprache nicht losgelöst von den Sachen, die sie bezeichnet, vermitteln. Dieser sich aus dem Wesen der Sprache ergebende Umstand wirkt sich insofern als Vorteil aus, als er dem Lehrer das gleichzeitige Hinarbeiten auf die als Ziele gesetzten Fertigkeiten und Kenntnisse erleichtert. Lehrpläne sprechen in diesem Zusammenhang von der Einheit des sprachlichen und kulturkundlichen Zieles[2]. Mit den eben genannten Fertigkeiten und Kenntnissen sind bereits zwei der bedeutsamsten *Intentionen des Unterrichts* in den

---

[1] Die hier folgenden Gedanken hat Verf. zuerst in seinem Referat auf dem Deutschen Pädagogischen Hochschultag in Trier 1962 vorgetragen und in ähnlicher Form veröffentlicht in: Die Deutsche Schule, Heft 2/1964, S. 87 ff.

[2] Siehe u. a.: Bildungsplan für die Berliner Oberschule Praktischen Zweiges, Berlin 1961, S. 16 f.

Neueren Sprachen überhaupt angesprochen. In einem zeitgemäßen Fremdsprachenunterricht geht es, wie in den meisten anderen Fächern auch, um

1. Fertigkeiten,
2. Kenntnisse und Erkenntnisse,
3. Haltungen[3].

Zu 1: Der Erwerb von Fertigkeiten ist das eigentliche sprachliche Ziel des Fremdsprachenunterrichts. Da der Schüler die Sprache als Kommunikationsmittel erwerben soll, muß er im passiven und aktiven Umgang mit ihr, d. h. im Verstehen und eigenen Gebrauch geschult werden. Da dieses Verstehen und eigene Gebrauchen aber wiederum im Bereich der mündlichen wie der schriftlichen Sprache erlernt werden muß, geht es um den Erwerb von vier Fertigkeiten:

a) Verstehen der gesprochenen Sprache,
b) Verstehen der geschriebenen Sprache,
c) Sprechen,
d) Schreiben.

Zu 2: Hierunter fällt, was die Neusprachler seit den 20er Jahren mit der Bezeichnung „Kulturkunde" belegen. Die Schüler sollen informiert werden über die Lebensweise des fremden Volkes; über Sitten und Gebräuche, über politische und wirtschaftliche Verhältnisse usw. usf.; vor allem aber über das Alltagsleben der Menschen, besonders ihrer Altersgenossen.

Die möglichst exakte und möglichst wenig stereotype Vermittlung solcher Kenntnisse über ein anderes Volk bietet die Chance, die Schüler weiterzuführen zu bestimmten Erkenntnissen. Deren wichtigste sind:

a) Die Erkenntnis, daß es außer der eigenen Art zu leben, zu denken und zu sprechen noch andere Formen der Weltbewältigung und -erfassung gibt, die ihren Ausdruck in einer anderen Lebensweise und auch speziell in anderen Sprachen finden.

b) Die durch den Vergleich mit der fremden Welt ermöglichte bessere Selbsterkenntnis bzw. Einsicht in das Wesen des eigenen Volkes.

Zu 3: Aus den eben genannten Kenntnissen und Erkenntnissen aber können schließlich Haltungen erwachsen, wenn nämlich der Lehrer mit seiner Klasse all jene Informationen einer kritischen Betrachtung und behutsamen Wertung unterzieht. Die Schüler erfahren dabei, daß jene andere Lebensform weder besser noch schlechter als die eigene ist, und daß demzufolge in bezug auf das andere Volk weder ehrfürchtiges Aufschauen noch hochmütiges Herabblicken am Platze ist, sondern einzig eine Haltung, die mit dem etwas abgegriffenen Wort „Toleranz" noch immer am besten bezeichnet ist. Gelingt es dem Lehrer, seine Schüler so

---

[3] In Anlehnung an P. Heimanns allgemein-didaktische Konzeption der Intentionalität des Unterrichts. Vgl. dessen Artikel „Didaktik als Theorie und Lehre", Die Deutsche Schule, Heft 9/1962, S. 416 ff.

weit zu führen, dann hat er Wesentliches für die von der Schule so oft geforderte Erziehung zur Völkerverständigung getan. — Neben dieser speziell dem Fremdsprachenunterricht angemessenen Erziehung zu einer politischen Haltung ist hier wie in den meisten anderen Fächern die Erziehung zu einer angepaßten Arbeitshaltung, einer autonomen Haltung gegenüber den „Angeboten" der Kultur und einer verantwortungsbewußten sozialen Haltung möglich und zu fordern[4].

Daß im Anfangsunterricht unter den drei Hauptintentionen die erste, im engeren Sinne sprachliche, den Vorrang haben muß, ist offensichtlich. Zur Vermittlung der 4 genannten Fertigkeiten wird nun im modernen Fremdsprachenunterricht im wesentlichen die *direkte Methode* eingesetzt. Ihre Bedeutung — besonders für den Anfangsunterricht — wird heute von keinem Methodiker mehr ernsthaft bestritten, und zwar aus gutem psychologischem Grund: Um die erstrebte Fertigkeit in einem der vier Verhaltensbereiche zu erlangen, muß der Lernende die betreffende Verhaltensweise selbst üben. Um sprechen zu lernen, muß er das Sprechen üben, um schreiben zu lernen, das Schreiben usw. Mit Sicherheit einen Transfer anzunehmen, etwa in der Weise, daß man das Sprechen auch durch Übersetzen lernen könne, hat die Lernpsychologie als falsch erkannt[5]. Allerdings kann der Lernprozeß per Übung beschleunigt werden durch theoretische Belehrung über das zu Lernende, d. h. in unserem Falle durch Information über die Sprache, also Grammatikunterricht. Hier irrten die extremen Reformer um die Jahrhundertwende. Sie übersahen aus ihrer Opposition gegen den althergebrachten Fremdsprachenunterricht, in dem die Grammatik zu Unrecht im Vordergrund stand, die Hilfsdienste, die die Grammatik im Hinblick auf die Erreichung des sprachlichen Ziels leisten kann. Als Theorie der sprachlichen Formen und ihrer Leistungen kann sie dem Lernenden die Vielfalt der Erscheinungen durchschaubar machen, einen Einblick gewähren in die Struktur der Sprache, der ihm dann wieder den praktischen Gebrauch erleichtert. Auf dem Wege über übende Imitation allein eine Fremdsprache zu erlernen, ist gewiß möglich; nur erfordert es wesentlich mehr Zeit. Diesen Weg in der Schule zu beschreiten, wäre daher unökonomisch. Es wäre außerdem unpädagogisch; denn es würde bedeuten, daß man die Abstraktionsfähigkeit des Zehn- bis Elfjährigen, die es ihm gestattet, grammatische Einsichten zu gewinnen, brach liegen läßt.

Auf diese Unterrichtseinheit bezogen, heißt das: Anstatt Dutzende von einzelnen Formen des Present Progressive Tense zu lernen, erkennt der Schüler an einer begrenzten Anzahl von Beispielen die Gesetze zur Bildung dieser Zeit; und anstatt imitierend die Verwendung des Present Progressive Tense in vielen Situationen auf der Basis von Versuch und

---

[4] Vgl.: P. Heimann, „Zur Bildungssituation der Volksschuloberstufe", Die Deutsche Schule, Heft 2/1957, S. 56 ff.
[5] Siehe: Ch. H. Judd, Educational Psychology, Cambridge, Massachusetts, 1939, S. 501 ff.

Irrtum auszuprobieren, bekommt der Schüler eine Theorie von den Funktionen dieser Zeit an die Hand, die ihm beim praktischen Sprachgebrauch Hilfsdienste leistet[6]. Daß der Schüler diese Gesetzmäßigkeiten soweit wie möglich selbst erkenne und der Lehrer nur die nötigen Denkhilfen gebe, ist eine Forderung, die sich im allgemeinen aus dem Postulat der Erziehung zur Selbständigkeit und im besonderen aus der Tatsache herleitet, daß so gewonnene Erkenntnisse größere Intensität besitzen und daher praktisch wirksamer werden. Häufig geht ein solcher Erkenntnisprozeß im Grammatikunterricht folgendermaßen vor sich (und wird deshalb auch für diese Stunde ähnlich geplant):

1. Sprachliche Phänomene werden dem Schüler problematisch.

2. Sie werden registriert und beschrieben.

3. Sie werden in Gruppen geordnet, und diese Gruppen werden zueinander in Beziehung gesetzt und verglichen.

4. Gesetzmäßigkeiten werden festgestellt und formuliert.

Daß die so gewonnenen Einsichten im weiteren Verlauf des Unterrichts durch viel Übung praktiziert werden müssen, ist selbstverständlich. Nur so können sie schließlich zum Bestandteil des Sprachgefühls werden und beim aktuellen Sprachgebrauch unreflektiert zur Verfügung stehen.

Abschließend noch eine Bemerkung zur Rolle der *Medien* in dieser Stunde: Die beiden Wandbilder haben erstens die Aufgabe, Sprechimpulse zu schaffen — gut gestaltete Bilder sind ein sehr adäquates Mittel hierzu — und die Schüler zu möglichst zahlreichen Äußerungen über die dargestellten Sachverhalte anzuregen. Auf diese Weise erhält der Unterrichtende das nötige sprachliche Material, an Hand dessen die grammatischen Gesetze induktiv gewonnen werden können.

Die zweite Aufgabe der Bilder besteht im Veranschaulichen solcher Situationen, zu deren sprachlicher Darstellung die beiden grammatischen Zeiten gebraucht werden. Da die Bilder so gestaltet sind, daß das an beiden Situationen Typische betont ist, können sie den Schülern helfen, die jeweilige Funktion der beiden Zeiten zu begreifen. Auch der Lehrer kann im Verlauf des Unterrichts immer wieder auf sie verweisen, wenn er in den Lernprozeß klärend oder richtunggebend eingreift.

Die Schüler haben die Bilder den größten Teil der Stunde hindurch vor Augen. Dadurch ist drittens die Möglichkeit zu einer optischen Assoziation des Simple Present Tense mit dem statischen Inhalt von Bild I und des Present Progressive Tense mit der momentanen Aktivität auf Bild II gegeben. Bei der späteren selbständigen Verwendung der beiden Zeiten kann diese optische Assoziation als Erinnerungsstütze fungieren.

---

[6] Vgl.: R. Bornemann, „Grammatik und grammatische Regel", Praxis des neusprachlichen Unterrichts, Heft 2/1962, S. 67 ff.

B STRUKTUR DER UNTERRICHTSEINHEIT:

Sachgebiet: Die Alltagswelt englischer Kinder

Intentionen: Die Hauptintentionen sind

1. die Vermittlung von Fertigkeiten,
2. die Vermittlung von Kenntnissen.

Die Schüler sollen 1. die englische Sprache innerhalb des Sachgebietes in Wort und Schrift gebrauchen und verstehen lernen, 2. über wichtige Sachverhalte aus dem genannten Gebiet informiert werden.

Methode:
Im allgemeinen die direkte Methode. Zusätzlich werden in bestimmten Abständen zur Beschleunigung des Lernprozesses sprachliche Gesetzmäßigkeiten aufgedeckt, den Schülern bewußt gemacht und eingeprägt (Grammatikunterricht).

Sozial-kulturelle Voraussetzungen:
Der allgemeine obligatorische Fremdsprachenunterricht ist angesichts der Weltsituation im Jahre 1965 eine politische und kulturelle Notwendigkeit. Das Berliner Schulgesetz – wie das einiger anderer Länder – trägt dieser Notwendigkeit Rechnung und erklärt die Teilnahme am Fremdsprachenunterricht vom 5. Schuljahr an für verbindlich. Die Wahl der Sprache ist den Eltern freigestellt; von 97 % wird als erste Fremdsprache Englisch gewählt[7].

Anthropogene Voraussetzungen:
Der Realismus und die Lernkapazität der Zehn- bis Elfjährigen[8] bilden eine günstige Grundlage für den fremdsprachlichen Anfangsunterricht. Eine bei den meisten Schülern der 5. Klasse positive Einstellung zum Englischunterricht kommt hinzu.

Medien:
1. Für die gesprochene Sprache im allgemeinen das Wort des Lehrers; daneben von Zeit zu Zeit Schallplatten.

2. Für die geschriebene Sprache das Lehrbuch „Peter Pim and Billy Ball" I/1, Cornelsen-Verlag, Berlin 1956 (6), sowie Tafeltexte.

Die verschiedensten Gegenstände (bzw. deren Abbildungen) aus dem Alltagsleben englischer Kinder wie Spielzeug, Münzen, Briefmarken, Kinderbücher, Zeitungen und ähnliches unterstützen den Lernvorgang.

---

[7] Daß nur 3 % der Eltern eine andere Sprache als Englisch wählen (Latein oder Französisch), liegt einerseits an der Bedeutung des Englischen als Weltsprache, andererseits an den organisatorischen Schwierigkeiten, die sich bei einer solchen Wahl ergeben: Meist müssen die Kinder umgeschult werden, da innerhalb einer Schule nicht genügend Meldungen für eine der anderen Sprachen eingehen. Das Französische wird allerdings oft als zweite Fremdsprache gewählt.
[8] Siehe: H. Roth, Pädagogische Psychologie des Lehrens und Lernens, Hannover 1957 (3), S. 73 ff.

C PLANUNG DER EINZELSTUNDE:

Unterrichtsgegenstand:

Grammatik: Simple Present Tense (SPT) und Present Progressive Tense (PPT)

Unmittelbare Voraussetzungen für diese Stunde: Der Unterricht ist bei der Behandlung des Sachgebiets an einer Stelle angelangt, an der die Beherrschung des SPT zur sprachlichen Bewältigung der meisten Situationen nicht mehr ausreicht und das PPT benötigt wird. Dieses ist, da vereinzelt bereits aufgetaucht, bisher der Form nach bekannt; die Kenntnis seiner Funktionen muß nun hinzutreten.

Intentionen:

1. Die Schüler sollen die unterschiedlichen Grundfunktionen der beiden Zeiten erkennen, um sie in der Folge richtig verwenden zu können.
2. Die Schüler sollen sich im selbständigen mündlichen Gebrauch der Fremdsprache üben.

Methode:

Aus dem selbständigen „direkten" Umgehen mit der Sprache ergeben sich Schwierigkeiten, die mit den Mitteln der funktionalen Grammatik gelöst werden. Dies geschieht auf induktivem Wege, d. h. es wird versucht, von Aussagen über einzelne sprachliche Erscheinungen zu Aussagen über eine Gruppe von solchen Erscheinungen zu gelangen und somit sprachliche Regeln zu erfassen.

Medien:

Die Wandbilder „Peter's Room" I und II des Cornelsen-Verlages, Berlin 1963.
(Bild I stellt im wesentlichen Tatbestände von größerer Dauer oder Häufigkeit dar, also typische Fälle für die Verwendung des SPT. Bild II stellt hauptsächlich im Verlauf befindliche Handlungen dar, ist daher geeignet für das Verständnis des PPT.)

Geplantes (optimales) Tafelbild zur Verlaufsplanung (Seiten 146 und 147)

Simple Present Tense für etwas, was oft oder immer so ist	Present Progressive Tense für etwas, was im Augenblick geschieht[9]
A table *stands* in the middle of the room.	Mother *is standing* at the door.
Two pictures *hang* on the wall.	Father *is sitting* on the table.
The clock *tells* the time.	The flower-pot *is falling* off the book-case.
At night Peter *sleeps* in his bed.	The cat *is sleeping* in Peter's bed.

---

[9] Die Schwierigkeit beim Abfassen einer solchen grammatischen Regel besteht darin, den meist sehr komplizierten Tatbestand auf eine einfache, den Kindern verständliche und einprägsame Formel zu bringen, ohne ihn zu verfälschen.

D VERLAUFSPLANUNG

Unterrichtsverlauf	Geplantes Lehrerverhalten
(Unterrichtssprache Englisch)	
I. Wiederholende Übung im mündlichen Gebrauch der Fremdsprache	L. hängt das Bild I vor der Klasse links von der Tafel auf. Er macht auf Fehler im Sprechen der Sch. aufmerksam.
II. Schriftliche Fixierung des Gesagten an der Tafel	L. fordert die Schüler auf, einige der gesprochenen Sätze auf die linke Hälfte der Tafel zu schreiben.
III. Übung im Formulieren von neu vorgefundenen Tatbeständen und Vorgängen mit schriftlicher Fixierung an der Tafel	L. hängt das Bild II vor der Klasse rechts von der Tafel auf und läßt einige der daraufhin gesprochenen Sätze auf die rechte Hälfte der Tafel schreiben.
IV. Problemstellung und Korrektur des zweiten Tafeltextes	L. liest zu den auf der rechten Tafelhälfte stehenden Sätzen die entsprechenden aus dem Buch vor.
oder	
III. wie oben	wie oben
IV. Problemstellung	L. betont, ohne zu begründen, die Notwendigkeit, in den vorliegenden Fällen das PPT zu verwenden.
(Unterrichtssprache Deutsch)	
V. Klärung der unterschiedlichen Funktionen des SPT und des PPT im Gespräch	L. nutzt Problembewußtsein und Unklarheit bei den Sch. als Lernimpuls und verweist sie auf die beiden Bilder als mögliche Hilfen für das Verständnis. Wenn nötig, hilft L. durch Hinweis auf die Parallelität: unterschiedliche Bildinhalte – unterschiedliche Verbformen.
VI. Formulieren des Ergebnisses dieses Gesprächs	L. gibt den Hinweis, daß knappe, treffende Formulierungen besser behalten werden als längere Erklärungen. L. dringt, wenn nötig, auf Präzisierung der Formulierung.
VII. Abschreiben des Tafelbildes	L. markiert die für die Verwendung der beiden Zeiten typischen Sätze an der Tafel.
VIII. Hausaufgabe: Beschreibung des Bildes im Lehrbuch „Peter Pim and Billy Ball" I/1, S. 57	———————

Vermutetes Schülerverhalten

Sch. beschreiben das ihnen bekannte Bild I in Form von einfachen Aussagesätzen unter Verwendung des SPT.
Sch. korrigieren einander.

Sch. schreiben 4 bis 8 Sätze an.

Sch. beschreiben das Bild II und verwenden dabei ebenfalls das SPT, welches, da das Bild vorwiegend im Verlauf befindliche Handlungen darstellt, in diesen Fällen nicht verwendbar ist.
Sch. schreiben (dennoch) diese Sätze an die Tafel.

Sch. bemerken Diskrepanz von Tafeltext und Buchtext und korrigieren, vorerst hypothetisch und ohne zu verstehen, den Tafeltext. Die Funktion der beiden Zeiten wird den Sch. zum Problem.

Sch. beschreiben das Bild, und einige von ihnen verwenden dabei das aus einer vorangegangenen Stunde der Form nach bekannte PPT.

Die Funktion der beiden Zeiten wird den Sch. zum Problem.

Sch. erkennen den Unterschied der Bildinhalte als Grund für den Unterschied der Tafeltexte und verstehen den englischen Sprachgebrauch, Tatbestände bzw. Vorgänge von unterschiedlicher Dauer und Häufigkeit mit verschiedenen Zeiten auszudrücken.

Sch. formulieren eine grammatische Regel und werden sich dabei der festgestellten Gesetzmäßigkeit noch einmal bewußt.

Sch. tragen die markierten Sätze samt der Regel in ihr Grammatikheft ein.

Sch. wenden die erarbeitete Regel über die unterschiedliche Verwendung von SPT und PPT an.

PETER DOYÉ

Französisch: Monsieur Dubois a une Maison

Planungsbeispiel für eine Sprachlaborstunde in der 7. Klasse

A GRUNDPROBLEME DES UNTERRICHTSFACHES UND DER FOLGENDEN PLANUNG

Es gibt im wesentlichen zwei Wege des Erlernens fremder Sprachen. Der eine ist der Weg der Reflexion, des Betrachtens sprachlicher Erscheinungen und ihrer Analyse mit dem Ziel der Erkenntnis von Gesetzmäßigkeiten, deren Anwendung dann zur Beherrschung der Sprache führen soll. Der andere Weg ist der der Imitation, der Übung, des „learning by doing". Beide Wege wurden in der Geschichte des neusprachlichen Unterrichts zu verschiedenen Zeiten und mit wechselndem Erfolg beschritten, und zwar nicht selten mit einer einseitig konsequenten Ausschließlichkeit: Der jeweils andere Weg wurde als der eigenen Methode entgegengesetzt angesehen und deshalb „prinzipiell" abgelehnt. In der neueren Didaktik setzt sich indessen immer mehr die Erkenntnis durch, daß das ausschließliche Beschreiten des einen oder des anderen Weges wenig zweckmäßig ist und daß eine Kombination beider Verfahren am besten geeignet ist, die gesteckten Ziele zu erreichen.

Finden sich nun in einem zeitgemäßen Unterricht beide Verfahren einander ergänzend beisammen, so wird doch in bestimmten Phasen des Lernprozesses jeweils das eine oder das andere vorherrschen. So ist das erste Verfahren bestimmend in Grammatikstunden, für die unsere voraufgehende Englischstunde ein Beispiel gibt. Das zweite Verfahren dagegen kennzeichnet die sogenannten Laborstunden neuester Prägung. Der Unterricht im *Sprachlabor* ist geradezu ein Musterbeispiel für das schulische Sprachenlernen per Praxis. Man kann sogar so weit gehen zu sagen, daß das Sprachlabor gerade deshalb Eingang in unsere Schulen gefunden hat, weil es ein gründliches sinnvolles Üben der beiden wichtigsten sprachlichen Verhaltensweisen, nämlich des hörenden Verstehens und des mündlichen Gebrauchs ermöglicht. Dieses Üben kam und kommt im konventionellen Unterricht oft zu kurz. In der üblichen Französischstunde im Klassenraum kommt der einzelne Schüler im Durchschnitt viermal zu Wort, meist mit ein oder zwei Sätzen, die auszusprechen höchstens 15 Sekunden dauert. Er spricht also maximal eine Minute pro Unterrichtsstunde[1]. Das ist angesichts der Tatsache, daß die Fertigkeit im mündlichen Gebrauch der Sprache eines der wichtigsten Ziele des neusprachlichen Unterrichts ist, völlig unzureichend.

In Anbetracht dieser Situation wird der Wert des Sprachlabors offen-

---

[1] Dies geht aus Auszählungen hervor, die Studenten der Pädagogischen Hochschule Berlin auf Grund von Unterrichtsprotokollen aus den Jahren 1961—1964 vorgenommen haben.

sichtlich. Im Labor ist eben jenes intensive Üben, das im konventionellen Unterricht fehlen muß, durchführbar. Die Schüler sitzen an ihren Tonbandgeräten, abgeschlossen in Kabinen und sprechen in vorbildlichem Französisch gesprochene Sätze so lange nach, bis sie sie in Form und Inhalt beherrschen[2]. Sie haben genügend Zeit dazu, denn alle arbeiten gleichzeitig und nicht nacheinander. Wenn in Stunden wie der hier dargestellten die reine Übungszeit dennoch auf ca. 25 Minuten begrenzt wird, dann weniger aus Zeitmangel als auf Grund der Erfahrung, daß jenseits dieser Grenze wegen des Nachlassens der Konzentration keine Fortschritte mehr gemacht werden.

Die vorliegende Französischstunde ist nun durch eine Reihe von Eigenschaften gekennzeichnet, die charakteristisch sind für Laborstunden überhaupt.

1. Die Arbeit an den Geräten liegt in der Mitte der Stunde; ihr geht eine vorbereitende Phase (I) voraus, und eine weiterführende (VII) folgt ihr. Ein solcher Aufbau geht auf folgende Überlegungen zurück: Die Sprechübungen haben wenig Sinn, wenn die Schüler nicht genau wissen, was sie sagen. Deshalb muß das Verständnis der Textinhalte gesichert sein, bevor die Schüler an die Geräte gehen. Daher die Einführung des Textes in der vorangegangenen Stunde, daher aber auch die einleitende *Phase I* dieser Stunde, in der z. B. sichergestellt wird, daß die Schüler die Bedeutung der Präpositionen klar erfaßt haben. Wäre dies nicht der Fall und sprächen die Schüler jene Sätze wieder und wieder in Verbindung mit falschen inhaltlichen Vorstellungen, dann wäre der Zweck der Übung gänzlich verfehlt. Entgegen einer weit verbreiteten Auffassung dienen nämlich die Imitationsübungen nicht nur der Förderung von Aussprache und Intonation, sondern indirekt auch der „integrated skill" des selbständigen Sprechens[3], insofern, als die so häufig imitativ gebrauchten Sätze sich einprägen und dann auch zum freien Gebrauch zur Verfügung stehen, z. T. sogar, wenn sie eine typische Struktur haben, als „patterns" für die Bildung ähnlicher Sätze. Unerläßliche Bedingung hierfür ist allerdings, daß dieser freie selbständige Gebrauch des Gelernten auch geübt wird, und zwar möglichst im Anschluß an die Imitationsübung. Daher die *Phase VII* dieser Stunde, in der die Schüler die bisher nur imitativ gesprochenen Sätze in einer echten Sprechsituation selbständig gebrauchen. Wenn diesem ersten Transfer noch eine Reihe weiterer Übertragungen auf andere Situationen folgt, dann ist dies ein sicherer Weg zu einem soliden aktiven Sprachschatz.

2. Während der eigentlichen Übungsphase (II–V) leistet der Lehrer Hilfestellung. Er bildet nicht mehr den Mittelpunkt des Unterrichts, auf den

---

[2] Dies ist die einfachste und am meisten praktizierte Übungsform, aber nicht die einzige. Ein Überblick über die im Sprachlabor möglichen Übungen findet sich bei: Paul E. King, Technik und Arbeitsformen des Sprachlabors, Berlin 1965.
[3] Vgl.: R. Lado, Language Testing, London 1961, S. 204 ff.

alles ausgerichtet ist, sondern steht gewissermaßen am Rande des Lerngeschehens jedem Schüler zur Verfügung, der seine Hilfe braucht. Der
Lehrer sitzt meist am Schaltpult, so daß die Schüler jederzeit die Möglichkeit haben, ihn über die eigens zu diesem Zweck eingebaute Ruftaste
um seine Hilfe zu bitten. Daß er sich von Zeit zu Zeit auch von sich aus
in einzelne Kabinen einschaltet, ist notwendig, weil die Schüler nicht
selbstkritisch genug sind, um all ihre Fehler zu entdecken. Die Erfahrung
hat gezeigt, daß die am Tonbandgerät Lernenden bei der Selbstkontrolle
jeweils nur einen bestimmten Teil ihrer Fehler zu erkennen in der Lage
sind[4]. Wichtig ist aber auch hier, daß der Lehrer mehr in der Rolle des
Helfenden auftritt als in der des Kontrolleurs. Ein wesentlicher Vorteil
des Laborunterrichts, nämlich der, daß der Schüler ungestört und ohne
Hemmungen quasi in Klausur arbeiten kann, wäre aufgehoben, wenn
dieser etwa ständig auf eine Überprüfung vom Lehrerpult her eingestellt
sein müßte.

3. Die Übungsphase an den Geräten zeigt einen bestimmten Aufbau: Abhören des Modelltextes – erstes Besprechen – Selbstkontrolle – zweites
Besprechen. Alle Schüler müssen diese vier Teilabschnitte durchlaufen;
jedoch – und das geht aus der Verlaufsskizze nicht hervor – dieses Lernen braucht nicht im Gleichschritt zu geschehen. Jeder geht dann zum
nächsten Abschnitt über, wenn er mit dem vorigen fertig ist bzw. meint,
ihn erfolgreich abgeschlossen zu haben. (Zur Korrektur erheblicher Fehleinschätzungen der Schüler ist wiederum der Lehrer da.) Aber nicht nur
das Arbeitstempo kann der einzelne Schüler innerhalb gewisser Grenzen
selbst bestimmen, sondern auch die Arbeitsweise. Das zeigt sich besonders an der Phase V, in der der Schüler sich auf das Üben derjenigen
Sprachformen konzentrieren kann, die ihm Schwierigkeiten bereiten, und
nicht wie so oft im Klassenraum Dinge zu üben gezwungen ist, die wohl
einem Drittel seiner Klassenkameraden schwerfallen, ihm selbst aber
nicht. Hier findet ein echtes individuelles Lernen statt, das bei geschickter
Lenkung besser zum Erfolg führen kann, als das konventionelle Sprachenlernen ohne technische Medien[5].

B STRUKTUR DER UNTERRICHTSEINHEIT:

Die zum Sachgebiet,
zu den Intentionen,
zur Methode und
zur sozial-kulturellen Situation des englischen Anfangsunterrichts gemachten Angaben (siehe S. 144) gelten – für das Französische entsprechend abgewandelt – auch für diese Unterrichtseinheit.

Anthropogene Voraussetzungen:
Der Französischunterricht hat gegenüber dem Englischunterricht den

[4] Vgl.: P. Doyé, Arbeit im Sprachlabor, Berlin 1962, S. 21 f.
[5] Siehe: P. Doyé, „Französischunterricht mit und ohne Sprachlabor", Die Neueren
Sprachen, Heft 12/1964, S. 581 ff.

Nachteil des zwei Jahre späteren Beginns. Diese psychologisch ungünstigere Voraussetzung[6] wird jedoch aufgewogen durch die Tatsache, daß der Französischunterricht an der Mittelschule (bzw. OTZ) als freiwilliger Kursunterricht durchgeführt wird, die teilnehmenden Schüler also eine positive Auslese darstellen.

Medien

1. Für die gesprochene Sprache zu etwa gleichen Teilen das Wort des Lehrers und von Franzosen besprochene Tonbänder.
2. Für die geschriebene Sprache das schwedische Lehrbuch „Franska i bild, tal, text"[7], Svenska Bokförlaget, Stockholm 1962, sowie Tafeltexte.

C PLANUNG DER EINZELSTUNDE:

Unterrichtsgegenstand:

Vokabular „Haus und Garten" mit den wichtigsten Präpositionen der frz. Sprache (enthalten in der Lektion 6 — Monsieur Dubois a une maison — des Kurses „Franska i bild, tal, text").

Unmittelbare Voraussetzungen für diese Stunde: Die Lektion 6 des genannten Kurses ist in der vorangegangenen Stunde mündlich erarbeitet worden, d. h. die Schüler kennen und verstehen den Inhalt derselben, so daß nunmehr die intensive Übung einsetzen kann.

Intentionen:

Die Schüler sollen sich zuerst im imitativen, sodann im selbständigen mündlichen Gebrauch der Fremdsprache üben. Das bisher passive Vokabular der Schüler (aus dem oben genannten Bereich) soll zum aktiven Sprachschatz werden.

Methode:

Durch fortwährende Imitation eines akustischen Modells wird der Text so intensiv eingeprägt, daß er schließlich auch frei, d. h. ohne das Vorbild in einer echten Sprechsituation verwendet werden kann.

Medien:

30 Doppelspurtonbänder. Der Unterricht wird in einem voll ausgebauten Sprachlabor mit 30 Schülerplätzen und einem Lehrerpult durchgeführt, so daß jedem Schüler ein Gerät mit Tonband zur Verfügung steht. Die Bänder enthalten — satzweise gesprochen und mit Pausen zwischen jedem Satz und dem nächsten — den Text der 6. Lektion.

---

[6] Die Frage des optimalen Zeitpunktes für den Beginn des Fremdsprachenunterrichts wird ausführlich behandelt in H. H. Stern, Foreign Languages in Primary Education, Hamburg 1963.

[7] Daß ein schwedischer Kurs für diese Unterrichtseinheit vorgeschlagen wird, hat seinen Grund darin, daß einerseits ein speziell für den Französischunterricht in Deutschland entwickelter Tonbandkurs noch nicht vorliegt, daß andererseits der genannte Kurs wegen seines hervorragenden methodischen Aufbaues und seines Zuschnitts auf vergleichbare schwedische Verhältnisse für den Anfangsunterricht in Deutschland gut geeignet ist.

D　VERLAUFSPLANUNG

Unterrichtsverlauf	*Geplantes Lehrerverhalten*
I. Wiederholende mündliche Übung im Gebrauch der Präpositionen „dans, sur, sous, devant, derrière"	L. fordert die Schüler auf, etwa 20 von ihm künstlich geschaffene Situationen unter Verwendung der Präpositionen zu benennen. Beispiel: „Le garçon est devant la cabine."
II. Abhören des Modelltextes auf den Bändern	– – –[8]
III. Besprechen der Bänder durch Imitation des Modelltextes	L. schaltet sich vom Lehrerpult aus in die einzelnen Kabinen ein und hilft den Schülern beim Erkennen ihrer Fehler und bei deren Korrektur. Er tut dies z. T. auf Anruf durch die Schüler selbst (per Ruftaste), z. T. von sich aus.
IV. Abhören des selbst gesprochenen Textes im Vergleich zum Modelltext	
V. Erneutes Besprechen der Bänder	
VI. Gemeinsames Abhören der Bänder zweier Schüler und kritische Besprechung der Arbeit dieser Schüler	L. weist auf Fehler oder besonders gute Leistungen hin.
VII. Klassengespräch über ein den Inhalt der Lektion darstellendes Bild	L. gibt Sprechanlässe durch Hinweise auf einzelne Bildteile und durch Fragen.

Eine andere Möglichkeit des Unterrichtsverlaufs ist die, daß Punkt VI vor Punkt IV tritt, was den *Vorteil* hat, daß die Schüler noch vor dem Abhören des eigenen Textes an Hand von zwei Beispielen auf Fehlerquellen, Schwierigkeiten und deren gute oder schlechte Bewältigung hingewiesen werden, was aber den *Nachteil* mit sich bringt, daß die Überprüfung der eigenen Leistung in psychologisch ungünstiger Weise hinausgeschoben wird. Dieser zweite Weg wird dann beschritten werden, wenn der Lehrer beim ersten Mithören viele Fehler bemerkt.

---

[8] Es ist wichtig, daß der Lehrer an dieser Stelle von pädagogischen Aufgaben befreit ist. Erfahrungsgemäß ergeben sich zu Beginn der Arbeit an den Geräten, auch wenn die Schüler im allgemeinen gut mit der Apparatur umzugehen wissen, kleine technische Pannen, zu deren Behebung der Lehrer Zeit haben muß.

Vermutetes Schülerverhalten

Den Schülern wird die Bedeutung der Präpositionen sehr klar. (Diese Klarheit ist Voraussetzung für II.)

Sch. stellen sich auf den von Franzosen gesprochenen Text ein; sie verstehen seinen Inhalt.

Sch. sprechen den Text satzweise in den jeweils dafür vorgesehenen Pausen und möglichst genau imitierend nach.

Sch. erkennen durch den Vergleich — z. T. mit Hilfe des Lehrers — die beim ersten Besprechen gemachten Fehler.

Sch. sprechen den gesamten Text oder bisher fehlerhafte Teile desselben noch einmal oder üben einzelne ihnen schwierig erscheinende Stellen besonders gründlich.

Sch. üben sich im kritischen Hören und werden auf Einzelheiten in Aussprache und Intonation aufmerksam.

Sch. antworten mit Hilfe der bisher imitativ gesprochenen Sätze bzw. mit leichten Abwandlungen derselben.

ERWIN VOIGT

Chemie: Wasser

Planungsbeispiel für eine Unterrichtseinheit in der 7. Klasse

A GRUNDPROBLEME DES FACHES

Die Erforschung der stofflichen Welt in den letzten zweihundert Jahren
hat in drei Bereichen zu umwälzenden Änderungen geführt:

1. Theorien

Die Theorien über den Stoff haben sich auf eine Weise verändert, die
vor dreihundert Jahren nicht vorauszusehen gewesen war. Über vertraute Phänomene wie Feuer, Wasser, Luft und Erde oder wie Atmen,
Essen, Trinken liegen verifizierbare Aussagen vor, die wenig oder gar
nichts mit einer naiven Weltauffassung oder aber mit den geistreichen
Spekulationen anderer Epochen zu tun haben. Diese Aussagen bilden
bereits ein kompliziertes System von hoher Abstraktion und von ungeheurem Umfang.

Während wir vom Stoff, seinem Aufbau und seinem Umbau schon sehr
viel wissen, können wir eine andere Frage überhaupt nicht beantworten:
*Was wissen die Erwachsenen in den verschiedenen Sozialschichten
eigentlich von diesen Theorien?*

Eine repräsentative Untersuchung dieser Frage gibt es zur Zeit nicht. Wir
müssen aber vermuten, daß viele Angehörige des wissenschaftlichen
Zeitalters nicht in der Lage sind, sich stoffliche Phänomene in ihrer Umwelt chemisch zu erklären oder mitgeteilte Erklärungen zu perzipieren.
Meinungen wie „Stoffwechsel ist eine Krankheit", „Die Menschen atmen
guten Sauerstoff ein und schlechten Sauerstoff aus", „Der Mensch atmet
Sauerstoff ein und Stickstoff aus", „Eine Kerze verbrennt zu nichts" sind
weit verbreitet. Aussagen wie „Spinat enthält viel Eisen" enthalten mehr
magisches Hoffen als wissenschaftliche Erkenntnis.

Die Diskrepanz zwischen den eindrucksvollen Ergebnissen der Chemie
und dem unzureichenden Wissen der Zeitgenossen davon läßt sich u. a.
folgendermaßen erklären:

a) Während einer nur achtjährigen Schulzeit war auch die Vermittlung
einer bescheidenen Propädeutik unmöglich; zumal von den achtjährigen
Volksschulen noch im Jahre 1952 in Westdeutschland 20,2 % einklassig
und 26,4 % zweiklassig waren[1].

b) In unserer Gesellschaft bestehen keine übereinstimmenden Vorstellungen darüber, was ein Mitbürger, der sich beruflich nicht auf Chemie
spezialisiert hat, von diesem Bereich wissen muß. Diese — teilweise

---

[1] Hilker, Die Schulen in Deutschland, Bad Nauheim 1952, S. 12.

verdrängte – Unsicherheit der Chemiedidaktik nimmt dem Chemieunterricht viel an Intensität und Überzeugungskraft. Die Chemiedidaktik
steht vor der dringenden Aufgabe, zu überprüfen:

ob sich ein Kanon *eines* für alle Mitglieder der Gesellschaft verbindlichen *Mindestwissens* aufstellen läßt
oder ob sich Modelle entwickeln lassen, die diese Unsicherheit auf
produktive Weise miteinbeziehen.

c) Die Vermittlung der Inhalte ist im Chemieunterricht bisher lediglich
durch überlieferte Erfahrungen und Einfälle gesteuert worden. Vermittlung und Unterrichtserfolg sind nie mit der Exaktheit betrachtet worden,
die für die *chemische Forschung* seit langem selbstverständlich ist
(vergl. Wolfgang Schulz). In der Chemiedidaktik vermissen wir: Statistische
Erhebungen – Analysen von Unterrichtsaufnahmen – Erfolgskontrollen
mit Hilfe standardisierter Verfahren – Planexperimente – Fallstudien
über Schüler, die durch Lernschwierigkeiten oder ungewöhnliche Erfolge
in diesem Bereich auffallen.

2. „Gebrauchsgegenstände"

Die zweite umwälzende, durch die Chemie bewirkte Änderung ist jedoch
für alle bedeutsam geworden: Der Bereich der Gebrauchsgegenstände
hat ein anderes Gesicht erhalten: spätere Archäologen könnten das
20. Jahrhundert hier unschwer identifizieren.

Farben, Metalle (z. B. Aluminium), Fotos, Schlaftabletten, Vitaminpräpa-
rate, Tenside, Kunststoffe, Leuchtgas und Benzin sind bedeutsame Bestandteile unserer Zivilisation; sie haben unsere Situation verändert: als
Sicherung und Erleichterung des Daseins (Kunstdünger, Desinfektions-
mittel, Narkotika, Arzneimittel) oder als Bedrohung (Sprengstoffe, Gift-
gase).

Besitz und Gebrauch der Produkte der Chemie verlangen in der Regel
kein wissenschaftliches Verständnis; der Umgang mit diesen Produkten
läßt sich über Gebrauchsanweisungen lernen.

Bildungstheoretiker und Praktiker der Volksschule haben nun in einer
„elementaren Phänomenologie" (Kunde, Erkundung) dieses Bereiches
der Gebrauchsgegenstände die volksschul-spezifische Modifikation des
Chemieunterrichts gesehen. Besonders Carl S c h i e t z e l hat dazu mit
seiner *Sachkunde* eine praktisch bewundernswert durchdachte Unter-
richtskonzeption entwickelt[2]. In dieser Sachkunde wenden sich die
Schüler – ungestört durch Theoriezusammenhänge – *direkt* den in ihrer
Umwelt vorhandenen Phänomenen zu (z. B. Baustoffen, Feueranmachen
und Feuerlöschen, Ton und Porzellan, Kerzen und Lampen, Kohle und
Gas, Erdöl, Photographie, Brot und Mehl, Milch, Ei, Fett, Seifen und
Waschpulver). Der Bereich des konkret Erfahrbaren wird an keiner
Stelle verlassen. Hier werden die didaktischen Kalamitäten vermieden, die

---

[2] Carl Schietzel, Technik und Natur, Braunschweig, 1960.

entstehen, wenn Volksschüler verfrüht Aussagen der elementaren wissenschaftlichen Chemie erlernen müssen. Dafür wird ein differenziertes *Umgangs- und Gebrauchswissen* erworben. So wird der chemische Wasserbegriff in der Sachkunde Schietzels gemieden; dagegen lernen die Schüler u. a.: „Reinigen des Wassers durch Filter (Papier, Knochenkohle, Sand- und Kiesschichten, Permutit)".

Daß in unserer Gesellschaft aber ein Bedürfnis nach einem soliden Umgangs- und Gebrauchswissen im Bereich der Chemie besteht, beweist der Erfolg des Buches von Hermann R ö m p p „Chemie des Alltags"[3]. Hier werden, ausgehend von Stichwörtern wie „Schuhcreme", „Löten", „Brandbekämpfung", „Fleckenreinigung" usw. zunächst pragmatische Informationen gegeben. Im Gegensatz zu Schietzel klärt Römpp jedoch viele Umgangserfahrungen unter Heranziehung von Theorien.

Die Schwäche der Konzeption Carl Schietzels besteht eben darin, daß sie sich auf den Bereich der Gebrauchsgegenstände beschränkt. Damit schafft sie ein didaktisches Paradies, in dem aber auf den Apfel vom Baume der wissenschaftlichen Erkenntnis verzichtet werden muß. Die in ihrem inhaltlichen Reichtum faszinierende Konzeption Schietzels ist m. E. dagegen *dem Denken von Schülern des 3.–6. Schuljahres* besonders angemessen. Auf einer Entwicklungsstufe, auf der anscheinend nur konkrete Operationen möglich sind, dürfte die Sachkunde Schietzels für die spätere Lebensbewältigung der Schüler mehr leisten als die historisierende Heimatkunde. (Der sichere Umgang mit Benzin, Salzsäure, Spiritus und Leuchtgas ist zumindest so wichtig wie Informationen über die fünf Tore Alt-Berlins.) *Eine künftige Konzeption des Chemieunterrichts wird in der Sachkunde die Basis für das Gewinnen wissenschaftlicher Erkenntnisse sehen.* [3a]

3. A r b e i t s w e l t

Die Chemie begegnet uns nicht nur als Theorie oder in Gebrauchsgegenständen. Sie begegnet uns in eindrucksvollen Industriegebilden.

In Produktionsstätten wie Gaswerken, Farbenfabriken, Raffinerien, Pharmazeutischen Fabriken und Großlaboratorien treten chemische Erkenntnisse verbunden mit technischen Erfindungen, mit ökonomischen Aspekten und neuen Berufs-Hierarchien auf.

Die Farbenfabriken Bayer beschäftigten 1959 allein 55 100 Menschen, die Farbwerke Hoechst 45 400. Der Gesamtumsatz der chemischen Industrie belief sich 1960 in der Bundesrepublik auf 23,17 Milliarden DM. Der größte Chemie-Konzern der Welt, Du Pont in USA, setzt allein 2,1 Milliarden Dollar um.

„Säuren" sind deshalb nicht nur Gegenstand der wissenschaftlichen Chemie (z. B. wegen ihres charakteristischen Wasserstoffgehaltes), auch nicht nur einer Sachkunde, die Umgangswissen vermittelt (z. B. wie man

---

[3] Hermann Römpp, Chemie des Alltags, Stuttgart 1959.
[3a] Vgl. Unterrichtsplanung Voigt/Heyer, „Das Fliegen".

Schwefelsäure verdünnt): Säuren sind auch *mit Hilfe großtechnischer Verfahren hergestellte Produkte von großer wirtschaftlicher Bedeutung.* Das Fläschchen mit Schwefelsäure im Chemieunterricht läßt nicht ahnen, daß im Jahre 1958 auf der Welt rund 44,8 Millionen Tonnen Schwefelsäure hergestellt worden sind.

Ein Einblick in diesen Bereich unserer Arbeitswelt ist im Unterricht schwer zu vermitteln. Lehrervorträge und Tafelskizzen langweilen hier mehr, als sie erhellen. Dringend benötigt werden moderne Unterrichtsfilme mit didaktischen Intentionen. Vorhandene Filme sind weithin veraltet.

Außerdem sollten die Versuche mit polytechnischem Unterricht in den chemischen Betrieben der DDR aufmerksam verfolgt werden. Für den polytechnischen Unterricht in der chemischen Industrie sind bereits Pläne ausgearbeitet worden (vgl. Handbuch für Betreuer und Lehrer zum polytechnischen Unterricht, Berlin 1960, S. 254–260).

Wir haben damit die *drei Bereiche* beschrieben, die den Chemieunterricht in seiner Inhaltlichkeit bestimmen und problematisieren. Es sei jedoch noch ein vierter angedeutet: *Chemie als Liebhaberei in der Freizeit.* Fesselnde Bücher und sog. „Experimentierkästen" ermöglichen einen individuellen, entspannten Umgang mit Themen aus der Chemie. Hermann Römpps Bücher „Chemische Experimente, die gelingen" und „Organische Chemie im Probierglas" vermitteln ohne Systemzwang wertvolle Erkenntnisse unter Überschriften wie „Einige chemische Sensationen", „Flammen melden Elemente", „Feuer ohne Streichholz", „Blitze unter Wasser", „Sauerklee und Tintenfleck".

Der sich in seiner Freizeit so mit Chemie beschäftigende Schüler wird in unserm Chemieunterricht in der Regel frustriert. Der Chemieunterricht gehört u. a. deshalb nicht zu den beliebtesten Fächern.

Eine Befragung von 1007 Schülern der normalen 8. Klassen des Praktischen Zweiges durch M. Ledig und P. Doyé[4] ergab 1962, daß Chemie zu den abgelehntesten Fächern gehört. *Es steht in der Rangfolge der Fächer nach dem Beliebtheitsgrad an 10. Stelle.* Nur Physik und Musik sind noch unbeliebter. Ähnliche Ergebnisse erbrachte eine Untersuchung in Kassel[5]: In den 8. Klassen steht Chemie an 10. Stelle in den 12. Klassen jedoch an 4. Stelle. Eine Untersuchung in Darmstadt (1430 Schüler) ergab[6]: Chemie steht an 12. Stelle. Noch weniger beliebt sind Religion, Französisch, Sozialkunde.

Die Motive, die hinter dieser Ablehnung stehen, sind uns weitgehend unbekannt. Es ist natürlich leicht, an dieser Stelle Vermutungen zu äußern.

[4] Doyé und Ledig, Englischunterricht an der OPZ, Nr. 6 der Informationen des Berliner Arbeitskreises Didaktik, Berlin 1963, S. 22.
[5] Waltraud Küppers, Zur Psychologie des Geschichtsunterrichts, Bern—Stuttgart 1961, S. 26.
[6] Küppers a. a. O. S. 30

Wir möchten aber stattdessen *gründliche empirische Untersuchungen* fordern. Mit Hilfe der konfigurationsanalytischen Methode Osgoods („semantische Differentiale") oder sorgfältig konstruierter Fragebogen könnte hier die nötige Aufklärung angebahnt werden[7].

Damit sind einige Probleme angedeutet, die entstehen, wenn die Inhalte der Chemie an Schüler vermittelt werden sollen, – an Schüler, bei denen nicht feststeht, ob sie sich einmal beruflich auf die Chemie spezialisieren werden oder nicht.

Dementsprechend sollte diese Vermittlung der *Inhalte* auf der Grundschule und auf der Hauptschule – O. P. Z. (mit einem 10. Schuljahr) in drei Phasen erfolgen:

I. Phase (3.–6. Schuljahr):
Eine *Sachkunde*, die Materialkenntnisse, Umgangswissen und Gebrauchswissen intendiert.

II. Phase (7.–8. Schuljahr):
Eine *Propädeutik*, die von konkreten, provozierenden Sachverhalten ausgeht, dann aber – in immer erneuten Anläufen – die Abstraktionsschwelle zu überschreiten versucht. Mehr exemplarisch als systematisch werden erste (abstrakte) Modelle für nicht unmittelbar beobachtbare Vorgänge entwickelt. Das naive Weltbild muß auf dieser Stufe verunsichert werden.

III. Phase (9.–10. Schuljahr):
Wahlkurse, in denen größere Theorie-Zusammenhänge erarbeitet werden (z. B. Säuren, Basen, Salze), und ein *Praktikum* oder polytechnischer Unterricht in der chemischen Industrie. Auch könnte hier ein *Technisches Werken* entwickelt werden (Verkupfern – Reinigen – Ätzen).

B DIE STRUKTUR DER UNTERRICHTSEINHEIT

Der vorliegende Beitrag ist die umgearbeitete Fassung eines ersten, wesentlich kürzeren Entwurfs aus dem Frühjahr 1963. Zu diesem Entwurf liegt seit September 1963 eine kritische Entgegnung von Prof. Dr. Karl W e l l n i t z vor. Diese Entgegnung erscheint in den Didaktischen Informationen Nr. 9. Sie enthält eine Reihe von Einwänden gegen meine Konzeption.

Die neue Fassung hält an der ursprünglichen Konzeption fest. Ausführungen, die zu Mißverständnissen geführt haben, sind eindeutiger formuliert worden; einige Flüchtigkeiten, die bei der übereilten Herausgabe des ersten Entwurfs entstanden sind und auf die Herr Prof. Wellnitz hingewiesen hat, sind korrigiert worden, bzw. durch die Neufassung gegenstandslos geworden.

I. ANTHROPOGENE VORAUSSETZUNGEN

1. Altersspezifische Bedingungen
Konvention und sogenannte „Erfahrung" haben bisher bestimmt, auf welcher Altersstufe die einzelne vom Chemieunterricht geforderte geistige Leistung von den Schülern erwartet werden darf. Lediglich zwei

---

[7] Osgood, C. E., The Nature and Measurement of Meaning, Psych. Bull. 1952, vgl. auch Handbuch der empirischen Sozialforschung Bd. 1, Hrsg. René König.

Veröffentlichungen beschäftigen sich in der deutschsprachigen Literatur mit den anthropogenen Voraussetzungen des Chemie- und Physikunterrichts: eine aus dem Jahre 1953 von Fritz S t ü c k r a t h , die andere aus dem Jahre 1955 von Karl Z i e t z [8]. Beide Untersuchungen konzentrieren sich auf die Bildung kindlicher Theoreme vor dem Beginn des naturwissenschaftlichen Unterrichts. Eine Untersuchung über eine entwicklungsgemäße Altersplazierung einzelner Inhalte des Chemieunterrichts gibt es nicht. (Z. B. auf welcher Altersstufe sind so unterschiedliche Inhalte wie „Das Quecksilber und seine wichtigsten Eigenschaften" und „Das Periodensystem der Elemente" erlernbar?)

Die folgende Unterrichtseinheit wurde für Schüler am Ende des 7. Schuljahres geplant; die Schüler sind dann in der Regel erst dreizehn Jahre alt. Deshalb behalten die Untersuchungen von Stückrath und Zietz für unsere Reflexionen über die anthropogenen Bedingungen eine begrenzte Bedeutung. Die Untersuchungen von Z i e t z stützen meine Entscheidung, in der folgenden Unterrichtseinheit spontane Entwicklung von Theoremen zuzulassen, teilweise sogar zu provozieren. Aktivität wird somit nicht nur als Hantieren mit Wasser, Reagenzgläsern und Spirituskochern verstanden: d. h. daß der Schüler nur zu einer vom Lehrer vorgetragenen Erkenntnis „nun einen praktischen Versuch machen darf".

Karl Zietz hat die Bildung von Theoremen außerhalb der Schule — allerdings vorwiegend über physikalische Vorgänge — genauer untersucht. Ein wichtiges Ergebnis der Untersuchungen von Zietz ist: Das Kind hat diese außerschulischen Theoreme nicht nur vorübergehend entwickelt, es hat sie gelernt und kann sich in der Regel vieles damit erklären. Als früher Gelerntes sind diese Theoreme von nicht zu unterschätzender Mächtigkeit. Doch: „Im allgemeinen nimmt die Schule davon nur wenig Notiz." „Das Kind gilt, was die geistige Verarbeitung des Erfahrungsmaterials betrifft, im Grunde genommen doch als eine tabula rasa; erst durch den Bildungsprozeß würden, so meint man, wirkliche Erkenntnisse begründet."[8a]

Die vom Lehrer vermittelten wissenschaftlichen Theorien werden nur zusätzlich gelernt; sie werden nicht in das bisherige Informationspotential integriert. In der Regel werden die aufgepfropften Theorien bald vergessen; die nie bewußt abgebauten kindlichen Theorien setzen sich wieder durch.

Es werden deshalb in meiner Unterrichtseinheit allein zwei Stunden auf die Exponierung und Verunsicherung des Theorems „Feuer und Wasser sind Gegensätze" verwendet.

Die Übernahme der Auffassungen von Stückrath und Zietz bei der Reflexion über die anthropogenen Bedingungen ist allerdings nur dann zu vertreten, wenn diese Auffassung nicht als bleibende Wahrheiten kon-

[8] Karl Zietz, Kind und physische Welt, München 1955. Fritz Stückrath, Die Anfänge der Chemie im Weltbild des Kindes, West. Päd. Beitr., 1953, S. 403.
[8a] Ebd. S. 83.

serviert werden. Beide Autoren beschreiben nämlich kindliche Theoreme, wie sie gebildet werden, wenn die Umwelt die Bildung chemischen Wissens bei Sechs- bis Zwölfjährigen nur dem Zufall überläßt. Der Sachunterricht in der Grundschule ist – unter der Suggestion des Heimatgedankens stehend – in der Regel geographisch-historisch fixiert. Es ist nicht bekannt, wie die Theoreme der Kinder aussähen, wenn sich – z. B. in einer konkreten Sachkunde im Sinne Carl Schietzels[9] – *die Grundschule mehr ihrer annähme.* Sind vielleicht nicht ganz bestimmte Züge meiner Auffassung von den anthropogenen Bedingungen bereits das Ergebnis von Lehrplankonzeptionen? „Wie wir das Kind sehen, so gestalten wir seinen Weg; und dieser Weg prägt wiederum das Kind und wird an ihm ablesbar[10]."

2. Begabungsspezifische Bedingungen

Die Reflexion über altersspezifische Bedingungen reicht nicht aus. Kinder einer gleichen Altersstufe verfügen über eine unterschiedliche *Lernfähigkeit* (als die wir – in Anlehnung an H. Roth – Begabung verstehen wollen)[11].

In unserem Falle ist die Reflexion über begabungsspezifische Bedingungen unerläßlich; denn die Unterrichtseinheit ist für eine Oberschule Praktischen Zweiges gedacht. Durch das gegenwärtige Ausleseverfahren erhält die O. P Z. vorwiegend Schüler, deren Lernfähigkeit – vor allem gegenüber Theorien – geringer ist als die von Schülern anderer Zweige. *Formale Denkoperationen* (d. h. sich nur auf Zeichen beziehende Operationen), deren Entwicklung im 12. Jahr Piaget[12] beschrieben hat, können hier von vielen Schülern nie ausgeführt werden: „Es ist nämlich im Grunde die mangelnde Fähigkeit und Bereitschaft zu abstrahierenden Denktätigkeiten, die für eine Einweisung in diesen Schultypus bestimmend sind. Diese mangelnde Intellektualität und Geistigkeit, die im Denken die ,Anstrengung des Begriffes' und im gesellschaftlichen und kulturellen Leben die geistige Ansprechbarkeit und Wertsensibilität vermissen läßt, muß zu Formen der Schulmüdigkeit und -unwilligkeit führen, die bekannt sind und die Bildungsarbeit in den Oberschulen Praktischen Zweiges so sehr belasten" (Heimann). Heinrich Roth hat diesen Ausfall als charakteristisches Merkmal der Primitivpubertät beschrieben: „Das Denken bleibt im Bereich des Konkret-Anschaulichen"[11].

Weiterhin muß der Chemielehrer am Praktischen Zweig mit fehlenden Motivationen rechnen: So wird bei Schülerinnen der O. P. Z. durch starre Auffassungen von der weiblichen Rolle die Lernfähigkeit im Chemieunterricht stark reduziert; die schöne Schrift im sauber geführten Chemieheft zeigt dafür das dominierende Streben nach sozialer Angepaßtheit. Bei Jungen ist allerdings die Faszination durch die konkreten

[9] s. Anm. 2.
[10] M. Langeveld, Die Schule als Weg des Kindes, Braunschweig 1963, S. 15.
[11] Heinrich Roth, Jugend und Schule zwischen Reform und Restauration, Hannover 1961, S. 81 ff. und S. 36 ff.
[12] Jean Piaget, Psychologie der Intelligenz, Zürich 1948, S. 209.

Vorgänge groß; jedoch haben diese Jungen keine langfristig wirkenden Motivationen gelernt, deren Druck sie die mühevollen Phasen der geistigen Assimilation durchstehen läßt. Der Lehrer, der fassungslos beobachtet, wie die eben noch faszinierten Schüler auf die Anregung zu geistiger Verarbeitung – die ja vorwiegend Verbalisierung ist – mit Auflehnung oder Gleichgültigkeit reagieren, muß in Rechnung stellen, daß erstens diesen Schülern auf Grund ihres erlernten Sprachgebrauchs die Verbalisierung komplizierter Sachverhalte überhaupt schwerfällt und wegen der damit verbundenen *Mißerfolgserlebnisse* weitgehend vermieden wird und daß zweitens die *Frustrationstoleranz* der durch Auslese entstandenen Schülergruppe an der O. P. Z. dazu noch besonders gering ist.

In unserer Planung stellt uns diese Auffassung von den anthropogenen Voraussetzungen des Unterrichts an der O. P. Z. vor die Entscheidung, ob wir

1. uns im Bereich des Praktisch-Konkreten-Unmittelbaren didaktisch einrichten wollen, – somit die Konflikte mit den Schülern vermeiden, dafür aber einen Konflikt mit unserer Kultur als einer „zentral *wissenschaftlich* gesteuerten Daseinsordnung" (Heimann) auf uns nehmen oder

2. gerade in der Chemie versuchen wollen, „den Zirkel des Nur-Praktischen zu transzendieren" (Heimann)[13].

Unsere Entscheidung und ihre Beschreibung jedoch gehörte nicht mehr zu den anthropogenen Bedingungen. Diese Entscheidung wird zwar durch unsere Auffassung von den anthropogenen (und den sozialkulturellen) Bedingungen inhaltlich sehr beeinflußt; jedoch ist sie selbst nur innerhalb unserer Reflexion über die *Intentionen* zu fällen.

II. SOZIAL-KULTURELLE VORAUSSETZUNGEN

1. Der Schulzweig und sein Bildungsplan

Die O. P. Z. – als kürzester Zweig des vertikal gegliederten Berliner Oberschulsystems – sieht in seinen Stundentafeln für die Fächergruppe Rechnen/Raumlehre/Biologie/Gartenarbeit/Physik/Chemie im 7. Schuljahr nur neun Stunden, im 8. Schuljahr dagegen zehn Stunden vor. In der Schulpraxis entfallen davon in der Regel auf den Unterricht in Physik und Chemie

im 7. Schuljahr: 2 Wochenstunden
im 8. Schuljahr: 3 Wochenstunden

In der Abschlußklasse gibt es wegen der besonderen didaktischen Konzeption dieser Klassen keinen speziellen Chemieunterricht[14].

In unserem 7. Schuljahr würden also von den 80 Stunden für Physik/Chemie (in 40 Wochen) 6 Stunden (in drei Wochen) für die geplante Unterrichtseinheit vorgesehen werden müssen.

---

[13] Paul Heimann, Zur Bildungssituation der Volksschuloberstufe, Reihe AUSWAHL, Heft 3, Das 9. u. 10. Schuljahr, Hannover 1964.
[14] Erwin Voigt, Der fächerübergreifende Unterricht in der 9. u. 10. Klasse, in „Die OPZ in Berlin", Hannover 1963, hrsg. von Kledzik.

162   Erwin Voigt

Der „Bildungsplan für die O. P. Z." aus dem Jahre 1957 zeigt in dem Abschnitt über Chemie ein Nebeneinander von volkstümlicher Kunde und
herkömmlicher Schulchemie. Der unserer Unterrichtseinheit entsprechende
Abschnitt des Beispielplanes (S. 28) lautet:

„Wasser im Haushalt
Wasserstoff bildet bei der Verbrennung Wasser. Wasser ist eine chemische Verbindung. Reinigung des Wassers im Wasserwerk durch
Filtern. Reinigen des Wassers von gelösten Stoffen durch das Destil-
lieren."

Während die Überschrift versucht, das Thema im Sinne der volkstümlichen Bildungstheorie als „lebensnah" zu legitimieren, zeigen die ersten
zwei Teilthemen keinen Unterschied zur traditionellen Schulchemie.
Völlig unklar bleibt, wie man von dem Rahmenthema „Wasser im Haushalt" zum ersten Teilthema „Wasserstoff bildet bei der Verbrennung
Wasser" gelangen soll. Die Verfasser haben übersehen, daß der
chemische Wasserbegriff (H_2O) nicht über volkstümliche Erkundungen
zu gewinnen ist. Die erste Wasserzerlegung fand bezeichnenderweise
nicht in einer Küche, sondern im Laboratorium Lavoisiers statt. Jedoch, –
die Beispielpläne des Bildungsplanes sind keine zwingenden Auflagen.
Unsere Planung ist durch diese bildungstheoretisch unklare Konzeption
in keiner Weise bedroht.
Vergleichen wir zuletzt die Plazierung unseres Themas in *den Bildungs-
plänen der verschiedenen Schulzweige,* so kommen wir zu einem grotes-
ken Ergebnis.

Der chemische Wasserbegriff muß danach erlernt werden:

von den Schülern der O. P. Z. (Volksschuloberstufe) im 7. Schuljahr,
von den Schülern der O. T. Z. (Mittelschule) im 8. Schuljahr,
von den Schülern der O. W. Z. (Gymnasium) im 9. Schuljahr.

Solche Inkonsequenzen in unserm Bildungswesen werden späteren
Generationen einmal unverständlich sein:
Diejenige Schülergruppe, die wegen ihrer geringen Tendenz zu wissen-
schaftlichem Denken den „Oberschulen Praktischen Zweiges" zugewiesen
wird, muß sich mit dem wissenschaftlichen Wasserbegriff *zwei Jahre
früher* auseinandersetzen als die Gruppe, die als „überwiegend theoretisch-wissenschaftlich begabt"[15] verstanden wird.

Die „theoretisch-wissenschaftlich" Begabten erhalten also genügend Zeit,
um sich auch wieder beim Erlernen des chemischen Wasserbegriffs als
solche beweisen zu können.

---

[15] Dritte Durchführungsverordnung zum Schulgesetz von Berlin § 4.

2. Die sozial-kulturelle Gesamtsituation

Die allgemeine Problematik des wenig geklärten Verhältnisses der Schulchemie zur sozial-kulturellen Situation habe ich bereits in der Einleitung (A) erörtert. Im Hinblick auf unsere Planung sei hier lediglich darauf hingewiesen, daß Begriffe und Bezeichnungen der Chemie – oft entstellt – in die Umgangssprache aufgenommen worden sind. So ist der Ausdruck „Wasserstoff" den Schülern bereits bekannt, z. B. aus den Verbindungen „Wasserstoffbombe, wasserstoffblond". Der Gebrauch beider Ausdrücke erschwert das Lernen in unserer Unterrichtseinheit:

1. Die Explosion einer Wasserstoffbombe ist keine chemische, sondern eine nukleare Reaktion.

2. Der Ausdruck „wasserstoffblond" ist sprachlich nachlässig. Das Bleichmittel ist das erst 1818 von Thenard entdeckte *Wasserstoffsuperoxyd* (H_2O_2); das Bleichen wird auch nicht durch Wasserstoff, sondern durch freiwerdenden Sauerstoff verursacht.

Dagegen ist Karbid den Schülern heute kaum noch bekannt – im Gegensatz zu den ersten Jahrzehnten unseres Jahrhunderts. Das ist für unsere erste Stunde eine wichtige Voraussetzung.
Zuletzt sei darauf hingewiesen, daß der naturwissenschaftliche Unterricht bei uns (im Vergleich zu anderen Industriestaaten) finanziell nur unzureichend gefördert wird. Dieser Vernachlässigung kommen nun auch noch didaktische Überzeugungen entgegen, nach denen das Experimentieren mit selbstgebastelten Geräten, mit Weckgläsern und alten Konservendosen wegen der manuellen Selbsttätigkeit besonders bildend sein soll. Dieser Umstand erschwert unseren Unterricht in der 4. Stunde: Die Verbrennung von Wasserstoff zu Wasser könnte viel eindrucksvoller durchgeführt werden, wenn dem Lehrer Wasserstoff in einer Stahlflasche zur Verfügung stünde.

Die Vernachlässigung des naturwissenschaftlichen Unterrichts in unserem Bildungswesen hat dazu geführt, daß selbst großen Schulen noch kein Technischer Assistent zur Verfügung steht. Die komplizierten Vorbereitungen zu den Versuchen mit Demonstrationen in den ersten vier Stunden muß der Lehrer selbst am vorangehenden Nachmittag bzw. in den Pausen treffen. Man vergleiche diese Arbeit mit dem vergleichsweise geringen Aufwand für den (– deshalb häufig von Schulleitern bevorzugten –) Rechenunterricht! Bisher ist auch nicht geplant, dem naturwissenschaftlichen Unterricht – wie dem Werkunterricht – Teilungsstunden zu gewähren (Klassenteilung in zwei Gruppen, sofern die Klasse mehr als 20 Schüler umfaßt). Während also die Schülerversuche in unserer 1. Stunde (die Sicherheitsvorkehrungen erfordern) mit ca. 34 Schülern durchgeführt werden müssen, findet die Herstellung von Holztieren, Masken, Quirlen und Pappkästen (vergl. Bildungsplan für die O. P. Z., S. 40–41) in Gruppen von ca. 17 Schülern statt.

III. DAS THEMA

Die in unserem Beispiel zu vermittelnde *Auffassung vom Wasser* ist von der Chemie erst in den letzten 300 Jahren entwickelt und durch immer exaktere Methoden verifiziert worden. Eine Voraussetzung für diese – in der Geschichte der Menschheit völlig neuartige – Auffassung war die Theorie von der *stofflichen Natur der Gase,* zunächst die der Luft (Guericke 1641, Toricelli 1643): Luft ist wägbar. Die *Erweiterung des Stoffbegriffs auf Gase* („Luftarten") ermöglichte die genialen Hypothesen und Verifikationen in den Jahren von 1766 (Cavendish entdeckt „brennbare Luft", nämlich Wasserstoff) bis zur Französischen Revolution. In diesen Jahren wurde die bis dahin unwahrscheinliche Hypothese aufgestellt: *Wasser ist eine Verbindung von zwei Gasen.* Diese Hypothese und ihre Verifikation sind vorwiegend Leistungen C a v e n d i s h s und L a v o i s i e r s , – Namen, die unseren Schülern weit weniger bekannt sind als z. B. die von Agnes Miegel, Hermann Löns oder Gorch Fock.

1. Stellung des Themas

Diese Aufassung vom Wasser wird in unserm Falle innerhalb eines fachspezifischen Lehrgangs („Chemieunterricht") vermittelt. Zu dieser fachlichen Beschränkung zwingt uns die Tatsache, daß diese Auffassung nur innerhalb eines spezifischen Aussagenzusammenhangs erlernbar ist. Die Spezifität unseres Themas wird sichtbar, wenn man sich verdeutlicht, daß fächerübergreifende Themen wie „Die Wasserversorgung Berlins" und „Die Verschmutzung unserer Gewässer" auf hohem Niveau behandelt werden können, *ohne* daß der chemische Wasserbegriff auch nur bekannt ist.

2. Grundform des Themas

Unser Thema hat (mit einer für die O. P. Z. gewagt erscheinenden Einseitigkeit) den Charakter von *Theorie.* Gegenstand des Unterrichts ist nämlich nicht das Wasser (Wasser kann nicht gelernt werden), sondern die chemische Theorie des Wassers. Allerdings werden in unserm Beispiel auch Pragmata gelernt: z. B. Herstellung von Wasserstoff (z. B. mit Wasser durchfeuchteter *Sand und Eisenpulver* werden erhitzt, Zinkpulver in verdünnter Salzsäure); Gewinnen eines brennbaren Gases aus Kalziumkarbid und Wasser. Im Hinblick auf unsere Intentionen (siehe unter IV!) haben jedoch diese Pragmata nur sekundäre Bedeutung (z. B. Methode der Verifikation). Erhielten diese Pragmata primäre Bedeutung, so wären wir bereits im Bereich der *Technischen Chemie* mit ihren Zweckzusammenhängen. Dieser wichtige Bereich aber ist nicht mit dem in unserm Beispiel zu erlernenden Aussagensystem identisch. Der Technischen Chemie würde der Schüler am besten in einem Polytechnischen Unterricht oder aber zumindest in einem großzügig konzipierten Technischen Werken begegnen.

3. Struktur des Themas

Einige Strukturmomente werden in unserer Planung bereits als *Vorwissen* vorausgesetzt:
a) Das kindliche Schema von den Wasserarten (Leitungswasser – Seifenwasser – Himbeerwasser – Regenwasssser) muß abgebaut worden

sein. Wasser muß bereits als „chemisches Individuum" aufgefaßt werden, das aus allen wäßrigen Lösungen rein (z. B. durch Destillation) zu gewinnen ist, wobei die Herkunft gleichgültig (Regen, Wasserleitung, See) ist.

b) Das Individuum „Wasser" hat gleichbleibende Eigenschaften. (Z. B. bestimmte Stoffe löst es immer, andere nie.)

c) Das Wasser muß schon in einer Reihe anderer chemischer „Individuen" (z. B. Benzin, Kupfer, Kochsalz) gleichsam als „Chemikalie" gesehen werden und von Lösungen und Gemischen unterschieden werden können. Ein solcher Katalog („Stoffe und ihre Eigenschaften") könnte bereits in der Grundschule erarbeitet werden.

d) Stoffe können sich mit anderen Stoffen zu neuen Stoffen verbinden. Diese neuen Stoffe haben ganz andere Eigenschaften.

e) Gase sind auch Stoffe. Die Luft ist ein Gemisch von zwei Gasen. (Die früher gelernte Assoziation „Gas – giftig, gefährlich" muß durch differenziertere Assoziationen ersetzt worden sein.) Gase sind wägbar.

f) Gase können sich (wie andere Stoffe) auch mit festen Stoffen zu neuen Stoffen verbinden (z. B. Oxydieren von Metallen). Die wichtigsten Metalloxyde müssen bekannt sein.

g) Was wir im Alltag „Verbrennung, Brennen" nennen, ist die Verbindung eines Stoffes mit Sauerstoff.

Die folgenden neun *Strukturmomente* repräsentieren das von uns für 3–4 Wochen vorgesehene Unterrichtsthema.

a) Die vorwissenschaftliche Auffassung vom Wasser (ein unzerteilbares Element, feuchtkalt), das im Gegensatz zum Feuer (warm – trocken) steht, ist unhaltbar. Wasser kann u. U. das „Brennen" ermöglichen (Karbid/Azetylen; Natrium; Kalium).

b) Aus Wasser lassen sich zwei Gase gewinnen. Dieser Vorgang setzt eine besondere Apparatur und hohe Temperaturen voraus. Lavoisier erfand vor 180 Jahren die dazugehörige Technik.

c) Ein Bestandteil ist der bereits bekannte Sauerstoff. Er hat sich mit dem Eisen zu Eisenoxyd verbunden.

d) Das andere Gas verbrennt an der Luft mit schwacher Flamme. Man nennt es Wasserstoff. Im Gegensatz zu Sauerstoff kommt Wasserstoff „in der Natur" kaum frei vor.

e) Wasser entsteht durch die Verbrennung von Wasserstoff.

f) Die Verbindung von 2 Stoffen, die bei normaler Temperatur gasförmig sind, ergibt einen Stoff, der bei normaler Temperatur flüssig ist (Siedepunkt +100 Grad Celsius).

g) Man kann also aus Wasserstoff und Sauerstoff „neues Wasser" herstellen.

h) Es verbinden sich immer 2 Raumteile Wasserstoff und 1 Teil Sauerstoff zu Wasser.

i) Diese Verbindung wird in der Formelsprache der Chemie folgendermaßen ausgedrückt: H_2O.

Diese neun Strukturmomente unseres Themas erschöpfen keinesfalls die Auffassung der modernen Chemie vom Wasser. Folgende Strukturmomente, die in *späteren Lehrabschnitten* den Wasserbegriff zusätzlich differenzieren könnten, seien hier angedeutet:

a) Das „kleinste Teilchen von Wasser" ist ein Wassermolekül. Das Wassermolekül besteht aus einem Sauerstoffatom und zwei Wasserstoffatomen.

b) Es verbinden sich 2 Raumteile Wasserstoff und ein Raumteil Sauerstoff zu *zwei* Raumteilen Wasserdampf.
c) Es muß angenommen werden, daß Wasserstoff und Sauerstoff aus
   Doppelatomen bestehen, die sich zu Wassermolekülen verbinden
   (Avogadro 1811).

$$2 H_2 + O_2 \longrightarrow 2 H_2O$$

Außerdem müssen wir uns noch einige Strukturmomente bewußtmachen,
die in unserm Thema als *verborgene Prämissen* enthalten sind.

a) Das in der vorrelativistischen Physik grundlegende Theorem von der
   Erhaltung der Masse (Lavoisier 1789) ist den Schülern nicht bewußt. Seine Gültigkeit kann in diesem Lehrabschnitt noch nicht nachgewiesen werden; das Theorem kann wegen seiner Abstraktheit den
   Schülern dieser Altersstufe noch nicht einmal exponiert werden. Dennoch müssen die Schüler in der dritten Stunde schließen: Der Wasserstoff muß aus dem Wasser kommen (nicht z. B. aus dem Sand,
   der unverändert geblieben ist).
b) Wasserstoff und Sauerstoff werden sofort als Elemente verstanden.
   Eigentlich müßte aber in vielen Demonstrationen bewiesen werden,
   daß sich Wasserstoff und Sauerstoff durch chemische Operationen
   nicht weiter zerlegen lassen. Solche Demonstrationen werden aber
   aus Zeitgründen nie durchgeführt. Die Information „Wasserstoff ist
   ein Element" wird verbal gelernt.
c) In der wichtigsten chemischen Reaktion unseres Lehrabschnittes
   (Umsetzen von Wasserdampf mit Eisen) *verdrängt Eisen den Wasserstoff.* Über diese Verdrängung wird nicht reflektiert. Dieser Vorgang
   wird als selbstverständlich hingenommen, obwohl er nicht selbstverständlich ist.

Verborgene Prämissen werden wir nicht umgehen können. Unser Thema
ist Bestandteil eines in zweihundertjähriger Forschung überprüften
Systems von Protokollaussagen, Gesetzen und Theorien, die sich gegenseitig stützen. Es ist unmöglich, sich auf linearem Weg – ohne Vorweg-
nahmen – in die Chemie einzuarbeiten; gleichsam am „Punkt Null" wieder
zu beginnen und so alles „noch einmal" zu entdecken. Zwar sollen die
Schüler im Chemieunterricht Entdeckungen machen, jedoch wird der
Lehrer – bewußt oder unreflektiert – die Entdeckungen der Schüler
stets durch die Kenntnis des Ganzen steuern.

IV. DIE INTENTIONEN

Welche Absichten verfolgt der Lehrer mit dieser sechsstündigen Unterrichtseinheit? Wie will er seine Absichten angesichts der Auffassungen
von den anthropogenen und sozialkulturellen Bedingungen vertreten?

Die Absichten in zeitlicher Reihenfolge:

1. Der vertraute Gegenstand „Wasser" soll verfremdet werden. Die
   Schülertheoreme über ihn sollen exponiert, verunsichert und eingeschränkt werden (z. B. das naive Vertrauen auf die generelle
   chemische Neutralität des Wassers wird durch die Erkenntnis „Wasser
   kann u. a. Brennen fördern und verursachen" verunsichert). (Vergl. die
   1. und 2. Stunde.)

2. Die Schüler sollen beginnen, zum Gegenstand „Wasser" den chemischen Aspekt zu erlernen:

a) Sie werden einem (ihnen bisher unbekannten) Vorgang konfrontiert: der Zerlegung von Wasser mit Hilfe von erhitztem Eisenpulver.

b) Sie sollen die diesen Vorgang erklärende Denkoperation erlernen.

c) Sie sollen die Umkehrung des Vorgangs hypothetisch vornehmen und durch Experimente überprüfen.

d) Sie sollen mit den für das vorwissenschaftliche Denken ungewöhnlichen Sachverhalten langsam vertraut werden.

e) Sie sollen die sprachlichen Mittel zur Verbalisierung der neuen Erkenntnisse erlernen (vergl. bes. die 5. Stunde).

f) Die neuen Erkenntnisse sollen sprachlich verfügbar sein.

g) Die Schüler sollen erfahren, daß die in dieser Einheit erworbenen Kenntnisse und Erkenntnisse nur einen geringen Bruchteil der wissenschaftlichen Erkenntnisse über „Wasser" und „Wasserstoff" darstellen. (Vergl. bes. die 6. Stunde.)

3. Neben diesen Bestrebungen in vorwiegend kognitiver Dimension verfolgt der Lehrer auch solche pragmatischer Art: Die Schüler sollen das Identifizieren von Karbid, Kalium, Wasserstoff sowie den Umgang mit diesen gefährlichen Stoffen lernen. Außerdem sollen sie lernen, daß man aus Salzsäure und Zink ebenfalls Wasserstoff herstellen kann.

Begründung:

Diese Entscheidungen sind in einem Spannungsfeld gefallen, das in der Volksschuloberstufe zwischen den anthropogenen Bedingungen und den sozialkulturellen Bedingungen entstanden ist (vergl. I u. II). Der Lehrer hat sich in diesem Falle gegen die volkstümliche Bildungstheorie entschieden und damit gegen Unterrichtseinheiten wie „Wir bauen eine Karbidlampe". Er entschied sich für das Postulat des Rahmenplans: „Wissenschaftliche Denk- und Verfahrensweisen bestimmen unser Dasein in solchem Maße, daß sie die Bildung wie die Ausbildung aller Schichten durchdringen müssen[16]." Er muß jedoch nach dieser Entscheidung noch mit einer anderen Kritik rechnen. Die Ideologen der höheren Schule werden seine Unterrichtseinheit von ihren Perfektionsidealen her als „Halbbildung" bezeichnen. Vor allem die auf das Staunen und Stutzen der Schüler zielenden didaktischen Inszenierungen der ersten zwei Stunden stehen im Widerspruch zu den methodischen Doktrinen des Chemieunterrichts an höheren Schulen (vergl. den Bildungsplan für die OWZ).

In diesem Konflikt entscheidet sich der Lehrer für eine Position, die Hans G l ö c k e l [17] formuliert hat: „Die Volksschule kann das Ziel der wissenschaftlichen Erkenntnishaltung jedenfalls *nicht* erreichen, und doch gibt

[16] Rähmenplan . . . . ., Stuttgart 1959, S. 30.
[17] Hans Glöckel, Volkstümliche Bildung? Versuch einer Klärung. Weinheim 1964, S. 139.

es *kein anderes* für sie, soweit sie Erkenntnisbildung betreiben will, als das Denken ihrer Schüler in unermüdlicher Bereicherung, Überlegung, Anleitung und Reflexion soweit zu klären, wie es eben möglich ist, und in diesem Prozeß mittendrin aufzuhören, wenn die höhere Gewalt der Sozialordnung ihr die Schüler aus den Händen nimmt."

V. METHODISCHE ORGANISATION

1. *Die Konzeption*

Der „chemische Begriff von Wasser" – also der zu vermittelnde Inhalt – liegt zu Beginn der Unterrichtseinheit noch außerhalb des Fragehorizontes der Schüler. Die Frage „Wasser besteht woraus?" muß in dieser Unterrichtseinheit erst *gelernt* werden. Deshalb sind projekt-ähnliche Methodenkonzeptionen nicht möglich. Der Lehrer erkundet nicht gemeinsam mit seinen Schülern als Mitlernender einen Wirklichkeitsausschnitt (z. B. „Der Westhafen"); er kennt vielmehr als einziger in dieser Gruppe den Inhalt mit seinen komplizierten Verflechtungen. Der Inhalt ist zudem eindeutig (im Gegensatz zum Beispiel zu Inhalten wie „Die Todesstrafe"). Der Lehrer muß deshalb einen *Lehrgang* entwerfen. Er entscheidet sich für ein analytisches Verfahren: Die Schüler werden chemischen Reaktionen konfrontiert.

2. *Die Phasen des Lernprozesses*

a) *Exponierung* der Schülertheoreme

b) *Verunsicherung* der Schüler – *Verfremdung* des Gegenstandes

c) *Konfrontation* mit der bis dahin unbekannten chemischen Reaktion
$3 \, Fe + 4 \, H_2O = Fe_3O_4 + 4 \, H_2$
und mit dem bei dieser Reaktion frei gewordenen brennbaren Gas

d) Erste Erweiterung des Wortschatzes – Abgrenzen

e) Aufbau der diesen Vorgang erklärenden *Denkoperation.* – Wiederholung des Vorgangs

f) Der Schüler *erlebt* sich als „homo faber" (er zerlegt die Probe einer Verbindung, die auf unserer Erde seit mehr als 2 Milliarden Jahren besteht)

g) Die *Umkehrung* des Vorgangs wird konzipiert und im Experiment durchgeführt.

h) *Übung* durch Reagieren auf falsche und richtige Aussagen – Aufbau eines passiven und aktiven Sprachschatzes zu diesem Sachbereich (5. Std.)

i) Selbständige *schriftliche Fixierung*

j) *Transponierendes Üben* (6. Std.)

k) Diffuse Begegnung mit wissenschaftlichen Aussagen über das Wasser und den Wasserstoff, die von den Schülern noch nicht verstanden werden können, die aber das *Vorläufige, Begrenzte des Gelernten* verdeutlichen

l) *Kontrolle* des Unterrichtserfolgs mit einem Satzergänzungstest (nach 14 Tagen)

m) *Berichtigung* der sachlichen Fehler

Sozialform:

Die vorherrschenden Sozialformen sind Frontalunterricht (Demonstration und Gespräche) und Partnerarbeit. Diese Beschränkung hängt mit dem propädeutischen Charakter der Unterrichtseinheit zusammen; es werden — gemeinsam — neue Erfahrungen gemacht. Außerdem verführt die starre Anlage des Physikraumes zum Frontalunterricht. In der 5. Stunde findet die Einübung der neuen Kenntnisse und Erkenntnisse in Gruppen, in der 6. Stunde dagegen in Einzelarbeit statt.

VI. MEDIEN

1. Die ersten zwei Stunden dienen der Verfremdung des vertrauten Gegenstandes „Wasser". Diese Verfremdung erfolgt durch zwei Medien, deren Wahl sicher umstritten bleiben wird.

Kalziumkarbid und seine Reaktion mit Wasser

Kalium und seine Reaktion mit Wasser

Gegen diese Medien spricht zunächst die fehlende „Lebensnähe". Nach didaktischen Konzeptionen, die den Unterricht stets in Küche, Werkstatt und Garten beginnen lassen, dürfte man diese Wahl nicht treffen. Versteht man unter „Leben" jedoch „Leben im wissenschaftlichen Zeitalter", so wird man weniger Skrupel haben. — Ernstzunehmen ist dagegen die Gefährlichkeit dieser Stoffe. Der ungeschulte Lehrer ist hier zu warnen, und selbst der geschulte sollte vor solchen Stunden noch einmal F l ö r k e s „Unfallverhütung im chemischen Unterricht" zur Hand nehmen[18].

Angesichts unserer Intentionen werden wir uns jedoch für diese Medien entscheiden müssen; denn gerade weil sie dem vorwissenschaftlichen Denken ungewohnt sind, könnte es durch sie gelingen, gegenüber dem vertrauten Wasser „jenen fremden Blick zu entwickeln, mit dem der große Galilei einen ins Pendeln gekommenen Kronleuchter betrachtete."

(Brecht)

2. Wie wird den Schülern die wichtigste chemische Reaktion in dieser Unterrichtseinheit, nämlich die Zerlegung des Wassers, präsentiert? Der Lehrer muß sich hier zwischen zwei Möglichkeiten entscheiden: zwischen der sogenannten *Elektrolyse* des Wassers im Hofmannschen Wasserzersetzungsapparat

und der *Umsetzung* von Wasserdampf mit heißem Eisenpulver (Versuch Lavoisiers).

---

[18] Wilhelm Flörke, Unfallverhütung im chemischen Unterricht, Heidelberg, 1955.

In unserm Falle entschied sich der Lehrer für die Versuchsanlage Lavoisiers, und zwar aus folgenden Gründen:

a) Bei der sogenannten Elektrolyse des Wassers wird nicht primär das Wasser zerlegt, sondern die Schwefelsäure (die der Lehrer hinzufügt, „um das Wasser leitend zu machen"). Würde ein gewitzter Schüler empfehlen, das Wasser doch mit Kochsalz leitend zu machen, so geriete der Lehrer in große Verlegenheit. Bei dieser Elektrolyse entstehen nämlich *nicht* zwei Raumteile Wasserstoff und ein Raumteil Sauerstoff.

b) Der Versuch mit dem Hofmannschen Wasserzersetzungsapparat setzt Kenntnisse aus der Elektrizitätslehre voraus. Die Schüler müssen Gleichstrom und Wechselstrom sowie Pluspol und Minuspol unterscheiden können und etwas über die Elektrizitätsleitung in Flüssigkeiten wissen. Da sich die Gasbläschen an den Elektroden bilden, erliegen viele Schüler dem Eindruck, „die Gase kommen aus dem Strom". Im 7. Schuljahr reicht das Vorwissen der Schüler nicht aus, um diesen Eindruck abzubauen.

c) Im Gegensatz zur Versuchsanlage Lavoisiers läßt sich das Zerlegen des Wassers im Hofmannschen Apparat von *Schülern* nicht erklären. Während es beim Versuch Lavoisiers genügt, zu wissen, daß Metalle zu Metalloxyden verbrennen können und dazu Sauerstoff brauchen, bedarf es zur Erklärung der Elektrolyse der schwierigen Ionentheorie.

d) Der Versuch Lavoisiers kann zugleich als Modell für die industrielle Herstellung von Wasserstoff dienen. In der Industrie wird dazu Wasserdampf über erhitzten Koks oder über erhitztes Eisen geleitet.

Mit dieser Entscheidung hat sich der Lehrer allerdings der Möglichkeit beraubt, demonstrieren zu können, daß man aus dem Wasser zwei Raumteile Wasserstoff und einen Raumteil Sauerstoff gewinnt.

In unserer Unterrichtseinheit, die eindeutig einen propädeutischen Charakter hat, geht es zunächst nur darum, *daß sich Wasser überhaupt zerlegen läßt*. Das *Volumenverhältnis* und die *Formel* erscheinen als Randwissen.

Beides kann erst im Kursunterricht des 9./10. Schuljahrs einsichtig erarbeitet werden. Dann können sich die Schüler auch schon die Vorgänge im Hofmannschen Wasserzersetzungsapparat erklären. Für unseren propädeutischen Lehrgang scheint dagegen die Versuchsanlage Lavoisiers das angemessenere Medium zu sein.

3. Die Herstellung von neuem Wasser, wie sie in der 4. Stunde durchgeführt wird, muß als Notbehelf verstanden werden, da in der Regel komprimierter Wasserstoff nicht zur Verfügung steht. Die Verbrennung größerer Wasserstoffmengen zu anschaulichen Wassermengen wäre viel eindrucksvoller.

4. Bücher werden nicht benutzt; dagegen werden für die 5. und 6. Stunde Arbeitsbogen vom Lehrer zusammengestellt und vervielfältigt. Dieses Verfahren wird in den Schulen mehr und mehr üblich; und zwar angesichts der Einfallslosigkeit und Konventionalität der kommerziellen Lehr- und Lernmittelproduktion.

VII. ZUR INTERDEPENDENZ DER PLANUNGSMOMENTE

Die „wechselseitige Einflußnahme der Planungsmomente aufeinander" (Wolfgang Schulz) soll hier in zehn Fällen nachgewiesen werden[19].

1. Die Tatsache, daß die Schüler bereits Theoreme gelernt haben (anthropogene Bedingung), führt zu der methodischen Entscheidung, diese Theoreme zu exponieren und zu verunsichern.

2. Diese methodische Entscheidung führt wiederum zu einer Komplizierung des Inhalts: Durch die Einführung von Karbid und Kalium wird die Unterrichtseinheit vieldeutiger; sie verliert die „gute Gestalt".

3. Die Tatsache, daß dem O. P. Z.-Schüler die Verbalisierung komplizierter Sachverhalte schwerfällt (anthropogene Bedingung), führt zu der methodischen Entscheidung, in zwei Stunden die sprachliche Verfügbarkeit des Gelernten intensiv zu üben.

4. Die Tatsache, daß wir in einer „zentral wissenschaftlich gesteuerten Daseinsordnung leben" (Heimann), führt zu der Intention, den chemischen Wasserbegriff auch den Menschengruppen zu vermitteln, denen nach der bisherigen Tradition „die Anstrengung des Begriffs" nicht zugemutet wurde[20].

5. Diese Intention führt wiederum dazu, daß die methodische Organisation nicht im Widerspruch zum Modell wissenschaftlicher Wahrheitsfindung stehen darf.

6. Die bedrückende Tatsache, daß wissenschaftliche Erkenntnisse heute weit über die Vermittlungsmöglichkeiten der Schule hinausgehen, führt zur Wahl eines Mediums, das nur in Lehrerzimmern Verwendung findet: Die Schüler werden u. a. zwei Beiträgen aus dem Großen Brockhaus konfrontiert, um den Stellenwert ihres Wissens (zunächst noch diffus) zu erfassen.

7. Die methodische Entscheidung für ein analytisches Verfahren führt dazu, daß einige im Thema verborgene Prämissen nicht exponiert werden können.

8. Die inhaltliche Entscheidung für einen relativ geschlossenen Aussagenzusammenhang bedingt die methodische Entscheidung für einen Lehrgang (– und gegen ein Projekt).

9. Der Lehrer hat sich u. a. für gefährliche Medien entschieden; diese Entscheidung engt die methodischen Möglichkeiten ein: Gruppen-, Partner- und Einzelarbeit sind deshalb nicht immer möglich.

10. Das Fehlen guter altersgemäßer Texte über die kosmische und historische Dimension des Themas (– ein Medienproblem) führt zu einer Vernachlässigung dieser wichtigen Aspekte des chemischen Wasserbegriffs.

C PLANUNG DES VERLAUFS DER UNTERRICHTSEINHEIT

I. DIE ERSTE UND ZWEITE STUNDE: ABBAU EINES THEOREMS

In der *ersten Stunde*, die unter D ausführlich dargestellt wird, diskutieren die Schüler das volkstümliche Theorem „Wasser und Feuer sind Gegensätze". Sie überprüfen diesen Satz in drei Versuchen. Sie versuchen

a) trockene Watte und nasse Watte zu entzünden,

---

[19] Wolfgang Schulz, Die Schule als Gegenstand der Pädagogik, in Die Deutsche Schule, 1964, Heft 6, S. 334.
[20] Paul Heimann, Zur theoretischen Grundlage der Bildungsarbeit an Oberschulen Praktischen Zweiges, in „Die OPZ in Berlin".

b) unverdünnten Brennspiritus und verdünnten Brennspiritus zu entzünden,

c) trockenes Calciumcarbid und angefeuchtetes Calciumcarbid zu entzünden.

Die ersten zwei Versuche bestätigen das Theorem der Schüler; der dritte
führt zu einem ungewöhnlichen Ergebnis: Trockenes Karbid brennt nicht;
gießt man aber Wasser darüber, so entsteht ein brennbares Gas. — Die
Schüler erfahren die Bezeichnungen „Karbid" und „Azetylen".

Dann erhalten die Schüler die Hausaufgabe,

a) die Sätze 1 und 4 so zu ändern, daß sie nicht mehr im Widerspruch
zu der erfolgten Beobachtung stehen und

b) zu versuchen, die beobachtete Reaktion von Karbid mit Wasser zu
erklären.

Zur Aufgabe a erwartet der Lehrer angemessene Lösungen wie „Wasser
verhindert häufig das Brennen, in manchen Fällen allerdings nicht" oder
„Wasser und Feuer sind nicht immer Gegensätze" sowie vorschnelle
Fixierungen wie „Wasser verhindert immer das Brennen, bis auf Benzin
und Karbid". Zu Aufgabe b erwartet er vorwiegend folgende Vermutungen:

1. „Wasser weicht die Karbidbrocken auf. Aus dem aufgeweichten
Karbid kann das Azetylen herauskommen, das im Karbid fein verteilt
ist" (Aufweich-Hypothese)

2. „Karbid ist eben die Ausnahme. Bei Karbid gilt die Regel nicht. Es
gibt eben immer Ausnahmen, z. B. bei Rechtschreibregeln" (Ausnahme-Hypothese)
oder

3. den Versuch von Schülern, mit Hilfe von Büchern oder Erwachsenen
dieses Phänomen zu erklären. Die wissenschaftliche Erklärung ist
jedoch so kompliziert, daß sie von Schülern nicht assimiliert und somit
im Gespräch nicht vertreten werden kann. (Übernommene Erklärung.)

In der zweiten Stunde setzt sich der Lehrer mit den Äußerungen
und Erklärungsversuchen seiner Schüler auseinander. Er wird die Hausarbeiten am besten einen Tag vor der Chemiestunde einsammeln und
sich auf die Würdigung bzw. Berichtigung der Schülermeinungen gründlich vorbereiten. Nehmen wir an, er muß auf die drei oben beschriebenen
Reaktionen (zwei Schülerhypothesen sowie übernommene Erklärungen)
reagieren!

Zunächst erkennt er die Leistung der Kinder an, die versucht haben
Informationen zu übernehmen. Sie werden namentlich genannt und erfahren, ob sie die Informationen richtig übernommen haben oder nicht
Sie erhalten den Auftrag, sich noch zurückzuhalten und in etwa 14 Tage
der Klasse diese Erklärungen darzubieten.

Dann wird die „Aufweich-Hypothese" überprüft. Die Schüler erhalten wieder Karbidbrocken und „weichen sie auf" mit

> Benzol,
>
> Glyzerin,
>
> Petroleum.

Es findet keine Reaktion statt; kein Azetylengas kommt aus dem „aufgeweichten Karbid" heraus.

Die Überprüfung der „Ausnahme-Hypothese" muß sehr sorgfältig erfolgen. Der Lehrer läßt sie zunächst diskutieren. Dabei äußern wahrscheinlich schon Schüler die Ansicht, das Feststellen einer Ausnahme sei noch keine Erklärung. Der Lehrer stützt diese Kritik durch einen einfachen Versuch:

> Mit Hilfe eines kleinen Magneten wird an Kupferblech und -draht sowie an einer 2-Dpf-Münze und einer 1-Dpf-Münze die Frage überprüft, ob Kupfer magnetisch ist. Beunruhigendes Ergebnis: In den ersten drei Fällen ist Kupfer nicht magnetisch, die 1-Dpf-Münze ist dagegen magnetisch. Vorschneller Schluß: Kupfer ist nicht magnetisch, aber das Kupfer von 1-Dpf-Münzen macht eine Ausnahme.
> Dagegen die Erklärung: Die 1-Dpf-Münze enthält einen Eisenkern.

Dann wendet sich der Lehrer an die Schüler, die Karbid für die einzige Ausnahme halten. Er zeigt den Schülern Kalium in einem Glasgefäß. Kalium wird darin in einer „Flüssigkeit" aufbewahrt. Die Schüler identifizieren die Flüssigkeit am Geruch als Petroleum. Danach können sie durch eine Schutzscheibe beobachten, wie der Lehrer ein kleines Stück Kalium unter Beachtung von Vorsichtsmaßregeln mit Leitungswasser entzündet. Das Kalium „verbrennt" auf dem Wasser mit rötlicher Flamme. Wasser entzündet also Kalium, während das feuergefährliche Petroleum das Kalium vor der Verbrennung schützt. Es gibt also einen Stoff, den Wasser direkt entzündet. Wir kennen damit schon zwei Stoffe, auf die Wasser „feuergefährlich" wirkt.

Die Stunde war erfolgreich, wenn die Schüler sich nicht mit der „Ausnahme-Hypothese" zufriedengeben und eingesehen haben, daß das Theorem „Feuer und Wasser sind Gegensätze" auf keinen Fall richtig ist. Die Schüler schreiben als Hausaufgabe ein Protokoll „Ungewöhnliches vom Wasser".

II. DIE DRITTE UND VIERTE STUNDE:

DEMONSTRATION EINES VORGANGS – ERARBEITUNG DER ZUGRUNDELIEGENDEN DENKOPERATION – UMKEHRUNG

In der dritten Stunde demonstriert der Lehrer seinen Schülern den Versuch Lavoisiers aus dem Jahre 1783.

1. Die Schüler betrachten die Versuchsanlage: In einem feuerfesten
   Reagenzglas befindet sich mit Wasser durchfeuchteter Sand und
   ölfreies Eisenpulver. Ein Ableitungsrohr führt in eine pneumatische
   Wanne. Die Schüler wissen bereits, daß man so *Gas* auffangen kann.
2. Das Eisenpulver wird stark erhitzt, dann wird das Wasser langsam
   verdampft. Es entweicht ein farbloses Gas, das unter Wasser in
   Standgläsern aufgefangen wird.
3. Die Schüler betrachten das Ergebnis: Der Sand ist trocken; das Eisen
   ist blauschwarz angelaufen; in den Standgläsern befindet sich ein
   farbloses Gas.

Der Vorgang wird noch einmal an der Tafel dargestellt:

W a s s e r – S a n d – g r a u e s E i s e n p u l v e r (vor dem Versuch)

S a n d – b l a u s c h w a r z e s P u l v e r – G a s (nach dem Versuch)

Die Schüler versuchen, den Vorgang zu erklären.

Die Vermutung einiger Schüler, in den Standgläsern sei Wasserdampf,
wird wahrscheinlich schon von anderen Schülern widerlegt: Wasserdampf
wäre in den Standgläsern bereits zu Wasser kondensiert.

Da die Schüler in der vorangegangenen Unterrichtseinheit Metalle verbrannt haben, ist die Erwartung berechtigt, daß sie das blauschwarze
Pulver als „Eisenoxyd" erkennen.

Die Schüler stehen vor folgendem Problem: Das Wasser ist weg; dafür
ist das Eisenpulver oxydiert, und in den Standgläsern befindet sich ein
Gas, das bei Zimmertemperatur nicht kondensiert.

Der Lehrer stützt jetzt Hypothesen, die eine „Trennung des Wassers"
in Sauerstoff und in das andere Gas formulieren. Der Lehrer versucht
das aus Wasser gewonnene Gas vor einem dunklen Hintergrund zu
entzünden. Es brennt mit kaum sichtbarer Flamme. Er nennt den Namen
des Gases: Wasserstoff.

Jetzt wird es schwer sein, die Reaktionen der Schüler zu einem Gespräch
zu ordnen!

So werden die Schüler das Wasserstoffgas mit der Atombombe in Zusammenhang bringen. Um dieses Problem auszuklammern, sagt der
Lehrer seinen Schülern lediglich, daß aus dem *Wasserstoff in unseren
Standgläsern* keine Atombomben hergestellt werden könnten; dazu sei
eine seltene, schwere „Abart" des Wasserstoffes nötig. Viele Schüler
werden die Reaktionen des Wassers mit Kalium und Karbid erklären
wollen: Hier sei das brennbare Wasserstoffgas irgendwie freigeworden.

Die Stunde war erfolgreich, wenn die Schüler eingesehen haben

a) daß sich aus Wasser das brennbare Wasserstoffgas gewinnen läßt,

b) daß das heiße Eisenpulver dem Wasser Sauerstoff „entrissen" hat und zu einem blauschwarzen Oxyd verbrannt ist,

c) daß Wasser anscheinend aus Wasserstoff und Sauerstoff besteht.

In der *vierten Stunde* wird der Versuch Lavoisiers noch einmal aufgebaut (dieses Mal von Schülern) und vom Lehrer durchgeführt. Der Lehrer macht seinen Schülern bewußt, daß dieses Wasser im Reagenzglas wahrscheinlich seit 2 Milliarden Jahren *als Wasser* auf dieser Erde existiert und jetzt in unserm Schulgebäude mit Hilfe von heißem Eisenpulver in Wasserstoff und Eisenoxyd umgesetzt wird.

In dieser Phase soll etwas von der kosmischen Dimension dieses Themas bewußt werden: Eine 7. O. P. Z.-Klasse trennt eine 2 Milliarden Jahre alte Verbindung.

Nun schreibt der Lehrer die Namen „Cavendish" und „Lavoisier" an die Tafel. Lavoisier ist den Schülern bereits aus der vorangegangenen Unterrichtseinheit bekannt. Der Lehrer versucht folgendes bewußtzumachen: Wir lernen in der 7. Klasse etwas, was die Menschen vor 200 Jahren noch nicht wußten, – *Wasser ist kein unteilbarer Stoff.*

Vielleicht stellen die Schüler jetzt die Frage, die dem Lehrer zeigt, ob seine Schüler schon mit dem chemischen Wasserbegriff umgehen können: Kann man denn aus Wasserstoff und Sauerstoff wieder „neues Wasser" herstellen?

Die Schüler werden diese Anregung sicher diskutieren, dann wird der Lehrer über einen mit Wasserstoffgas gefüllten Zylinder (aus dem vorangegangenen Versuch) einen mit Luft gefüllten trockenen Zylinder setzen, die Gase mischen und das Gasgemisch im *trockenen Zylinder* entzünden. Die Innenwände beschlagen leicht mit Wasser. Lehrer und Schüler sind mit diesem bescheidenen Ergebnis in der Regel unzufrieden. Der Lehrer schlägt den Schülern vor, diesen Versuch selbst zu machen. Woher nehmen wir den Wasserstoff? Die Schüler sehen sicher ein, daß die Umsetzung von Wasserdampf ein zu umständliches Verfahren ist. Sie erfahren vom Lehrer, daß Salzsäure ebenfalls Wasserstoff enthält und daß Metalle den „zweiten Stoff der Salzsäure *auch ohne Erhitzen* an sich binden". So wird Wasserstoff sehr leicht frei.

Die Schüler bekommen Reagenzgläser mit ca. 4 ccm verdünnter Salzsäure. Die Salzsäure wurde am Vortage eingefüllt; die Innenwände sind also trocken. Etwas Zinkpulver wird zugeschüttet. Es entwickelt sich Wasserstoffgas. Jeder Schüler hat zehn Streichhölzer zur Verfügung. Hält er ein brennendes Streichholz an die Öffnung des Reagenzglases, so verbrennt das im oberen Teil des Glases entstandene Gemisch aus Wasserstoff und Luft mit pfeifendem Knall. Die Innenwände beschlagen von Versuch zu Versuch mit mehr „neuem Wasser".

Die Stunde ist erfolgreich, wenn die Schüler

a) selbständig auf die Umkehrung (Wasser aus Wasserstoff und Sauerstoff herstellen) kommen, ɔ) den Schülerversuch aufmerksam und diszipliniert durchführen.

II. DIE FÜNFTE UND SECHSTE STUNDE:

ÜBUNG UND ÜBERTRAGUNG (Siehe auch unter B V „Methodische Organisation"!)

Die Schüler erhalten zu Beginn der *fünften Stunde* folgenden (vervielfältigten) Arbeitsbogen:

„Dieser Text besteht aus unzutreffenden und zutreffenden Sätzen. Unterstreiche zunächst die *zutreffenden* Sätze!
1. Wasserstoff ist das leichteste Gas, das wir kennen. 2. Mit Wasserstoff kann man sich die Haare bleichen. 3. Kalium ist ein weiches Metall. 4. Man bewahrt Kalium unter Wasser auf. 5. Wasser kann keine Verbindung von zwei Gasen sein; denn Wasser ist flüssig. 6. Eine Wasserstoffflamme ist heller als eine Kerzenflamme; deshalb wurden früher Wasserstofflampen zur Beleuchtung benutzt. 7. Cavendish erfand den Wasserstoff. 8. Wasser ist verbrannter Wasserstoff. 9. Wenn man Salzwasser auf Zink gießt, dann wird Wasserstoff frei. 10. Wasserstoff und Luft bilden zusammen ein explosives Gemisch. 11. Wir sahen folgenden Vorgang: In einem feuerfesten Reagenzglas befanden sich Wasser (mit Sand gemischt) und graues Eisenpulver. Ein Ableitungsrohr führte in eine mit Wasser gefüllte Wanne. Nun wurde das Eisenpulver erhitzt. Nach einiger Zeit sahen wir, wie vom Ableitungsrohr Gasbläschen aufstiegen. In mit Wasser gefüllten Standgläsern konnten wir das Sauerstoffgas auffangen. 12. Das Eisenpulver war blauschwarz angelaufen, weil Eisenpulver von allein blauschwarz anläuft. 13. Die Wasserstoffbombe enthält ein Gemisch von Wasserstoff und Sauerstoff (Knallgas). 14. Die Zerlegung von Wasser mit Hilfe von erhitztem Eisenpulver führte erstmals Lavoisier durch. 15. Das Wasser ist auf unserer Erde vor mehr als zwei Milliarden Jahren entstanden; und zwar durch die Verbrennung von Wasserstoff. 16. Man kann Wasser in Wasserstoff und Sauerstoff zerlegen, indem man Wasser auf 200° Celsius erhitzt."

Die Schüler lesen diesen Arbeitsbogen still und unterstreichen die Sätze, die sie für zutreffend halten. Es steht für diese Arbeit ausreichend Zeit zur Verfügung. Danach ruft der Lehrer die sechzehn Sätze einzeln auf. Wenn Schüler einen Satz für zutreffend halten, melden sie sich. Richtige Entscheidungen werden bestätigt, falsche Entscheidungen werden diskutiert. Dann erhalten die Schüler den Auftrag, in Gruppenarbeit die neun unzutreffenden Sätze zu berichtigen. Der Lehrer schreibt – als Lernhilfe – folgende Stichwörter an die Tafel: oxydiertes Eisen – Petroleum – Salzsäure – Wasserstoffsuperoxyd.

Während der Gruppenarbeit kontrolliert der Lehrer die Ergebnisse und hilft bei den Formulierungen. Es werden zwei Hausaufgaben gegeben:

1. Mit Hilfe der berichtigten Sätze soll eine Ausarbeitung angefertigt werden: „Was ich in den letzten Chemiestunden über das Wasser und über den Wasserstoff gelernt habe".

2. Eine Zeichnung soll den wichtigsten Versuch der Unterrichtseinheit in zwei Stadien zeigen: vor dem Erhitzen des Eisenpulvers und nach dem Auffangen des Wasserstoffes.

Die Stunde ist erfolgreich, wenn

a) die Schüler die zutreffenden sieben Sätze richtig bestimmen oder aber schwerwiegende Fehleinstellungen sichtbar werden,

b) alle Gruppen die unzutreffenden Sätze berichtigt haben; und zwar in einer einwandfreien Formulierung und ohne grammatische und orthographische Fehler,

c) die Montage der zutreffenden und berichtigten Sätze (Hausarbeit) in einer sachgerechten Reihenfolge vorgenommen wird[22].

In der *sechsten Stunde* referieren endlich die Schüler, die in der zweiten Stunde aus Büchern übernommene Erklärungen zur Reaktion von Karbid mit Wasser vorbringen wollten. Mit Hilfe der erworbenen Kenntnisse werden die Schüler aus den Berichten ihrer Mitschüler folgendes Annäherungswissen entnehmen: Auch bei der Reaktion von Karbid mit Wasser findet eine Zerlegung des Wassers statt. Sauerstoff wird zum „Bestandteil" der Kalkmilch, Wasserstoff wird zum „Bestandteil" des Azetylens.

Ein Gespräch über die benutzten Bücher führt zum eigentlichen Thema der Stunde: Der Lehrer zeigt je ein Exemplar von folgenden Lexika:

1. Die Welt von A bis Z, Jugendlexikon, Reutlingen

2. Schülerlexikon, Freiburg

3. Das Bertelsmann-Lexikon, Bd. 4

4. Der Große Brockhaus, Bd. 12

Jeder Schüler erhält einen vervielfältigten Arbeitsbogen, der die Ausführungen dieser Lexika zu den Stichwörtern „Wasser" und „Wasserstoff" enthält. Der Arbeitsauftrag lautet: Unterstreiche (mit verschiedenen Farbstiften)

a) Sätze, die Sachverhalte beschreiben, die wir schon vorher kannten,

b) Sätze, die Sachverhalte beschreiben, die wir in den letzten drei Wochen kennengelernt haben,

c) Sätze, die Sachverhalte beschreiben, die uns noch unbekannt sind, die wir aber ohne weiteres verstehen,

d) Sätze, die Sachverhalte beschreiben, die uns unbekannt sind und die wir nicht verstehen!

In dieser Stunde wird nur der Beitrag aus dem Bertelsmann-Lexikon gemeinsam durchgearbeitet. Dabei stößt die Klasse auf die Formel H_2O. Die Zeichen H und O werden erklärt. Die Schüler stellen Vermutungen an über die Zahl 2 hinter dem H. Sie erfahren vom Lehrer, was in unserem Versuch nicht sichtbar wurde: daß sich zwei Raumteile Wasser-

---

[22] Erwin Voigt, Die Muttersprache als Inhalt und Medium des Unterrichts im 7. u. 8. Schuljahr, (bes. der Abschnitt „Die Sprache als Medium des Sachunterrichts"), in „Die OPZ in Berlin".

stoff mit einem Raumteil Sauerstoff verbinden. Die Stunde endet mit einem Hinweis auf den Kursunterricht in der 9. und 10. Klasse, in dem diese Fragen genauer untersucht werden.

Die Durcharbeitung der übrigen Teile des Arbeitsbogens erfolgt zu Hause. Nach 14 Tagen werden in einem Satzergänzungstext die erworbenen Kenntnisse und Erkenntnisse überprüft. Die Ergebnisse werden zensiert. In der Chemie-Arbeitsmappe der Schüler befinden sich dann folgende Arbeiten:

1. Protokoll „Ungewöhnliches vom Wasser".
2. Niederschrift „Was ich in den letzten Chemiestunden über das Wasser und über den Wasserstoff gelernt habe".
3. Arbeitsbogen: Was vier Lexika zu den Stichwörtern „Wasser" und „Wasserstoff" bringen.
4. Die berichtigte Abschrift des Satzergänzungstests.

D STRUKTURANALYSE DER ERSTEN UNTERRICHTSSTUNDE

Thema der Stunde: Überprüfung des vorwissenschaftlichen Theorems „Wasser und Feuer sind Gegensätze".

Intentionen: Alle Schüler sollen durch einen Tafeltext (5 verschiedene Aussagen über das Verhältnis von Feuer und Wasser) herausgefordert werden, sich für (oder evtl. gegen) dieses vorwissenschaftliche Theorem *zu entscheiden.* Diese Meinungsumfrage soll dann als eine *für die Chemie unbrauchbare Methode* erkannt werden. Die Schüler sollen sodann versuchen, zu dem vom Lehrer gestellten Untersuchungsmaterial sowohl *Methode* als auch *Reihenfolge* der Experimente zu planen. Sie sollen dabei die mit ihren bisherigen Denkmitteln nicht zu erklärende Reaktion des Wassers auf Karbid kennenlernen. Die Hauptabsicht ist, ein vorwissenschaftliches Theorem bewußtzumachen und in Frage zu stellen. Das Kennenlernen von Karbid und Azetylen ist eine Nebenabsicht, die nur soweit verfolgt wird, als sie die Hauptabsicht fördert.

Unterrichtsmittel:

1. Ein Tafeltext mit 5 Sätzen über das Verhältnis von Feuer und Wasser. Alle 5 Sätze sind falsch. Die Sätze 1 und 4 formulieren das vorwissenschaftliche Theorem.

2. Untersuchungsmaterial:

   Spiritus, Watte, Karbid, Wasser,
   evtl. Benzin,
   evtl. Petroleum, Benzol, Glyzerin.

3. Hilfsmittel:

   Porzellanschälchen, Lappen, Streichhölzer, Bechergläser, Reagenzgläser.

E ANTIZIPATION DER METHODISCHEN ORGANISATION DER 1. STUNDE

Der Lehrer hat folgende Sätze an die Tafel geschrieben:
1. Wasser verhindert das Brennen.
2. Wasser ist feuergefährlich.
3. Wasser und Feuer ergibt Feuerwasser.
4. Wasser und Feuer sind Gegensätze.
5. Ohne Wasser kann man nicht löschen.

Die Schüler lesen die Sätze und äußern sich dazu. Sie werden 1 und 4 akzeptieren, 2 und 3 ablehnen, 5 nach einer Diskussion ebenfalls ablehnen.

Der Lehrer gibt folgende Anregung:
Jeder Schüler soll zur Tafel gehen und die Sätze ankreuzen, die er für richtig hält.

Mögliche Aktion A: Einige Schüler kennen die Reaktion von Karbid und Wasser. Sie halten Wasser für feuergefährlich.
Mögliche Aktion B: Benzin wird als Ausnahme genannt. Wasser verhindert nicht immer das Brennen.
Mögliche Aktion C: Die Klasse entscheidet sich geschlossen für die volkstümlichen Theoreme 1 u. 4.

Bei der möglichen Schüleraktion A muß der Lehrer den hier geplanten Verlauf abändern. Die Aufmerksamkeit aller Schüler richtet sich sofort auf diese interessante Behauptung. Deshalb sollten die Schüler in diesem Falle ohne Umweg die Reaktion von Wasser mit Karbid kennenlernen.
Mögliche Aktion B: Der Lehrer bestätigt in diesem Falle durch einen Versuch, daß Benzin auf der Wasseroberfläche brennend schwimmen kann. Er zeigt aber auch, wie man brennendes Benzin mit einem nassen Tuch löscht. Dann setzt er den Unterricht fort wie bei C.
Mögliche Aktion C: Der Lehrer

Einige Schüler werden hier stutzen. Sie werden vielleicht einwen-

wird in diesem Falle fragen, ob man die Sätze 1 und 4 jetzt rotumrandet in den Hefter schreiben sollte.

den, daß zu den andern Merksätzen im Hefter Versuche gemacht worden sind. Oder man müßte im Buch nachschlagen.

Der Lehrer bestätigt die Schüler in diesem Unbehagen. In der Chemie dürfte man nichts mit Meinungsumfragen entscheiden. Was müßte ein Chemiker tun, wenn er sich nicht ganz sicher ist?

Die Schüler werden vielleicht meinen, der Chemiker müsse jetzt viele Versuche machen.
Man müßte viele Stoffe naßmachen und dann zu entzünden versuchen.

Der Lehrer fährt auf einem Laborwagen das vorbereitete Material heran. Bei 34 Schülern wären es:

17 Porzellanschälchen (f. je 2 Sch.)
17 Lappen zum Abtrocknen
34 Wattebäuschchen
17 Reagenzgläser mit 4 ccm Spiritus
17 Bechergläser m. Leitungswasser
17 Streichholzschachteln mit je 10 Streichhölzern
17 Steinbrocken (Karbid)

Die Schüler holen sich ihr Material und bauen es auf ihrem Tisch auf.

Einige Schüler öffnen die Fenster.

Einige Schüler werden äußern, daß die Steinbrocken unangenehm riechen.

Der Lehrer klappt die Tafel zu.

Der Lehrer schlägt vor, die Reihenfolge der Versuche vorher festzulegen.

Die Schüler werden wahrscheinlich mit dem Spiritus beginnen wollen, – dann Watte, dann „Steinbrocken".

Der Lehrer fragt, wie viele Versuche man mit dem Material machen müßte.

Die Schüler machen ungefähr folgende Aufstellung:
Spiritus unverdünnt
Spiritus verdünnt
Watte trocken
Watte naß
„Steinbrocken" trocken
„Steinbrocken" naß

Die Schüler beginnen, das Untersuchungsmaterial in der gewählten Reihenfolge zu entzünden.

Die ersten 4 Versuche bestätigen das Theorem der Schüler.

Nach dem 5. Versuch werden einige Schüler resignieren. (Wenn schon nicht trocken, dann erst recht nicht naß.)

Einige Schüler werden es doch versuchen.

Das Ergebnis des 6. Versuches ist für Schüler sensationell.

Unruhe. Ausrufe wie „Das ist unmöglich".

Der Lehrer fordert die Schüler auf, genau zu beobachten. Brennt das Karbid selbst?	Die Schüler stellen unschwer fest, daß aus dem Karbid „ein Gas herausbrodelt". Nur dieses Gas brennt.
Der Lehrer schreibt an die äußere Tafel: Die Steine heißen *Karbid*. Das Gas heißt *Azetylen*.	Die Schüler werden den reizvollen Versuch wiederholen, bis die Streichhölzer verbraucht sind. Die Schüler erörtern unter sich mögliche Anwendungen.
Der Lehrer klappt nun die Tafel wieder auf. Die Schüler bekommen als Hausaufgabe: die 5 Sätze zu berichtigen, zu versuchen, eine Erklärung für die ungewöhnliche Reaktion von Wasser mit Karbid zu finden.	Die Schüler schreiben die 5 Sätze ab. Sie beginnen mit dem Abräumen.

WOLFGANG NORTHEMANN

Kultur- und Gemeinschaftskunde:
Angebot und Nachfrage beeinflussen den Preis

Planungsbeispiel für eine überfachliche Unterrichtseinheit in der 9. Klasse

A VORBEMERKUNGEN ZUM ÜBERFACHLICHEN UNTERRICHT

Der überfachliche Bereich „Kultur- und Gemeinschaftskunde, Erkundung der Berufs- und Arbeitswelt" bildet mit dreizehn Wochenstunden den Schwerpunkt des Unterrichts in den Abschlußklassen der Berliner Volksschuloberstufe (OPZ). Er wird im Bildungsplan[2] mißverständlich in den Kanon der traditionellen Schulfächer aufgenommen, muß jedoch aus sachlogischen Gründen als ein zwar teilweise auf ihnen basierender, durch seine überfachlich-gesamtunterrichtliche Konzeption aber grundsätzlich von ihnen unterschiedener Unterrichtsbereich angesehen werden. Er integriert die in den Stundentafeln für die 7. und 8. Klassen der OPZ enthaltenen Fächer und bezieht darüber hinaus Sachverhalte ein, die von ihnen her nicht erfaßt werden können. Seine Inhalte entstammen

1. den Basisfächern und den hinter ihnen stehenden Wissenschaftsdisziplinen,

2. Wissenschaftsdisziplinen unmittelbar (z. B. Politologie, Technologie, Soziologie, Volkswirtschaft),

3. der gegenwärtigen bzw. erwartbar zukünftigen Umweltrealität der Schüler.

Die Bezeichnung „Kultur- und Gemeinschaftskunde, Erkundung der Berufs- und Arbeitswelt" umschreibt die relevanten Inhaltsbereiche: Kultur, Gemeinschaft (gemeint ist oder sollte jedenfalls sein: Gesellschaft), Berufs- und Arbeitswelt.

Die Bildungsarbeit der Oberschule Praktischen Zweiges gipfelt im überfachlichen Unterricht und findet in ihm ihre eigenständige Ausprägung. Unter diesem Gesichtspunkt werden die bereichsintentionalen Forderungen des Bildungsplanes zu prüfen sein, die sich vorwiegend auf der Ebene der kognitiven Dimension bewegen. Sie beziehen sich u. a. auf die Vermittlung einer „Erkenntnis der wirtschaftlichen Zusammenhänge", der Einsicht in „Veränderungen im Wirtschaftsgefüge", in die innere Verflochtenheit von „Berufs- und Arbeitswelt, Kultur- und Gemeinschafts-

---

[1] Diese Planung bezieht sich auf den überfachlichen Unterricht in 9., bzw. freiwilligen 10. Abschlußklassen der Berliner OPZ. Es sei jedoch darauf hingewiesen, daß es in den Bundesländern mit obligatorischem 9. Schuljahr auf der Volksschuloberstufe (z. Z. Bremen, Hamburg, Niedersachsen, Saarland, Schleswig-Holstein) ebenfalls Formen des überfachlichen Unterrichts gibt. Seine jeweilige Bezeichnung und sein Anteil an der Gesamtstundenzahl der Klasse sind verschieden.
[2] Bildungsplan für die Oberschule Praktischen Zweiges, Sonderdruck aus dem Amtsblatt für Berlin Nr. 51, Kulturbuch-Verlag, Berlin W 30 o. J. (1957), S. 5 (Inhaltsverzeichnis)

leben", auf den Erwerb kulturgeschichtlicher, naturwissenschaftlicher, technologischer, volkswirtschaftlicher und soziologischer Erkenntnisse und das Verstehen des engen Zusammenhanges zwischen Geschichte, Gemeinschaftskunde, Kulturgeschichte, Naturwissenschaft, Volks- und Weltwirtschaft[3]. Dieser Katalog bedarf notwendig einer Erweiterung und Ergänzung nach der pragmatischen Seite hin. Paul Heimanns Formel „Erziehung zu einem angepaßten Arbeitsverhalten, einem humanen Sozialverhalten und einem sinnvollen Kulturverhalten" bietet geeignete Ansatzpunkte für Überlegungen in dieser Richtung[4].

Der Lehrer des überfachlichen Unterrichts verfügt nach dem Bildungsplan über ein hohes Maß an Freizügigkeit, didaktische Entscheidungen hinsichtlich der Thematik und der Intentionalität seiner Stunden zu treffen. Deshalb muß er sich bei der Unterrichtsplanung der Verantwortung bewußt sein, die er gegenüber der Gesellschaft, in deren Auftrag er handelt, gegenüber den Schülern, deren Persönlichkeitsbildung und Lebenschancen er mitbestimmt, und gegenüber der Sache trägt, die er unterrichtet und deren Vielschichtigkeit und vieldimensionale Verflochtenheit gründlichste Orientierung im einzelnen und eine auf genauer gedanklicher Durchdringung basierende Übersicht über das Ganze von ihm fordert.

Die nachstehende Planung entwirft eine Stunde, die der Einführung in die Unterrichtseinheit „Preisbildung in der freien Marktwirtschaft" dient. Diese Einheit ist im Rahmen des überfachlichen Unterrichts in Abschlußklassen der OPZ formal gerechtfertigt, weil sie

1. Inhalte aus Zuständigkeitsbereichen *verschiedener* traditioneller Schulfächer bezieht und
2. Sachverhalte zum Gegenstand hat, die von den traditionellen Schulfächern her nicht erfaßt werden können.

Sie nimmt Aspekte einzelner, in den Stundentafeln für die 7. und 8. Klassen vertretener Schulfächer auf und verbindet sie, und sie trägt der Eigenständigkeit des Bereiches durch die Einbeziehung neuer Wissenschaftsdisziplinen und der Umweltrealität entstammender Inhalte Rechnung, die außerhalb der Zuständigkeit der Basisfächer liegen. Die Erfüllung dieser Bedingungen stellt ein grundsätzliches Eignungskriterium für Unterricht im überfachlichen Bereich „Kultur- und Gemeinschaftskunde, Erkundung der Berufs- und Arbeitswelt" dar.

B DIE STRUKTUR DER UNTERRICHTSEINHEIT „PREISBILDUNG IN DER FREIEN MARKTWIRTSCHAFT"[5]

Der Prozeß der Preisbildung in der freien Marktwirtschaft ist vielseitig aspektiert. Die zahlreichen in ihm gleichzeitig wirkenden Faktoren kön-

---

[3] ebda., S. 16.
[4] Heimann, Paul: Zur Bildungssituation der Volksschuloberstufe in der Kultur und Gesellschaft der Gegenwart, Auswahl 3, Reihe A, Schroedel, Hann. 1963, S. 14.
[5] Vgl. zur 1. Stunde der Einheit: Hilligen, Wolfgang: Sehen — Beurteilen — Handeln, Teil 2, Ausg. B, Hirschgraben-Verlag, Frankfurt 1960, S. 151 ff.

nen wegen der Kompliziertheit ihres Wirkungsgefüges nur einzeln und nacheinander von den Schülern aufgefaßt werden. Erst die Kenntnis der wichtigsten Einzelfaktoren und ihrer Wirkungsweise ermöglicht ein annähernd zutreffendes Begreifen des Gesamtsystems.

Im Gegensatz zu anderen, leichter überschaubaren Planungsobjekten muß die Frage nach der für diese Unterrichtseinheit erforderlichen Stundenzahl offenbleiben. Ihre Beantwortung hängt weitgehend von dem in den einzelnen Klassen und dort wiederum in den einzelnen Stunden sehr unterschiedlichen Arbeitstempo ab. Voraussichtlich wird jedoch die Zahl von zwanzig Unterrichtsstunden in keinem Falle überschritten zu werden brauchen.

Die Einheit ist in sich nicht lehrgangsmäßig aufgebaut. Ihre Teile sind dynamisch miteinander verknüpft, ohne daß sie in einem strengen Sinne voneinander abhängig wären oder einander in der Form einer starren Entwicklungsreihe gegenseitig bedingten. Daher bleibt ihre Reihenfolge nahezu beliebig.

Unter dem Thema „Angebot und Nachfrage beeinflussen den Preis" lernen die Schüler erste bescheidene Sachverhalte innerhalb des Preisbildungsprozesses kennen und in ihrer Wechselwirkung begreifen. Die inhaltliche Problematik dieser Einführungsstunde weist einen geringen Schwierigkeitsgrad auf. Auch Schüler 7. oder 8. Klassen der OPZ könnten mit ihr erfolgreich konfrontiert werden. Da jedoch der traditionell gefächerte Unterricht die Behandlung dieses Themas nicht zuläßt und die Anforderungen, die an das Abstraktionsvermögen der Schüler gestellt werden, sich beim Voranschreiten innerhalb der Einheit beträchtlich steigern, hat die im folgenden geplante Stunde im überfachlichen Unterricht der 9. Klasse ihren rechtmäßigen Ort. Eine erschöpfende Erörterung aller unter dem Thema der Einführungsstunde zu erfassenden Aspekte ist nicht vorgesehen.

Weitere Stunden- und Doppelstundenthemen sollen lauten: „Der Verkaufspreis als Endpreis der Ware auf dem Wege vom Produzenten zum Konsumenten" – „Konkurrenz als Faktor bei der Preisbildung" – „Unterschiedliche Preise in Einzelhandel, Supermarkt und Discountgeschäft" – „Verpackung und Preis" – „Preisbindung bei Markenartikeln" – „Der Käufer beeinflußt den Preis durch zweckmäßiges Konsumverhalten" – „Einkaufsgenossenschaften" – „Lohn und Preis" – „Der Preisindex" – „Inland- und Weltmarktpreis" (Schutzzölle) – „Preisausgleich innerhalb der EWG" (Stützung bestimmter Wirtschatszweige durch den Staat) – „Soziale Marktwirtschaft als Modifikation der freien Marktwirtschaft".

Nicht alle Themen müssen notwendig selbständige Stundeninhalte bilden; sie können zum Teil auch als inhaltliche Aspekte innerhalb von Stunden auftreten.

Entscheidungen innerhalb der Einheit

Die *Intentionen* der Einheit entstammen vorwiegend der kognitiven Dimension. Vorstellungen der Schüler über den Prozeß der Preisbildung sollen ins Bewußtsein gehoben, geordnet, auf ihre Richtigkeit hin geprüft, korrigiert und ergänzt werden. Die Schüler sollen erkennen, daß die Preisbildung in der freien Marktwirtschaft, manipulierbar in Teilbereichen, insgesamt objektiven Gesetzmäßigkeiten unterworfen ist. Sie sollen die wichtigsten dieser Gesetzmäßigkeiten intellektuell erfassen und sich selbst als Faktoren im Preisbildungsprozeß begreifen. Diese Orientierung dient unter anderem der Erziehung zu einem zweckmäßigen Konsumverhalten.

Das *Thema* der Einheit ist überfachlich. Es erfordert z. B. die Anwendung allgemein- und wirtschaftspolitischer, volkswirtschaftlicher, soziologischer, handelsrechtlicher, wirtschaftsgeographischer, historischer und mathematischer Betrachtungsweisen.

Im Hinblick auf die Bezeichnung des Unterrichtsbereichs dient es stärker der Kultur- und Gemeinschaftskunde als der Erkundung der Berufs- und Arbeitswelt.

In fast allen Stunden der Einheit wird das Prinzip der politischen Bildung von der Thematik her zwangsläufig wirksam.

Bei der Erörterung der Struktur der Einheit ist deutlich geworden, daß die Einzelthemen in der Form eines Feldzusammenhanges zueinander in Beziehung stehen. Das Thema der Einheit ist seinerseits als Bestandteil der übergreifenden Thematik „Einzelmensch und Gesellschaft" aufzufassen.

Innerhalb der Einheit können drei thematische Schichten unterschieden werden: Eine Schicht, die Umwelterfahrungen der Schüler verarbeitet (z. B. „Angebot und Nachfrage beeinflussen den Preis"), eine weitere Schicht, in der Eigeninformationen der Schüler – beispielsweise durch Massenmedien – noch teilweise vorausgesetzt werden können (z. B. „Preisausgleich innerhalb der EWG"), eine dritte Schicht, deren Inhalte vermutlich im Bewußtsein der Schüler noch keine Rolle spielen (z. B. „Der Preisindex"). Die Abstraktionsfähigkeit der Schüler wird in den verschiedenen Schichten verschieden stark beansprucht. – Die an sich naheliegende Schichtung der Einheit nach den jeweils beteiligten Betrachtungsweisen empfiehlt sich nicht, da diese – auch in Einzelstunden – niemals völlig isoliert auftreten.

Die während der Arbeit an der Einheit gewonnenen Erkenntnisse werden im Unterricht zu einem späteren Zeitpunkt wieder aufgenommen, so zum Beispiel, wenn das System der freien Marktwirtschaft mit planwirtschaftlichen Systemen verglichen wird.

Unter dem Gesichtspunkt der *methodischen* Organisation ist die Einheit elementenhaft-synthetisch aufgebaut. Der Prozeß der Preisbildung kann in seiner Vielschichtigkeit den Schülern bei der Einführung nicht als Ganzes präsentiert und dann analysiert werden. Sie müssen vielmehr die in ihm wirkenden Faktoren (Elemente) erkannt haben, bevor ihnen das Auffassen seines Gesamtgefüges zugemutet werden darf. Das geschieht bei der die Einheit abschließenden Synthese.

Über Arbeitsformen und methodische Verfahrensweisen innerhalb der Einzelstunden muß bei der Planung von Fall zu Fall entschieden werden. Einzelne Schüler oder Schülergruppen sollten zur Vorbereitung des Unterrichts beitragen, wo immer dies möglich ist. So können beispielsweise Schüler für eine Stunde mit dem Thema „Unterschiedliche Preise in Einzelhandel, Supermarkt und Discountgeschäft" die jeweiligen Preise in eine gemeinsam zusammengestellte Warenliste eintragen, für die „Verpackung und Preis" überschriebene Stunde die Preise gleichartiger Waren in verpackter und unverpackter Form feststellen, Namen und Preise für die „Preisbindung bei Markenartikeln" genannte Stunde in Erfahrung bringen usw. Die Arbeit in der Klasse geht dann von dem von den Schülern beschafften Material aus, dem ein bestimmter Problemgehalt bereits innewohnt. Dadurch werden Unterrichtssituationen begünstigt, in denen die Lehrerzentriertheit aufgegeben werden und der Unterrichtende als Gesprächspartner an einem streckenweise freien Unterrichtsgespräch teilnehmen kann.

Die Beteiligung der Schüler an der Stundenvorbereitung erfordert eine langfristige Planung der Einzelthemen und macht es nötig, der Klasse Einblick in die Struktur der Einheit zu gewähren. Das kann z. B. durch das Aushängen einer Aufstellung aller innerhalb der Einheit auftretenden Stundenthemen im Klassenzimmer geschehen. Bei dieser Gelegenheit können auch die Namen der an der Vorbereitung beteiligten Schüler bekanntgemacht werden.

Während der gesamten Arbeit an der Einheit werden die erzielten Einzelergebnisse schriftlich fixiert. Solche Fixierung kann z. B. durch die Übernahme und Ausarbeitung gemeinsam zusammengestellter Tafeltexte, durch kontrollierte und abgestimmte Ergebnisprotokolle aller Schüler, durch vervielfältigte Einzelprotokolle, durch häusliche Berichtniederschriften nach der Stunde, durch Diktate und Sachaufsätze mit einschlägiger Thematik, durch die Anfertigung statistischer Schaubilder, durch zahlenmäßige Darstellung mathematisch erfaßbarer Sachverhalte usf. erfolgen.

Ziel der Fixierung ist eine Sammlung fortlaufender, sachlich und formal einwandfreier Texte über die Einheit im Fachordner jedes einzelnen Schülers, die zugleich Anhaltspunkte für die Wiederholung und Festigung des Gelernten liefert und die Basis für eine aufbauende Weiterarbeit darstellt. Jeder von den Schülern niedergeschriebene Text dient der muttersprachlichen Bildung und muß deshalb vom Lehrer auf seine sprachliche Richtigkeit hin geprüft werden.

Die Wahl der *Medien* fällt in den Bereich der Einzelplanung.

Bedingungen der Einheit

1. Anthropologisch-psychologische Bedingungen

Von Fällen extremer Überalterung abgesehen, die hier ausgeklammert werden sollen, befinden sich Schüler 9. Klassen der OPZ im 15. bzw. 16. Lebensjahr, d. h. auf der Entwicklungsstufe der fortgeschrittenen Pubertät, innerhalb deren sich „als eine unbewußte Kompensation der allgemeinen Gefühlsbetontheit" Unterscheidungs- und Kritikvermögen, Rationalismus entwickeln[6].

Die erwachende Rationalität des Pubertierenden, sein Kritikbedürfnis, das begleitet wird von einer sich steigernden Kritikfähigkeit, seine Problemoffenheit und seine Bereitschaft, Zusammenhänge denkend zu durchdringen, kommen als Voraussetzungen den Bedürfnissen des Unterrichtsbereiches „Kultur- und Gemeinschaftskunde, Erkundung der Berufs- und Arbeitswelt" fördernd entgegen.

Allerdings sucht der Jugendliche dieser Altersstufe, „tieferem Verständnis der unüberschaubaren Fülle des gesellschaftlich-kulturellen Lebens aus Mangel an Erfahrung und Wissen noch nicht gewachsen", unangemessen zu vereinfachen[7]. Er neigt zu oberflächlichen Pauschalurteilen und verfälschender Simplifikation. Deshalb muß er im Unterricht immer wieder von der Sache her motiviert werden, neue Aspekte in seine Betrachtung einzubeziehen, Aussagen in Frage zu stellen und die Vorläufigkeit gefundener Urteile anzuerkennen. Die Form, die eine solche Verfahrensweise am meisten begünstigt, ist das gleichberechtigte, disziplinierte Sachgespräch[8].

Von den Schülern der Oberschule Praktischen Zweiges wird angenommen, die gemachten Aussagen träfen auf sie nur mit mehr oder minder starken Einschränkungen und Modifikationen zu. Paul Heimann weist auf ihre „mangelnde Fähigkeit und Willigkeit zu abstrahierenden Denktätigkeiten", ihre „mangelnde Intellektualität (nicht Intelligenz) und Geistigkeit, die im Denken die ‚Anstrengung des Begriffes' und im gesellschaftlichen und kulturellen Bereich die geistige Ansprechbarkeit vermissen läßt", hin[9].

---

[6] Remplein, Heinz: Die seelische Entwicklung des Menschen im Kindes- und Jugendalter, 11. Aufl., Ernst-Reinhardt-Verlag, München/Basel 1963, S. 472 f.
[7] ebda., S. 471.
[8] Linke, Bernhard: Das 9. Volksschuljahr, Kamps pädagogische Taschenbücher Nr. 11, Rote Reihe, Kamp, Bochum o. J., S. 84 ff.
[9] Heimann, Paul: a. a. O., S. 6.

Liegt dieser Tatbestand vor, so sind aus ihm didaktische Konsequenzen zu ziehen, die sich insbesondere auf Entscheidungen bezüglich der Unterrichtgegenstände, der Methoden und der Medien auswirken. Wenn der Unterrichtsgegenstand für den Schüler einsehbar von Belang ist, wenn das gewählte Unterrichtsverfahren ihm einen aktiven und seinen Fähigkeiten entsprechenden Umgang mit dem Unterrichtsgegenstand gestattet, wenn die Medien seinem Bedürfnis nach Anschaulichkeit oder zumindest Vorstellbarkeit Rechnung tragen, wenn schließlich dem Prinzip der Lebensnähe weitestmöglicher Raum gewährt wird, dann ist das zur Realisierung der im Unterrichtsbereich und in der Einheit auftretenden Intentionen erforderliche Maß an abstrahierendem Denken erfahrungsgemäß durchaus zu erreichen.

Die Schüler der 9. Klasse der Oberschule Praktischen Zweiges besuchen die allgemeinbildende Schule im letzten Jahr. Mit der Notwendigkeit der Berufswahl auf den verchiedensten Ebenen (Elternhaus, Schule, Berufsberatung, Freundeskreis etc.) konfrontiert, stehen sie in einem Prozeß fortschreitender Kontaktaufnahme mit sozialen und wirtschaftlichen Tatbeständen ihrer Umwelt. Die Fragen des sozialen Status und des Einkommens ihrer Eltern gewinnen für sie zunehmend an Bedeutung. Mit der Erwägung, welchen Beruf sie wählen sollen, verbindet sich die Überlegung, welches Einkommen in dem gewählten Beruf zu erwarten ist. Es liegt für sie nahe, sich dafür zu interessieren, einen wie großen Teil ihres Einkommens sie für die Befriedigung der elementaren Lebensbedürfnisse aufzuwenden haben werden. Dabei stellt sich für sie die Frage nach den Preisen.

Die Preise der Waren des täglichen Bedarfs haben im Alltagsleben der Schüler feste Funktion. Ihre Höhe ist mit großer Wahrscheinlichkeit Gegenstand von Gesprächen innerhalb der Familie und entscheidet mit darüber, ob man etwas kaufen oder nicht kaufen kann. Ein erheblicher Teil der Schüler wird ständig mit der Erledigung von Einkäufen für den gemeinsamen Haushalt beauftragt und hat auf diese Weise Vorwissen von Preisschwankungen auf dem Markt erworben.

Bei Berufstätigkeit beider Elternteile und in unvollständigen Familien sind Jugendliche dieser Altersstufe nicht selten bereits mit einer fast selbständigen Führung des Haushalts, in dem sie leben, betraut und an der Verwaltung des Wirtschaftsgeldes beteiligt.
Aus den angeführten Gründen wird bei Jungen und Mädchen ein gleich großes Interesse am Unterrichtsgegenstand vorausgesetzt. Die Tatsache der Koedukation bleibt deshalb an dieser Stelle unberücksichtigt.

2. Situativ-sozial-kulturelle Bedingungen

Unter dem Thema „Preisbildung in der freien Marktwirtschaft" wird Unterricht für eine Klassenstufe an einem Schulzweig, nicht für eine bestimmte Klasse an einer bestimmten Schule geplant. Angaben zur unmittelbaren Klassen- und Schulsituation können also nicht gemacht werden.

Die Thematik der Einheit entspricht Forderungen des Bildungsplanes für die Oberschule Praktischen Zweiges, die unter A) zitiert worden sind. Die den Schülern zugänglichen Massenmedien Presse, Rundfunk, Fernsehen diskutieren die Preisproblematik.

Binnenprobleme der Marktwirtschaft und die Auseinandersetzung zwischen marktwirtschaftlichen und planwirtschaftlichen Systemen bilden aktuelle Bestandteile unseres politischen Umfeldes.

C DIE PLANUNG EINER STUNDE

I. Entscheidungen

1. Thema: „Angebot und Nachfrage beeinflussen den Preis."

Ausgehend von Sachverhalten innerhalb des unmittelbaren Erfahrungsbereiches der Schüler kann unter diesem Thema gleichzeitig mit einigen Grundtatsachen des Prozesses der Preisbildung in der freien Marktwirtschaft bekanntgemacht und dabei zwanglos eine erste Stufe der Abstraktion erreicht werden. Die Wahl des Themas ist von den anthropologisch-psychologischen und situativ-sozial-kulturellen Bedingungen der Einheit her gerechtfertigt und dient der Realisierung der nachstehend aufgeführten Intentionen. Das Thema ist überfachlich. Seine Durchführung erfolgt exemplarisch.

2. Intentionen:

a) Erkennen des Wirkungsgefüges, innerhalb dessen Angebot, Nachfrage und Preis bei jahreszeitlich bedingten Preisschwankungen als Faktoren auftreten, (kognitive Dimension) zum Zwecke der

b) Befähigung zu zweckmäßigem Konsumverhalten.

Teilintention b) tritt in der Stunde immanent auf, ohne daß ausdrücklich auf sie hingewiesen wird. Sie klingt vorbereitend an und wird an späterer Stelle der Einheit[10] ins Blickfeld der Schüler gerückt.

Teilintention a) zielt auf Daseins-Erhellung, Teilintention b) auf Daseins-Bewältigung ab (Heimann). Beide Intentionen beziehen sich direkt auf die Umweltrealität der Schüler.

3. Methodische Organisation:

Mischform aus ganzheitlich-analytischem und elementenhaft-synthetischem Verfahren. In der ersten Phase der Stunde wird ganzheitlich-analytisch, in der zweiten elementenhaft-synthetisch unterrichtet. Intention a) wird auf induktivem Wege realisiert.

---

[10] Unter dem Thema „Der Käufer beeinflußt den Preis durch zweckmäßiges Konsumverhalten".

Gelenktes Unterrichtsgespräch nach der fragend-entwickelnden Methode. Die Aktionsformen ergeben sich aus Thema und Intention der Stunde. Dem Lehrer fällt die Aufgabe zu, in partnerschaftlichem Gespräch bestimmte Fragestellungen zu exponieren und die Schüler zu bestimmten Einsichten zu führen.

Als Sozialform ist eine halbkreis- oder hufeisenartige Sitzanordnung vorgesehen, die es dem Lehrer ermöglicht, je nach den Erfordernissen der Situation als Unterrichtender vor den Schülern zu stehen oder als Gesprächspartner unter ihnen zu sitzen.

4. Medien:

Hauptmedium der Stunde ist die Sprache, mittels deren Lehrer und Schüler sich über Sachverhalte verständigen und Denkergebnisse verbalisieren. Auf die Bedeutung des Gesprächs ist bei der Erörterung der anthropologisch-psychologischen Bedingungen der Einheit hingewiesen worden.

Als weiteres Medium wird der Erfahrungsbestand der Schüler im Bereich der Stundenthematik dem Unterricht nutzbar gemacht.

Die Wandtafel wird zur optischen Unterstützung der Unterrichtsarbeit herangezogen.

II. Bedingungen der Stunde

Die Bedingungen der Stunde stimmen mit den Bedingungen der Einheit überein und sind ihnen gegenüber lediglich durch wenige, auf den Stundeninhalt bezogene Aspekte aus dem anthropologisch-psychologischen Bereich zu erweitern:

Bei der Planung der Stunde wird mit bestimmten Vorkenntnissen gerechnet, die die Schüler in den Unterricht einbringen. Der Lehrer bedient sich ihrer, indem er sie zu Ausgangspunkten der vorgesehenen Denkvollzüge macht. Er erwartet ein bei Jungen und Mädchen gleich starkes Interesse für den Unterrichtsgegenstand.

Die Schüler werden in dieser Stunde als Konsumenten auf dem Lebensmittelmarkt angesprochen. Dabei wird eine mehr oder weniger reflektierte Umgangserfahrung mit Preisen vorausgesetzt. Die besprochenen Sachverhalte begegnen den Schülern in ihrem Lebenskreis ständig und gewinnen für sie mit fortschreitender sozialer Verselbständigung noch an Bedeutung.

D VERLAUFSPLANUNG

Lernprozeß	Lehrtätigkeit	Erwartungen
Aufmerksamkeit der SS. wird auf Speisen gelenkt, die einen festen Platz in der Reihe ihrer alltägli-	L. fragt SS. nach Mittagsgerichten, die sie am Vortage gegessen haben.	SS. erinnern sich u. nennen eine Anzahl verschiedener Gerichte.

Lernprozeß	Lehrtätigkeit	Erwartungen
chen Mittagsgerichte einnehmen.		
SS. machen sich bewußt, aus welchen Hauptbestandteilen ihre Mittagsgerichte bestehen.	L. unterbricht u. fordert auf, auch die Hauptbestandteile der Gerichte aufzuzählen.	SS. nennen Gerichte u. als deren Hauptbestandteile überwiegend Fleisch- u. Gemüsesorten und Kartoffeln.
	L. greift nach mehreren Nennungen ein Gericht heraus und läßt den Namen (unterstrichen) u. darunter die Hauptbestandteile untereinander auf die Mitte der Tafel schreiben[11].	S. schreibt ein Gericht u. als dessen Hauptbestandteile eine Fleischsorte, eine Gemüsesorte u. Kartoffeln an die Tafel.
SS. erkennen Teilziel des Unterrichtsgespräches. Die Frage der Preise gerät in ihr Bewußtsein.	L. gibt als Teilziel die Berechnung der Kosten dieses Gerichtes an, ohne auf ein bestimmtes Verfahren des Vorgehens hinzuweisen.	1. Variante: SS. nennen verschiedene Summen für das Gericht oder seine Bestandteile.
	L. quittiert neutral u. läßt die Summen neben dem Gericht oder den Bestandteilen an der Tafel notieren.	SS. notieren Summen an der Tafel.
SS. bemerken Abhängigkeit der Lebensmittelpreise von den Mengen.	L. läßt Unterschiedlichkeit der Summen als Provokation wirken u. wartet ab oder weist auf „offenbar recht unterschiedliche" Lebensmittelpreise hin.	
		SS. äußern, sie müßten Mengen kennen, um Preise nennen zu können.
	L. holt Einverständnis der Klasse ein und bestätigt.	
		SS. löschen die Summen wieder ab.

[11] An dieser Stelle hat L. Gelegenheit, ein Gericht zu wählen, an dessen einem Bestandteil jahreszeitliche Preisschwankungen besonders deutlich sichtbar werden. Die Schüler erhalten dabei den Eindruck, den Unterrichtgegenstand dieser Stundenphase selbst zu bestimmen. Als Planungsbeispiel wird ein für den Monat Juli naheliegendes Gericht — Kohlrabieintopf, bestehend aus Kohlrabi, Hammelfleisch und Kartoffeln, — angenommen.

Lernprozeß	Lehrtätigkeit	Erwartungen
Einsicht wie oben SS. bemerken Abhängigkeit wie oben.	Denkanstoß des L. wie oben. L. holt Einverständnis der Kl. ein und bestätigt.	2. Variante: SS. äußern nach kurzem Überlegen, sie könnten ohne Mengenangaben keine Preise nennen.
	L. fordert SS. auf, ihre Fragen an S. zu richten, der das an der Tafel notierte Gericht genannt hat.	SS. fragen S. nach den Mengen. 1. V.: S. gibt Mengen an. Sie werden an der Tafel notiert.
		2. V.: S. kann die Mengen nicht angeben.
Nachdenken über die für eine bestimmte Personenzahl benötigte Lebensmittelmenge.	Lehrer leistet Hilfestellung mit der Frage nach der Personenzahl.	Neben Namen des Gerichts wird z. B. geschrieben: „Für vier Personen". SS. schätzen die Mengen u. schreiben sie vor die Lebensmittelsorten.
SS. erkennen, daß sie nicht genau informiert sind.	L. fragt nach Grundpreisen (1 Knolle Kohlrabi, 500 g Hammelfleisch etc.). L. vergibt Auftrag, sich zum nächsten Tag nach den genauen Preisen zu erkundigen, schlägt Weiterarbeit mit geschätzten Preisen vor.	SS. nennen abweichende Preise, die aber in der Nähe der Realpreise liegen u. deshalb ernstgenommen werden. SS. errechnen Mengenpreise mittels d. geschätzten Werte u. schreiben sie unter der Überschrift „geschätzte Preise" hinter die Sorten.

Lernprozeß	Lehrtätigkeit	Erwartungen
	L. erfragt Gesamtpreis.	SS. addieren im Kopf u. nennen ihn.
	L. bestätigt richtige Nennung u. fordert zum Anschreiben auf.	
		S. schreibt Gesamtpreis im Satz an die Tafel[12].
Den SS. wird das Vorhandensein von Nebenkosten bewußt.		1. V.: SS. bemerken Unvollständigkeit d. Kostenaufstellung (Preise für Fett, Gewürze, Kochstrom etc. fehlen).
	L. bestätigt u. stellt zurück.	
	2. V.: L. fragt nach Vollständigkeit.	SS. nennen Nebenkosten wie unter 1.
	L. bestätigt und stellt zurück.	
	L. greift Preis für eine Knolle Kohlrabi heraus (0,30 DM) und fragt, ob sich SS. an Preis in den Monaten April/Mai erinnern.	
Das Phänomen der jahreszeitlichen Preisschwankungen gerät in das Bewußtsein der SS.		1. V.: SS. nennen Preise von 0,80–1,20 DM.
	L. bestätigt.	
		2. V.: SS. wissen den Preis nicht, vermuten aber, daß er höher war.
	L. gibt den Preis: 0,80 bis 1,20 DM.	

[12] Mögliches Tafelbild an dieser Stelle:
Kohlrabieintopf für vier Personen

	geschätzter Preis
10 Knollen Kohlrabi	3,— DM
500 g Hammelfleisch	3,20 DM
500 g Kartoffeln	0,20 DM
Der Kohlrabieintopf kostet	6,40 DM.

[13] Die Stunde wird für den Monat Juli geplant. Bei einer Planung für andere Monate muß von dem jeweiligen Marktpreis ausgegangen werden. Der Sachverhalt der jahreszeitlichen Preisschwankung bildet aber die Grundlage dieses Entwurfes und muß deshalb in jedem Fall deutlich erkennbar bleiben.

Lernprozeß	Lehrtätigkeit	Erwartungen
Teilrelation zwischen geringem Angebot und hohem Preis wird erkannt.	L. fordert SS. auf, die Ursachen für einen so hohen PLreis zu nennen.	SS. nennen Ursachen: Noch keine Freilandkohlrabi, Treibhausware, geringes Angebot.
	L. läßt Kosten für Kohlrabieintopf bei einem Knollenpreis von 1,00 DM berechnen.	Kosten betragen 13,40 DM.
SS. fällen Konsumentscheidung.	L. fordert zur Stellungnahme auf.	SS. finden den Preis zu hoch, würden auf Kohlrabi verzichten.
Teilrelation zwischen hohem Preis u. geringerer Nachfrage wird erkannt.	L. fragt, ob denn im April/Mai keine Kohlrabi gekauft worden seien.	SS.: „Doch, aber nur von wenigen."
Bindung an Fachtermini zwingt SS. zur Abstraktion.	L. läßt Tafel ablöschen und schreibt die Begriffe „Angebot – Preis – Nachfrage" an. L. fordert SS. auf, den eben erörterten Sachverhalt mit Hilfe dieser Begriffe zu beschreiben.	SS. formulieren dem Sinne nach: Wenn das Angebot gering ist, steigt der Preis. Die Nachfrage sinkt.
	L. hilft nötigenfalls bei der Formulierung, läßt Text an die Tafel schreiben. (Raum für Überschrift bleibt frei.)	SS. schreiben an.
SS. erkennen natürliche Grenze für Preissteigerungen.	L. exponiert neues Teilproblem mit der Frage, was denn geschehen wäre, wenn Händler den Preis für eine Kohlrabiknolle auf 2,50 DM heraufgesetzt hätten.	SS. vermuten Erlöschen der Nachfrage.
SS. erkennen das Entstehen des Marktpreises.	L. bestätigt und fragt nach dem Verbleib der Ware.	SS. schlagen Preissenkung bis zu dem Punkt vor, an dem wieder gekauft wird.
	L. vervollständigt gemeinsam mit SS. den Tafeltext. Dabei wird nicht etwa ein vorformulierter Text oktroyiert.	SS. formulieren dem Sinne nach mit Hilfe des L. u. schreiben an: Bei zu hohem Preis besteht keine Nachfrage mehr. Der Preis muß gesenkt werden.

Lernprozeß	Lehrtätigkeit	Erwartungen
Überschrift umschreibt die erarbeiteten Sachverhalte allgemein.	L. gibt die Überschrift des Tafeltextes: Angebot und Nachfrage beeinflussen den Preis.	S. schreibt Überschrift an und unterstreicht sie.
Zusammenfassung u. Verständniskontrolle	L. fordert SS. auf, den Inhalt des Tafeltextes[14] noch einmal zu erläutern.	SS. geben Inhalt des Tafeltextes mit eigenen Worten wieder.
abgeschlossen	L. läßt Tafeltext von den SS. notieren. L. kontrolliert während des Abschreibens. L. verdeckt Tafeltext (Klapptafel) u. läßt Notizen vorlesen.	SS. schreiben Tafeltext ab. S. liest vor. Die anderen vergleichen.

Hausarbeiten:

1. Übertragung der Notizen in den Fachordner und Aneignung zur freien mündlichen Wiedergabe,
2. Aufstellung einer Liste von etwa zehn Lebensmitteln, deren Preise jahreszeitlichen Schwankungen unterworfen sind (je zwei differierende Preise mit zeitlicher Einordnung).

NACHWORT 1970

In dem Bereich, für den das vorstehende Planungsbeispiel entworfen wurde, haben sich seit dem ersten Erscheinen dieses Buches wesentliche Veränderungen vollzogen. *Terminologisch* ist aus der KULTUR- UND GEMEINSCHAFTSKUNDE, ERKUNDUNG DER BERUFS- UND ARBEITSWELT an der O?Z die WELTKUNDE an der HAUPTSCHULE geworden, die mit jeweils 160 Jahresstunden an den Stundentafeln der 9. *und* 10. Klassen beteiligt ist. *Inhaltlich* hat der Unterrichtsbereich eine Neukonzeption erfahren und ist durch die Formulierung verbindlicher Themenkreise und Intentionen konkretisiert worden. Das Planungsbeispiel ANGEBOT UND NACHFRAGE BEEINFLUSSEN DEN PREIS ist nach diesen Festlegungen im Zusammenhang der Unterrichtseinheit DER KONSUMENT IM WIRTSCHAFTSLEBEN zu sehen.

---

[14] Mögliches Tafelbild an dieser Stelle:
Angebot und Nachfrage beeinflussen den Preis.
Wenn das Angebot gering ist, steigt der Preis. Die Nachfrage sinkt.
Bei zu hohem Preis besteht keine Nachfrage mehr. Der Preis muß gesenkt werden.
(Jede anderslautende Formulierung, die von den SS. angeboten wird, ist akzeptabel, sofern sie die erarbeiteten Sachverhalte unmißverständlich beschreibt.)

GUNTER OTTO – URSULA SCHIEBEL

Das 'Didaktikum' – Modell eines unterrichtspraktischen Studienganges in hochschulgemäßer Form[1]

DIDAKTIK ALS THEORIE UND LEHRE

Unsere Unterrichtsbeispiele weisen auf Probleme hin, vor denen jede Form und jeder Abschnitt der Lehrerausbildung heute stehen. In unseren Unterrichtsplanungen ist neben der Vielzahl von Faktoren, die ineinander greifen, auch eine Reihe der strukturellen Gemeinsamkeiten jeglichen Unterrichtes zu erkennen.

Wir versuchen, Unterricht über die Besonderheiten von Fächern und Schultypen hinaus an einem zwar immer wieder modifizierten, aber in seinen Grundzügen doch überall nachweisbaren Strukturmodell zu orientieren. In diesem Bemühen äußert sich nicht zuletzt die gemeinsame Überzeugung der Verf. von der Dringlichkeit, aber auch von der prinzipiellen Möglichkeit einer auf die Unterrichtspraxis zielenden *Lehre im Bereich der Didaktik*. Nicht ohne Grund hat Paul H e i m a n n in einer Abhandlung, der alle Mitarbeiter dieses Bandes verpflichtet sind, die Begriffe *Theorie* und *Lehre* gleichrangig auf *Didaktik* bezogen.

Im Hinblick auf die Lehrerbildung scheuen wir nicht vor der Kennzeichnung elementarer Voraussetzungen zurück, wenn sie für den Studenten bedeutsam sein können, der Unterricht zum ersten Male beobachten, analysieren, planen oder erteilen soll. Wo immer möglich, konkretisieren wir unsere Ausbildungsforderungen und -vorstellungen mit Hilfe der vorstehenden Unterrichtsplanungen.

Unsere Darstellung geht von dem Verhältnis der Didaktik zu anderen Disziplinen aus, die an Pädagogischen Hochschulen gelehrt werden, und beschreibt dann das 'Didaktikum' als ein Modell praxisgerichteter theoretischer Ausbildung.

I.

1. Didaktik und Grundwissenschaften

Die Weise, in der *Unterrichtsbedingungen* bei der Planung diskutiert werden, ist ein gemeinsames Merkmal aller Beiträge, gleichgültig welchem

---

[1] Das 'Didaktikum' ist eine Einrichtung der Pädagogischen Hochschule, die auf Grund gemeinsamer Beratungen und anhaltender Versuche eines großen Kreises von Kollegen an die Stelle der üblichen Praktika getreten ist. Das hier beschriebene Modell ist gegenwärtig noch nicht in allen Einzelpositionen — so z. B. im überfachlichen Unterricht — realisiert.
Auf Literaturhinweise wird in dieser Darstellung verzichtet; ich verweise auf die Literaturangaben in meinem Aufsatz „Das Didaktikum als Form der schulpraktischen Studien", Die Deutsche Schule 54. Jahrg. (1962), Heft 9, S. 447 ff.

Fach oder Schultyp sie gewidmet sind. Die Vorbereitung einer Chemiestunde hat den Verf. ebenso wie die Planung des Deutschunterrichtes oder die Erörterung der Leibeserziehung dazu geführt, *im Zusammenhang mit dem konkreten Anlaß* sich an Daten und Methoden beispielsweise der Anthropologie, der Psychologie, der Soziologie zu orientieren.

Beispiele:

K ä s l e r stößt im Zusammenhang der „Rolle vorwärts mit rundem Rücken" auf Fragen der Autorität, des Rivalisierens und der Gruppe als Sozialform.

N o r t h e m a n n kann für die Diskussion der Preisbildung nicht auf die Auseinandersetzung mit wirtschaftlichen und sozialen Systemen verzichten.

O t t o wird bei der Betrachtung eines Kleebildes an das psychologische Problem der Ausdrucksbereitschaft verschiedener Altersstufen geführt.

S c h i e b e l kann die Niederschrift erst planen, wenn die psychische Entwicklung der Kinder über die Phase der magischen und über die der subjektiven Weltinterpretation hinaus ist.

Wie reagieren Hochschulen, deren Gliederung durch die traditionellen Barrieren zwischen den Disziplinen bestimmt ist, auf die Tatsache, daß didaktische Probleme nicht von den Positionen einer einzelnen Wissenschaft her zu lösen sind? Gibt es *Ausbildungsveranstaltungen,* die dem Ineinander von Schule und Unterricht einerseits und von Erziehungswissenschaft, Psychologie, Soziologie, Anthropologie und Philosophie andererseits dienen? Nur zu oft delegieren die Ausbildungsstätten die auch von ihnen gewünschte Integration von Aspekten, Erkenntnissen und Methoden verschiedener Disziplinen auf den Gebieten der Erziehung und des Unterrichtes an die Studenten. Ob aber jene Integration wirklich vollzogen wird, entzieht sich zumindest weitgehend den vorhandenen Kontrollmöglichkeiten. Hingegen weisen allerorts auftretende Schwierigkeiten bei der Planung von Unterricht nachdrücklich darauf hin, daß sie weder während des Studiums noch in der darauffolgenden Unterrichtspraxis stattfindet. An ihre Stelle tritt vielmehr die wohlbekannte Einengung der Sichtweisen auf schülerunabhängige Fachspezifika. Das *Didaktikum* (s. S. 202) nötigt den Studenten, durch das verwendete Strukturmodell von Unterricht und durch die Beteiligung von Vertretern der Grundwissenschaften an Unterrichtsanalysen die Faktoren beider Bereiche funktional und kontrollierbar aufeinander zu beziehen.

2. Didaktik und Fachwissenschaften

In den Unterrichtsplanungen lassen sich stets zwei Aspekte voneinander abheben.

Erstens: die *inhaltliche* Problematik des Unterrichtes verweist (auf *jeder* Schulstufe und in *jedem* Schulfach) auf Einzelwissenschaften.

Beispiele:

S c h i e b e l stößt bei den Erwägungen zur Planung einer Niederschrift auf die Doppelfunktion der Sprache (als Medium und als Gegenstand)

und argumentiert von der Eigengesetzlichkeit der Sprache als Gegenstand
her.

S c h ü t z muß für sein Unterrichtsfach Mathematik den „Zwang zum
System" hinnehmen, der dieser Disziplin innewohnt; andererseits grenzt
er sich von der scharfen Trennung zwischen reiner und angewandter
Mathematik ab und strebt — im Gegensatz zur Sachwissenschaft — aus
didaktischen Gründen zur Fusion beider Aspekte.

D o y é geht vom Zeichencharakter der Sprache aus, die ihn dazu nötigt,
eine Sache und die dazugehörige Sprache gleichzeitig zu bieten.

K o c h a n s Planungsbeispiel versteht sich aus dem Rückgriff auf eine
bestimmte sprachwissenschaftliche Position: Bau und Funktion der deutschen Sprache sind eigengesetzlich und erlauben nicht die Orientierung
an den aus dem Griechischen bzw. Lateinischen übernommenen grammatischen Systemen.

I n d e r G r u n d s c h u l e wird gerade dieser Aspekt häufig unter-
schätzt; wir skizzieren daher noch einige Beispiele für diese Schulstufe:
Ob man Märchen erzählt oder vorliest, hängt u. a. von der Sprachgestalt,
und diese hängt wieder von der Entstehungsgeschichte ab; eine gegen-
standsangemessene Entscheidung für ein Gedicht, eine Sage, eine Legende,
für oder gegen ein Jugendbuch wird immer wieder auch unter fachlich-
germanistischen Gesichtspunkten fallen müssen; manche von Kindern
beobachtete Auffälligkeit an Pflanzen (Blütenbau, Fruchtbildung, Wuchs-
form) wird der Lehrer ohne biologische Grundkenntnisse nicht
erklären können; die mit bester Absicht gestellte Malaufgabe wird schei-
tern, wenn die bildnerischen Entscheidungen des Lehrers im Gegensatz
zum Thema stehen oder wenn das Material falsch gewählt ist. In allen
diesen Fällen ist eine fachspezifische Anforderung an den Lehrer Teil,
manchmal Voraussetzung seiner didaktischen Überlegung.

Zweitens: Über jene Inhalte wird unter dem Gesichtspunkt von Unterricht didaktisch reflektiert.

Die Unterrichtsmaßnahmen werden besonders sorgfältig geplant, wenn
die Gegenstände Schwierigkeiten aufgeben, wenn aus sozial-kulturellen
Gründen vergleichsweise junge und möglicherweise weniger intellektuali-
sierte Schüler mit komplizierten Sachverhalten konfrontiert werden
müssen.

Fachdidaktik kann nicht auf Kosten von, sondern nur im Kontakt mit
Fachwissenschaft betrieben werden. Isoliert sich die Didaktik von der
Fachwissenschaft als ihrem einen Partner, gerät sie in Gefahr, bei der
Tradierung schulbewährter Inhalte, Exempla und Methoden zu erstar-
ren, statt den Wunsch der Fachwissenschaftler nach Weitergabe neuer
Fragen und Antworten, neu entdeckter Zusammenhänge, heute wichtiger
Forschungsergebnisse zu prüfen. Isoliert sich die Didaktik von der
Erziehungswissenschaft als ihrem anderen Partner, gerät sie in die
Gefahr, die theoretische Basis für ihre unterrichtsbezogenen Erörterungen
zu verlieren und die Vermittlungsproblematik auf die Disposition des
Lehrstoffes unter Gesichtspunkten der fachwissenschaftlichen Systematik
zu verkürzen.

Ebenso, wie die Fachdidaktik u. a. des Gespräches mit der Fachwissenschaft und der Erziehungswissenschaft bedarf, liegt umgekehrt die Exi-

stenz der Didaktik im ureigenen Interesse jener Wissenschaften: Die *Fachwissenschaften* bedürfen um der Weitergabe ihrer eigenen Forschungsergebnisse willen der didaktischen Reflexion. Zugleich kann die Didaktik als ein Feld der ständigen Konstituierung, Verifikation oder Falsifikation erziehungswissenschaftlicher Hypothesen mit dem Dauerinteresse der *Erziehungswissenschaftler* rechnen.

Unter Ausbildungsgesichtspunkten heißt das: Fachdidaktische Studien ohne erziehungswissenschaftliche *und* fachwissenschaftliche Basis genügen nicht den Erfordernissen des Unterrichtes. Sie können nicht zu Unterricht führen:

ohne die Ausnutzung des Informationsarsenals der Fachwissenschaften und ohne die Einsicht in ihre Methoden und Erkenntnisquellen;

ohne die Beanspruchung erziehungswissenschaftlicher (i. e. S.: allgemeindidaktischer) Theorie und ohne die Bereitschaft zu erziehungswissenschaftlichem Theoretisieren.

II.

1. Didaktik des Grundschulunterrichtes

Schwerpunkte der Didaktik des Grundschulunterrichtes sind der *Erstunterricht* (1. Schj.), Gesamtunterricht bei Achtung *fachinhaltlicher Eigengesetzlichkeiten* (2.–4. Schj.) und Fachunterricht in *gesamtunterrichtlicher Haltung* (5.–6. Schj.).

Erstunterricht: Die im Erstunterricht gelehrten Pragmata Lesen, Schreiben und Umgang mit Mengen werden im allgemeinen weniger im Zusammenhang mit Fachwissenschaften gesehen. Für die *Methoden* ihrer Vermittlung entscheiden sich die Lehrer mit überwiegend grundwissenschaftlichen, vornehmlich psychologischen Argumenten. Über die Lehre der Pragmata hinaus führt der Erstunterricht zu Begegnungen zwischen Kind und Gegenstand. Die Wahl der Gegenstände orientiert sich u. a. an:

deren Stellung in der Welt des Kindes,

deren Aktualität, Durchschaubarkeit, Exemplarität und Eigenwert.

Hier können psychologische, soziologische und fachwissenschaftliche Gesichtspunkte zusammenwirken. Häufig wird die Psychologie dominieren. Das gilt besonders auch unter dem Gesichtspunkt der andauernden erziehlichen Einflußnahme.

Gesamtunterricht bei Achtung fachinhaltlicher Eigengesetzlichkeiten: Zu den primär grundwissenschaftlichen Aspekten des Erstunterrichtes treten in den aufsteigenden Klassen differenzierter werdende fachwissenschaftliche Gesichtspunkte. Bei den Entscheidungen für bestimmte Unterrichtsgegenstände (Inhalte, Themen) muß ihre Struktur und ihre Beziehung zu verschiedenen Fachwissenschaften berücksichtigt werden. Das fordert Sachinformation vom Lehrer in ganz unterschiedlichen Bereichen, wenn er über punktuelle Kenntnisnahme hinaus zu Erkenntnissen führen will.

Der an den Grundschullehrer gestellte Anspruch wird deutlich, wenn man
sich die Herkunft der Inhalte seines Unterrichts klar macht:
die Gegenstände stammen aus verschiedenen Fachbereichen;
viele Inhalte lassen sich auf mehrere Einzelwissenschaften beziehen.
Die inhaltliche Breite und die damit verbundenen Vielzahl fachwissen-
schaftlicher Aspekte spiegelt sich in der Skala der im Ablauf eines 4.
Schuljahres durchgenommenen Gegenstände:

Wasserwerk, Pumpe	— Physik
Körperpflege, Kleidung	— Humanbiologie
Entstehung einer Quelle	— Geologie
Unser Hund (Wellensittich)	— Zoologie
Lyrische Gedichte	— Germanistik
Hussiten vor Bernau	— Geschichte
Im alten Berlin; Verkehrs-	
mittel früher u. heute	— Kulturgeschichte
Das Brandenburger Tor,	
Die Insel Berlin	— Zeitgeschichte
Picasso: Kind mit Taube	— Bildende Kunst
Orff'sches Schulwerk	— Musik

Fachunterricht in gesamtunterrichtlicher Haltung: Im 5. und 6. Schuljahr
der Berliner Grundschule treten die Fächer im Sinne von reinem Fachunterricht und im Sinne von Fachunterricht in gesamtunterrichtlicher
Haltung auf. Bei der Auswahl fachlicher Gegenstände werden u. a.
sowohl Kriterien aus dem Bereich der Entwicklungspsychologie wie der
Fachwissenschaft wirksam. Dabei gewinnen fachwissenschaftlich relevante Sachverhalte zunehmend an Bedeutung.

Vom Erstunterricht bis hin zur Phase des Fachunterrichtes ist also folgender Trend erkennbar: Die Didaktik des Grundschulunterrichtes bezieht
sich auf die Grundwissenschaften *und* die Fachwissenschaften. Im Erstunterricht wird auf die *Fachwissenschaften* fallweise Bezug genommen;
in der darauffolgenden Phase werden sie regelmäßig befragt und stellen
in der dritten Phase schließlich ein unterrichtliches Hauptmoment dar.
Die Rolle der *Grundwissenschaften* bleibt konstant. Eine Primärstellung
hat die Psychologie, deren Betrachtungsgesichtspunkte durch die Soziologie erweitert und differenziert werden.

Für alle pädagogischen Intentionen des Grundschulunterrichtes liefert
die Erziehungswissenschaft die Basis.

2. Didaktik des überfachlichen Unterrichtes

Die Didaktik des überfachlichen Unterrichtes hat mit der des vorfachlichen
Gesamtunterrichtes die gemeinsame Schwierigkeit, sich auf einen ganzen
Katalog von Fachwissenschaften beziehen zu müssen. Mit der Vermitt-
lungsproblematik korrespondieren Chance und Aufgabe, das sachliche
Angebot und die Erkenntniswege mehrerer Disziplinen auszunutzen.

Beispiel:
N o r t h e m a n n s „Angebot und Nachfrage" berührt u. a. Fragen der
Politologie, der Soziologie, der Volkswirtschaft, der Mathematik und des

Rechts. Dabei wird deutlich, daß die Soziologie nicht nur als Grundwissenschaft relevant wird, sondern auch als Fachwissenschaft auftritt. Der Auftrag, in überfachliche Zusammenhänge einzuführen, erfordert die Beteiligung einer Vielzahl von Einzelwissenschaften. Ihre Funktion ist, das Begreifen von Zusammenhängen zu ermöglichen, die ihrerseits immer gesellschaftlicher — nämlich sozialer, wirtschaftlicher, politischer usf. — Natur sind. Von daher wird die *Soziologie* häufig die Grundwissenschaft sein, die zur Durchleuchtung der didaktischen Problematik und für die Rechtfertigung der Inhalte unentbehrlich ist.

3. Fachliche und Spezielle Didaktik in ihrem Verhältnis zur Allgemeinen Didaktik

Eine Reihe struktureller und begrifflicher Übereinstimmungen in allen Beispielen ergibt sich aus der Annahme nachweislicher Strukturen jeglichen Unterrichtes, gleichgültig ob es sich um Grundschule oder Oberschule, um Rechenunterricht oder Bildbetrachtung handelt (vgl. hierzu die Arbeiten von P. Heimann und W. Schulz am Anfang des Bandes).

Unterricht ist Gegenstand der Allgemeinen Didaktik, der Fachdidaktiken und der Besonderen Didaktik.

Die Allgemeine Didaktik hebt Strukturmerkmale von *Unterricht an sich* heraus. Die Fachdidaktiken konkretisieren diese Merkmale und modifizieren sie von den spezifischen Gegebenheiten ihrer Bereiche her. Die Spezielle Didaktik als Didaktik einer Altersstufe oder Schulart setzt die Unterrichtsstrukturen in Beziehung zu den stufen- oder schultypischen Fragestellungen.

Die Theorie der Allgemeinen Didaktik hat den Charakter einer Hypothese, die auf den Ebenen der Fach- und der Besonderen Didaktik ihren Wahrheitsgehalt erweisen muß und von ihnen her korrigiert werden kann. Es handelt sich dabei um einen Prozeß, der niemals als abgeschlossen gedacht werden kann, weil die Entwicklung seinen Verlauf ständig verändert.

Beispiel:
Die allgemeine Einführung des 9. Schuljahres in der Bundesrepublik — ihrerseits Ausdruck soziokultureller Entwicklungen — führt ebenso zu veränderten Fragestellungen hinsichtlich der Inhalte, Intentionen, Methoden und Medien, wie der Schulorganisation.

III.

DIDAKTIK UND EMPIRIE

Die in den Planungen enthaltenen Angaben über erwartbares Verhalten von Schülern, über die sozial-kulturelle Bedeutung von Inhalten, über das Vorwissen von Kindern, die Forderung nach genereller Kontrolle, wieweit Erwartungen und Ziele im Unterricht realisiert werden — all dies

gibt der Empirie ein die theoretischen Vorannahmen veränderndes
Gewicht. Mehr noch: Die Empirie hat die Dauerfunktion, die Anfangs-
werte der Theorie zu kontrollieren. Unterrichtsplanung ohne Situations-
analyse und Unterricht ohne Ergebniskontrolle sind im Rahmen dieses
Modells inadäquat.

Beispiel:
V o i g t - H e y e r verwenden am Beginn ihrer Unterrichtseinheit „Das
Fliegen" einen Fragebogen, um sich über Umfang und Niveau des
Schülerwissens zu informieren. Der sehr unterschiedliche Informations-
bestand der Schüler veranlaßt sie zur Differenzierung ihrer Unterrichts-
maßnahmen.

Jene nur empirisch zu beantwortenden Fragen werden auch durch eine
Auffassung von Kind, Schule und Gesellschaft aufgeworfen, in der die
Tendenz zur Pluralität der Erscheinungsformen und zum dynamischen
Wandel der Unterrichtsvoraussetzungen größer ist als die Bereitschaft,
sich mit singulären und verfestigten Zuständen abzufinden.

Bedingung für die Realisation unseres didaktischen Ansatzes ist die
Dauerbeobachtung der Unterrichtswirklichkeit. Die Lehrerausbildung hat
die Aufgabe, Methoden zu entwickeln, die systematische Beobachtung,
planmäßige Dokumentation und Analyse von Unterrichts- und Erzie-
hungsvorgängen ermöglichen. Die Beteiligung von Studenten an der
Feststellung konkreter didaktischer Tatsachen ist Voraussetzung für
sinnvolle Aktivität beim Planen und Erteilen von Unterricht. Erfolgskontrolle ist auf der Ebene des Studenten ebenso unerläßlich, wie auf
der des Schülers. Wird sie im Rahmen objektivierender Verfahren
durchgeführt, gibt es kaum etwas, was stärkere Motive zur Stabilisierung
bzw. Änderung des Lehrerverhaltens liefert.

IV.

DAS 'DIDAKTIKUM'

Die Berliner Form des Didaktikums ist ein Modell unterrichtspraktischer
Lehrerausbildung in hochschulgemäßer Form.

Der irreführende Begriff „Praktikum" wird durch eine Bezeichnung
ersetzt, die den Theoriegehalt jeglicher Auseinandersetzung mit der
Unterrichtswirklichkeit unterstreicht: Didaktikum. Es ist der Schnittpunkt,
an dem Erziehungs-, Fach- und Grundwissenschaften mit der Praxis
zusammentreffen. Keiner dieser Problembereiche steht zum anderen im
Verhältnis der Anwendung, sondern zwischen allen besteht unter dem
Gesichtspunkt des Unterrichtes eine Gesprächs- und Wechselbeziehung
ohne jeglichen Vorrang.

1. Die Vorbereitung auf das 'Didaktikum'

Die vorbereitenden Veranstaltungen finden ein Semester vor dem
'Didaktikum' statt.

Allgemeindidaktische Grundbegriffe

Unter „Grundbegriffen" wird die Klärung jener Dimensionen des Unterrichtsprozesses verstanden, die W. S c h u l z weiter oben nach P. H e i - m a n n „Bedingungs- und Entscheidungsfelder" nennt. Im Rahmen von Seminarveranstaltungen, Hospitationen und bei der Analyse von gefilmten Unterrichtsausschnitten werden:

die Kategorien vermittelt, die notwendig sind, um die Strukturen eines Unterrichtsprozesses zu erkennen;

die Methoden gelehrt, die geeignet sind, einen Unterrichtsprozeß zu protokollieren;

die Fragerichtungen diskutiert, unter denen Unterrichtsaufnahmen ausgewertet werden können;

die Voraussetzungen für die Planung von Unterrichtseinheiten, Stunden und Situationen an Beispielen geschaffen.

Lerntheoretische Grundlegung

Vorgänge, wie *Lernen, Auffassen, Behalten, Üben, Vergessen, Wiederholen* werden von den Positionen der modernen Lernpsychologie her untersucht.

Einführung in die Didaktik des Grundschulunterrichtes

In die besondere Problematik des Grundschulunterrichtes wird in einer Übung und einer Ringvorlesung eingeführt. (Die Schwerpunkte der Vorbereitung sind aus den Inhalten der Übung S. 208 f. zu ersehen.)

Einführung in die Didaktik des Fachunterrichtes

In die besondere Problematik des Unterrichtes in einem Schulfach wird in einer Übung eingeführt. (Die Schwerpunkte der Vorbereitung sind aus den Inhalten der Übung S. 207 f. zu ersehen.)

Einführung in die Didaktik des überfachlichen Unterrichtes

In die besondere Problematik des überfachlichen Unterrichtes wird in einer Übung eingeführt. (Die Schwerpunkte der Vorbereitung sind aus den Inhalten der Übung S. 209 f. zu ersehen.)

2. Das 'Didaktikum'

Das 'Didaktikum' ist eine Veranstaltung der Hochschule, die der Zustimmung und Mithilfe der Schulen und ihrer Lehrer bedarf; es ist eine gemeinsame Veranstaltung aller Dozenten und hat die Dauer eines Studiensemesters (z. Zt. 4. Sem.).

Während dieses Semesters betreiben die Studenten keine anderen Studien, als sich unmittelbar aus dem Zusammenhang mit dem 'Didaktikum' ergeben.

Im Didaktikum wird vom Studenten u. a. gefordert: die *systematische Beobachtung,* Aufnahme und Analyse von
Schülerverhalten,

204   Das 'Didaktikum'

Lehrerverhalten,
Unterrichtsstilen und
Situationsmerkmalen

in ihrer Abhängigkeit von vorgefundenen Gegebenheiten
situativer Art,
sozialer Art,
kultureller Art,
anthropogener Art

und im Hinblick auf
intentionale Entscheidungen,
inhaltliche Entscheidungen,
methodische Entscheidungen,
medienbezogene Entscheidungen.

Die Analyse und Planung von Unterricht geschehen am Anfang des
Didaktikums häufiger als das Erteilen von Unterricht, weil der Anfänger
auf diese Art zum gedanklichen Mitvollzug der Arbeit von Mentoren
motiviert, mit der Vielzahl der Aspekte bei der didaktischen Aufbereitung
eines Stoffes und den unterschiedlichen Möglichkeiten seiner Vermittlung
vertraut wird. Nach der Fixierung der eigenen Vorstellungen wächst
außerdem die Fähigkeit, den häufig mit seinen eigenen Unterrichtsformen stark identifizierten Mentor konstruktiv zu befragen.

Abgegrenzte Teilsituationen oder Teilaufträge sind oft für den Anfänger
ergiebiger als die Übernahme ganzer Unterrichtsstunden. Solche Teilsituationen könnten sein:

die Vorbereitung eines naturwissenschaftlichen Versuchs,
die Besprechung der Hausaufgaben,
ein Auswertungsgespräch über Ergebnisse im bildnerischen Gestalten,
die Schaffung der sachlichen wie organisatorischen Voraussetzungen für
die Vorführung eines Unterrichtsfilmes.

Unterricht von Studenten hat prinzipiell experimentellen Charakter.
Er ist Gegenstand von Beobachtung durch Kommilitonen und Anlaß zur
Reflexion des eigenen Handelns. Es kommt auf die Flexibilität des
Lehrerverhaltens, auf die Unabhängigkeit des Studenten von verfestigten
schulischen Formen und auf seine Bereitschaft zur Erfahrung und zu
deren Kontrolle an. Der Student muß unterscheiden zwischen der Anwendung bewährter Praktiken des Unterrichtsalltags, die er erlernen
soll, und der Realisation eigener Planungen, die sich immer in Form von
Experimenten vollzieht.

Zu solchen Experimenten gehört die vorherige Sicherung von Beobachtung, Aufnahme und Auswertung.

Die Distanz zum eigenen Handeln und die Einsicht in die Notwendigkeit,
das eigene Handeln zu kontrollieren, können nur dann erwartet werden,

wenn die Handlungsaufträge strukturiert sind und wenn die Aktionen der Studenten nicht durch vermeidbare Auflagen, starre Klischierungen und unreflektierte Gewohnheiten stärker als notwendig fremdgesteuert sind.

Das Totalprotokoll von Unterrichtsstunden, die Studenten erteilen, gibt Gelegenheit, empirisch orientierte Verfahren
der Unterrichtsaufnahme,
der Unterrichtskontrolle,
der Unterrichtsanalyse
anzuwenden. Diese Verfahren zielen u. a. auch auf die Gewöhnung des Studenten an
Team-Arbeit in der Forschungssituation.

Sie ermöglichen erst die
Übersicht über die selbst getroffenen Maßnahmen,
Einsicht in die Interdependenz aller unterrichtlichen Fakten und Handlungen,
Sicherung von Versuchsergebnissen.

Die Unterrichtsbesuche der Didaktikdozenten sind Lehrveranstaltungen. Sie gelten primär der an der jeweiligen Schule tätigen Studenten*gruppe* (vgl. weiter unten) und sekundär dem Studenten, der den Unterricht erteilt. Im Rahmen solcher Unterrichtsbesuche wird
die vorliegende Planung geprüft,
die Unterrichtsbeobachtung organisiert (vgl. oben),
die Realisation und das Verhältnis zwischen Planung und Realisation diskutiert.

Die Organisation des Didaktikums entspricht der Organisation der Schule: Jeder Student verbringt ein halbes Semester in einer Grundschulklasse (Grundschulphase) und die andere Hälfte (Fachphase) in Klassen der Oberschule oder auch in den beiden letzten Klassen der Grundschule, wenn dort Fachunterricht erteilt wird. Damit besteht Gelegenheit, vorfachlichen und den darauf aufbauenden fachlich gegliederten Unterricht zu studieren. Die Einbeziehung des Erstunterrichtes ist ebenso wünschenswert wie das Studium der Probleme des überfachlichen Unterrichtes auf der Volksschuloberstufe. Inwieweit man sich allen vier Formen – dem Erst-, dem vorfachlichen, dem Fach- und dem überfachlichen Unterricht – zuwenden kann oder muß, hängt sowohl von den Schul- als auch von den Lehrerstudienverhältnissen in den einzelnen Ländern ab. Unter Ausbildungsgesichtspunkten ist innerhalb *eines* Semesters nicht mehr möglich als das Studium zweier möglichst aufeinander folgender Unterrichtsformen:

Erstunterricht und vorfachlichen Unterricht oder
vorfachlichen und fachlich gegliederten Unterricht oder
fachlich gegliederten und überfachlichen Unterricht.

Die Gruppe der Didaktikumsstudenten in einer Schule sollte mindestens sechs Studenten umfassen. Diese Zahl bietet:

ausreichende Möglichkeit zu gegenseitiger Hospitation, die Möglichkeit zur Beobachtung einer Stunde unter mehreren Gesichtspunkten (Unterrichtsaufnahme), die Möglichkeit gemeinsamer Planung und ihrer Realisation durch verschiedene Studenten in mehreren Klassen.

Die Vielzahl unterrichtsrelevanter Faktoren kann von einem wenig erfahrenen Hospitanten nicht allein erfaßt werden.

In einer Klasse sollten mindestens zwei Studenten tätig werden. Ein allein in einer Klasse arbeitender Student ist aus naheliegenden Gründen stets versucht, unreflektiert in die Verhaltens- und Entscheidungsgewohnheiten seines Mentors auszuweichen.

Die Studentengruppe wird in allen Phasen des Didaktikums fachunabhängig zusammengestellt.

Dafür sind in der *Grundschulphase* folgende Gründe maßgebend:
Die Inhalte des Grundschulunterrichtes erfordern Kenntnisse in vielen Fachgebieten;
Kommilitonen mit verschiedenen Wahlfächern können einander bei der Übernahme des Unterrichtes ergänzen und helfen.

In der *Fachphase* sprechen folgende Gründe dafür:
Jeder gerät in den Erfahrungsbereich von Fächern außerhalb seines Wahlfaches;
der Blick für die Spezifika des eigenen Faches wird durch die Bekanntschaft mit unterrichtlichen Problemen anderer Fächer geschärft.
Rechnet man mit Studenten dreier Wahlfächer in einer Schule, besteht die Möglichkeit:
den Akzent auf das eigene Fach zu legen,
in einem weiteren Fach Unterricht zu planen und mindestens gelegentlich zu erteilen,
in einem dritten Fach Unterricht zu beobachten.
Die organisatorischen Notwendigkeiten des Unterrichtsprotokolls konfrontieren alle Studenten bei Dokumentation und Analyse mit den Problemen aller an der Schule vertretenen Fächer.

Bezieht man in unsere Erwägungen die Unterrichtsbesuche der Dozenten ein, wird deutlich, wie die Studenten durch eine zweckmäßige Zusammenstellung der Gruppen an Unterrichtsanalysen verschiedener Fächer durch verschiedene Didaktiker beteiligt werden können. Damit vergrößert sich:
die Anzahl der Unterrichtsbesuche und die
Anzahl der Gesichtspunkte bei der Analyse von Unterricht.

In Phasen fachlich gegliederten Unterrichtes orientiert sich eine wie oben beschriebene Studentengruppe:
an einer Klasse (Stammklasse), um das Verhalten *einer* Altersstufe

gegenüber verschiedenen Anforderungen, Inhalten und Lehrern zu studieren;

am jeweiligen Wahlfach, um die Reaktion *verschiedener* Altersstufen auf Inhalte und Methoden desselben Faches zu studieren.

Das Didaktikum hat also in der Fachphase zwei Schwerpunkte:

in einer Klassenstufe und den dort unterrichteten Inhalten;

in einer Disziplin – dem Wahlfach – mit ihren in den einzelnen Altersstufen unterschiedlichen Inhalten und Lehrweisen.

In diesem Zusammenhang wird auch der *überfachliche Unterricht* als „Wahlfach" aufgefaßt. Studenten dieses Fachbereiches absolvieren ihr Didaktikum in Abschlußklassen.

In der Phase des Grundschuldidaktikums befinden sich in der Regel sechs Studenten aus verschiedenen Wahlfächern an einer Grundschule. Je zwei von ihnen arbeiten im Rahmen einer Klasse. Dabei beobachten sie:

das Verhalten der Klasse gegenüber verschiedenen Lehrern, verschiedenen Gegenständen, verschiedenen Verfahrensweisen;

die Leistungs*bereitschaft* und Leistungs*fähigkeit* des einzelnen Schülers gegenüber Anforderungen aus unterschiedlich akzentuierten Bereichen (z. B. bildnerisches Gestalten und Rechnen);

die Zusammenhänge zwischen Planung und Unterrichtserfolg bzw. -mißerfolg bei den Kommilitonen und bei eigenen Unterrichtsversuchen.

Der Beitrag der Erziehungs- und Grundwissenschaften zur Erhellung der Schulwirklichkeit wird an einem Schulvormittag der Woche besonders verdeutlicht.

Die Studenten mehrerer Schulen (damit also auch mehrerer Fächer) treffen mit ihren Didaktikern und dem Vertreter einer der folgenden Disziplinen zusammen: Erziehungswissenschaft, Psychologie, Soziologie, Anthropologie, Philosophie.

Die Problemstellung für die jeweilige Sitzung oder für einen größeren Zeitraum wird vorher exponiert. Eine gemeinsam hospitierte Stunde oder die Beobachtungen an einer Schülergruppe werden aus der Blickrichtung der vertretenen Wissenschaften gemeinsam analysiert. Die Gruppe bleibt für die Dauer einer Didaktikumsphase bestehen und an denselben Grund bzw. Erziehungswissenschaftler gebunden. Sie wechselt Schulen, Altersstufen oder Fächer im Verfolg ihrer erziehungswissenschaftlich-grundwissenschaftlichen Fragestellungen. Solche Fragestellungen können sein:

die Determination des Unterrichtsstils durch fachspezifische Methoden;

die Ausdrucksbereitschaft in verschiedenen Altersstufen;

der Vergleich der Lernleistungen in parallelen Klassen;

die Verhaltensformen der Schüler in verschiedenen Fächern und zu verschiedenen Tageszeiten;

Die Didaktik des Fachunterrichtes

Die Zuwendung zur Didaktik eines Faches stellt für den Studenten eine

Konkretisierung seiner allgemeindidaktischen Information dar. Er wird
in den Inhaltsbereich eines Faches eingeführt,
mit Fachintentionen konfrontiert,
zur Rechtfertigung unterrichtsinhaltlicher Entscheidungen angehalten.

Im Anschluß an solche grundsätzlichen Erörterungen werden
fachspezifische Methoden erprobt,
fachtypische Medien vorgestellt.

Bei der Vorbereitung wie bei der Analyse ist immer wieder die Frage zu
stellen nach der
Spannung zwischen Altersstufen und fachlichen Unterrichtsgegenständen,
Spannung zwischen fachlichen Intentionen und anthropologischen Bedin-
gungen,
Spannung zwischen der Forschungssituation des Faches und der Lehr-
situation der Schule,
Spannung zwischen der Geschichte des fachlichen Gegenstandes und
seiner aktuellen Erscheinungsform,
Spannung zwischen dem fachlichen Phänomen und seinem Ort im System.

Didaktische Modellvorstellungen werden auf konkrete Wirklichkeitsaus-
schnitte transponiert. Die Unterrichtsrealität wirkt ihrerseits auf die
Theorie ein. Die Notwendigkeit, Unterricht zu planen, führt zur Konzep-
tion von Unterrichtseinheiten als Voraussetzung für die Planung von
Unterrichtsstunden. Einzelfragen, wie u. a.
Fehleranalyse bei Klassenarbeiten;
Zensierung von Einzel- und Klassenleistungen;
Vorbereitung eines Diktates;
Voraussetzungen einer Betriebsbesichtigung
werden in die Diskussion eingebracht und geklärt.

Zur sorgfältigen Abstimmung über die Notwendigkeit und das Ausmaß
einer sachgerechten Vorbereitung auf fachlichen Unterricht gehören u. a.:
die Kenntnis der einschlägigen Schulbücher,
die Kenntnis der sonstigen Lernmittel und Arbeitsmittel der Schüler,
die Kenntnis der in der Schule vorhandenen Medien,
die Kenntnis der außerschulischen Informationsquellen der Schüler,
die Kenntnis von Fachliteratur über den gewählten Gegenstand,
die Kenntnis der einschlägigen didaktischen Literatur,
die Kenntnis publizierter ähnlicher oder paralleler Vorhaben[2].

Die Didaktik des Grundschulunterrichtes

Inhaltliche Schwerpunkte der Grundschuldidaktik sind u. a.:
das Grundschulkind,
Erstunterricht,

---

[2] Der hier umrissene Katalog von Inhalten für die Didaktik des Fach-, des Grund-
schul- und des überfachlichen Unterrichts bezieht sich sowohl auf Fragestellungen,
die im Anschluß an Unterrichtsversuche als auch in begleitenden Lehrveranstaltungen erörtert werden.

Pflege der Muttersprache,
Erfassen der Umwelt nach Maß und Zahl,
Grundprobleme der bildnerischen Erziehung,
Grundprobleme des Musikunterrichtes,
Grundprobleme der Leibeserziehung,
Gesamtunterricht.

Für die Zuwendung zu didaktischen Problemen des Grundschulunterrichtes ist die Konfrontation der Studenten mit konkreten Unterrichtssituationen unerläßlich. In ihnen werden Grundlagen der Beobachtung, der Quantifizierung von Merkmalen, der Analyse und der Vorbereitung von Unterricht erarbeitet. Gesichtspunkte für Beobachtung und Analyse können u. a. sein:
Vergleich zwischen Antizipation und Verlauf einer Unterrichtsstunde,
Reaktion der Schüler auf verwendete Medien,
Kindangemessenheit und Gegenstandsangemessenheit von Medien,
Aktionsformen einzelner Schüler oder ganzer Klassen,
Verhaltensbeobachtungen an einzelnen Schülern.

Die Inhalte Didaktischer Übungen verstehen sich in der Grundschulphase vom erfahrenen oder erteilten Unterricht der Studenten her. An Beispielen aus der Realität werden Unterrichtsanalysen vorgenommen und wird die Übertragbarkeit der gewonnenen Erkenntnisse auf neue Antizipationen geprüft.

Die Erörterungen über die Unterrichtsplanung richten sich stärker auf die Unterrichtseinheit als auf die Einzelstunde. Dazu gehört auch die selbständige Planung, Durchführung und Auswertung von Klassenarbeiten.
Im Zusammenhang mit der Planung werden die Notwendigkeit und die Möglichkeit der Orientierung
in den Grundwissenschaften,
in den Fachwissenschaften,
in den Fachdidaktiken
geklärt. Die aktuellen inhaltlichen, rechtlichen wie organisatorischen Probleme werden am konkreten Fall erörtert.

Die Didaktik des überfachlichen Unterrichtes

Von einem Studenten, der sich mit der Didaktik des überfachlichen Unterrichts beschäftigt, wird angenommen, daß er mindestens über die didaktischen Grundlagen eines anderen Faches verfügt. Darüber hinaus soll er nun die besondere didaktische Problematik des überfachlichen Unterrichtes als des zentralen Bereiches der Volksschuloberstufe kennenlernen.

Der überfachliche Unterricht integriert zu einem Teil traditionelle Schulfächer. Inhaltskomplexe müssen mit dem Ziel analysiert werden, die beteiligten Fachbereiche zu erkennen. Daraus ergeben sich für die Unterrichtsplanung fachdidaktische Konsequenzen. An dieser Stelle kommen dem Studenten Erkenntnisse der Fachdidaktik des von ihm studierten

210   Das 'Didaktikum'

Wahlfaches zugute. Die Analyse der Inhaltskomplexe ergibt aber auch die Beteiligung von Bereichen, die nicht mit Schulfächern korrespondieren. Die ihnen entstammenden Inhaltskomponenten machen die Orientierung an Verfahren der jeweils betroffenen Wissenschaftsdisziplin erforderlich.

Ihre Aufnahme in die allgemeindidaktische Struktur muß geübt werden. Dabei sind anthropogene und sozial-kulturelle Bedingungen besonders zu berücksichtigen. Der Student muß die enge Beziehung des überfachlichen Unterrichtes zu den Grundwissenschaften – insbesondere zur Soziologie – erkennen und von ihnen her seine Planungsentscheidungen begründen lernen. Die die Praxis begleitende Übung ist vorwiegend Fragen des Zusammenhanges zwischen Inhalten und Intentionen, der Strukturierung von Unterrichtseinheiten, der bereichsspezifischen Medienwahl und der Methodenorganisation gewidmet.

Die interne Arbeitsform ist die Zusammenarbeit kleiner informeller Studentengruppen an den Schulen. Die Planung größerer Unterrichtseinheiten überschreitet oft die alleinige Kapazität eines Anfängers.

Kleinere Studentengruppen planen Unterrichtsversuche gemeinsam. Der Kooperation bei der Vorbereitung entsprechen wechselseitige Beobachtung und gemeinsame Analyse. So oft als möglich sollte an den Arbeiten der Studenten ein Dozent beteiligt sein. Seine Ausbildungsfunktion im Didaktikum ist mißverstanden, wenn er nur an „Unterrichtshöhepunkten" in Erscheinung tritt.

Die Didaktische Akte

Die Erfahrung des Studenten wird in der Didaktischen Akte dokumentiert. Sie ist keine später angefertigte Niederschrift vorgeblicher Erfahrungen, sondern die Zusammenstellung von Arbeitsunterlagen, die während des Didaktikums angefertigt worden sind. Durch die Parallelität der Forderungen nötigt sie zur Dauerreflexion über das eigene Handeln und will unkontrolliertem Praktizismus wie freier Spekulation entgegenwirken.

Die didaktische Akte sollte u. a. enthalten:

die Planung einer Unterrichtseinheit mit Erfahrungsbericht und Variationsvorschlägen einschließlich sorgfältiger Erhebungen über die Situation der Klasse und literarischer Belege in sachlicher und didaktischer Hinsicht;

eine methodisch gesicherte Schülerbeobachtung;

das unter einem didaktischen Gesichtspunkt ausgewertete Totalprotokoll einer Unterrichtsstunde;

eine fachwissenschaftliche und eine didaktische Bibliographie für eine Unterrichteinheit;

die Darstellung einer der Schulwirklichkeit entnommenen und empirisch untersuchten Teilproblematik; das könnte z. B. sein:

Berufswünsche, deren Begründung und Realitätsnähe in einer 9. Klasse; schulischer Leistungsstand und individuelle Bedingungen für die Anfertigung von Hausarbeiten;

Korrelationen zwischen Schulleistungen in verschiedenen Fächern und deren Erklärung;
das Vorwissen von 12jährigen über Motorfahrzeuge.

Die Didaktische Akte wird in jeder Phase des Didaktikums angefertigt. Sie bleibt als Forschungsmaterial – insbesondere für wissenschaftliche Hausarbeiten – in der Hochschule.

Der erfolgreiche Abschluß des Didaktikums wird auf Grund der Leistungen in der Schule und der Didaktischen Akte bestätigt.

GERHARD DALLMANN

Lektüre zur Einführung in die Didaktik

VORBEMERKUNG 1972
Die 1970 neu formulierten Literaturhinweise wurden für die vorliegende
Auflage nur um wenige neuere Veröffentlichungen erweitert.

I. ALLGEMEINE DIDAKTIK

Diese Bibliographie beschränkt sich absichtlich auf wenige Bücher und
Aufsätze. Sie soll vor allem Hilfen für ein selbständiges Studium der
Grundprobleme gegenwärtiger Didaktik bieten. Aus diesem Grunde
wurden historisch bedeutsame didaktische Theorien und rein praktisch
orientierte Unterrichtslehren nicht aufgenommen. Außerdem wurden, mit
Rücksicht auf den einführenden Charakter, Darstellungen einzelner Teil-
probleme zugunsten grundlegender Erörterungen eingeschränkt.

Besonderer Wert wurde darauf gelegt, einen Überblick über den augenblicklichen Stand der Diskussion um die Didaktik als Wissenschaft zu
geben. Wir sind uns der akzentuierten Auswahl und der damit verbundenen immanenten Stellungnahme bewußt.

Gegenwärtig lassen sich in Deutschland, wenn man von der auf eine
reine Unterrichtslehre im Dienste politisch verkürzt vorentschiedener
Unterrichtsinhalte herabgesunkenen Didaktik in der DDR absieht (– wobei auch dort kybernetische Vorstellungen in zunehmendem Maße ein-
fließen –), drei unterschiedliche Modelle der Didaktik unterscheiden:

a) Die – auch von ihren Vertretern selbst – schon historisch verstandene
bildungstheoretische Didaktik,

b) die von der Kybernetik beeinflußte *informationstheoretische Didaktik*
und

c) die in diesem Band vertretene *lerntheoretische Didaktik*.

Die folgenden Veröffentlichungen informieren über die Positionen der
einzelnen Lehrmeinungen:

a) *Bildungstheoretische Didaktik*
W. K l a f k i : Studien zur Bildungstheorie und Didaktik, Weinheim 1963.
E. W e n i g e r : Theorie der Bildungsinhalte und des Lehrplans, Wein-
heim 1963[5].
E. W e n i g e r : Didaktische Voraussetzungen der Methode in der
Schule, Weinheim 1963[3].

b) *Informationstheoretische Didaktik*

F. v. C u b e : Kybernetische Grundlage des Lernens und Lehrens, Stuttgart 1968².

H. F r a n k : Kybernetische Grundlagen der Pädagogik, Baden-Baden 1969², 2 Bde.

c) *Lerntheoretische Didaktik*

P. H e i m a n n : Didaktik als Theorie und Lehre, in: Die Deutsche Schule, 54 (1962) 9, S. 407.

W. S c h u l z : Aufgaben der Didaktik, in: Allgemeine Didaktik, Fachdidaktik, Fachwissenschaft, hg. von D. C. Kochan, Darmstadt 1970; auch erschienen in den „Pädagogischen Arbeitsblättern", hg. von W. Zifreund, 21 (1969) 5/6.

W. S c h u l z : Umriß einer didaktischen Theorie der Schule, in: Zur Theorie der Schule, hg. von C. L. Furck, Weinheim, Berlin, Basel 1969, S. 27.

W. S c h u l z : Didaktik – Umriß der lehrtheoretischen Konzeption einer erziehungswissenschaftlichen Disziplin, in: Zur wissenschaftstheoretischen Begründung der Didaktik, Neue Folge der Ergänzungshefte zur Vierteljahresschrift für wissenschaftliche Pädagogik, Heft 11, 1970, S. 41–54.

Für das Verständnis der verschiedenen Ansätze scheint es uns sehr fruchtbar, die verschiedenen Diskussionen, die untereinander stattgefunden haben, zu verfolgen. So werden die gegenseitigen Positionen der bildungstheoretischen Didaktik und der lerntheoretischen Didaktik sehr gut herausgearbeitet in den Antworten auf einige Fragen, die von der Redaktion der Zeitschrift „Das Rundgespräch" in Heft 3 (1967), S. 131 ff. veröffentlicht wurden. Eine eingehende Analyse der beiden Standpunkte findet sich auch in dem Aufsatz von K. E. N i p k o w : Allgemeindidaktische Theorien der Gegenwart, Gegenstandsfeld und Theoriebegriff, in: Zeitschrift für Pädagogik, 14 (1968) 4, S. 335–365.

Eine Kontroverse zwischen der informationstheoretischen und der lerntheoretischen Didaktik findet sich in der Zeitschrift „programmiertes lernen und programmierter unterricht". Als Diskussionsbeitrag zu dem Aufsatz von H. Frank: Zur Objektivierbarkeit der Didaktik, pl 4 (1967) 1, S. 1 erschien in Heft 3 (1967), S. 130, der Aufsatz von W. S c h u l z : ALZUDI ist keine Didaktik, und im gleichen Heft (S. 133) die Antwort von H. F r a n k : Die Didaktik ist keine Didaktik.

Sehr informativ und breit referierend – aber auch mit kritischem Abstand – werden die drei Modelle des didaktischen Denkens von H. B l a n - k e r t z in seinem Buch: Theorien und Modelle der Didaktik, München 1969, dargestellt. Dieses Buch sei all denen als Einführung sehr empfohlen, die die wissenschaftstheoretische Diskussion nicht scheuen.

Im Laufe der letzten Jahre sind eine Reihe von Readern zur Didaktik erschienen, in denen jeweils von unterschiedlichen Grundpositionen her mehr oder weniger wichtige Aufsätze zur didaktischen Theorie, z. T. auch nur in Auszügen, zusammengestellt und neu abgedruckt werden:

H. H e i l a n d (Hrsg.): Didaktik, Bad Heilbrunn 1968.

G. D o h m e n u. F. M a u r e r (Hrsg.): Unterricht, Aufbau und Kritik, München 1968.

Einen guten Überblick über die mehr unterrichtspraktischen Probleme in der Sicht didaktischer Reflexion ermöglicht

K. O d e n b a c h : Studien zur Didaktik der Gegenwart, Braunschweig 1966[3].

Fragen des Zusammenhangs zwischen der didaktischen Reflexion und der Unterrichtspraxis, besonders der Unterrichtsvorbereitung, werden in dem Sammelband von Aufsätzen „Didaktische Analyse", Heft 1 der Taschenbuchreihe „Auswahl" Reihe A, Hannover 1962, behandelt.

In ähnlicher Form wie in dem vorliegenden Band und auf die gleiche Unterrichtstheorie bezogen, finden sich praktische Unterrichtsbeispiele und theoretische Beiträge in den beiden folgenden Sammelbänden:

U. J. K l e d z i k (Hrsg.): Unterrichtsplanung – Beispiel Hauptschule, Auswahl Reihe B, Bd. 22/23, Hannover 1971[2].

G. O t t o u. W. N o r t h e m a n n (Hrsg.): Geplante Information, Paul Heimanns didaktisches Konzept: Ansätze, Entwicklungen, Kritik, Weinheim 1969.

Die folgenden Bände geben Beispiele praktischen Unterrichts in historischen und gegenwärtigen Formen und bieten damit dem Anfänger die notwendige Anschauungsbasis:

Th. D i e t r i c h (Hrsg.): Unterrichtsbeispiele von Herbart bis zur Gegenwart, Bad Heilbrunn 1969[3].

G. G e i ß l e r : Das Problem der Unterrichtsmethode, Weinheim 1963[5].

Th. S c h w e r d t : Kritische Didaktik in klassischen Unterrichtsbeispielen, Paderborn 1963[15].

Den Abschluß dieser kurzen Hinweise sollen zwei Bücher bilden, die geeignet sind, dem Unterrichtenden die Dimension des Unterrichtsstils zu verdeutlichen:

R. u. A. T a u s c h : Erziehungspsychologie, Göttingen 1965[2].

R. D r e i k u r s : Psychologie im Klassenzimmer, Stuttgart 1967.

II. SPEZIELLE DIDAKTIK

Unterstufe der Grundschule

U. Bleidick:	Lesen und Lesenlernen unter erschwerten Bedingungen, Essen 1966
G. Dallmann/ P. Heyer (Hrsg.):	Mathematik in der Grundschule, Weinheim/Berlin 1968
G. Doman/ H. R. Lückert:	Wie kleine Kinder lesen lernen, Freiburg 1966
E. Höhn:	Der schlechte Schüler, München 1967
N. Hoenisch/ E. Niggemeyer/ J. Zimmer:	Vorschulkinder, Stuttgart 1969
W. Jeziorski:	Allgemeinbildender Unterricht in der Grundschule, Braunschweig 1968[2]

L. Kemmler: Erfolg und Versagen in der Grundschule, Göttingen 1967
S. Kothe: Denken macht Spaß, Freiburg 1968
Ztschft. Kunst + Unterricht: Der Anfang (1969) Heft 4
I. Rother: Schulanfang, Frankfurt 1969[7]
E. Schwartz: Lesenlernen und Lehrerfolg, in: Die Grundschule, Heft 1: Neue Beiträge zum Erstleseunterricht, Beiheft zu WPB, 1967, S. 39
E. Schwartz (Hrsg.): Materialien zum Lernbereich Biologie im Sachunterricht der Grundstufe, Frankfurt a. M.: Arbeitskreis Grundschule 1971
E. Voigt: Sachanalyse im technisch-naturwissenschaftlichen Unterricht der Grundschule, in: betrifft: erziehung, 2 (1969) 7
R. Witte: Naturwissenschaftlicher Unterricht an der Grundschule, in WPB (1966) 7, S. 320

Deutsch (außer Monographien für Literaturunterricht)

E. Essen: Methodik des Deutschunterrichts. Heidelberg 1968[7]
H. Glinz: Der Sprachunterricht im engeren Sinne oder Sprachlehre und Sprachkunde. In: Handbuch des Deutschunterrichts im ersten bis zehnten Schuljahr. Hrsg. von A. Beinlich. Bd. 1, Emsdetten 1961[2], S. 215–313.
K. Graucob: Mündliches und schriftliches Darstellen im Deutschunterricht des 5. bis 10. Schuljahres. Kiel 1968 (Wegweiser für die Lehrerfortbildung. 58./59.)
K. Graucob: Sprachlehre auf der Oberstufe der Volksschule. 2. neubearb. Aufl. Kiel 1964 (Wegweiser für die Lehrerfortbildung. 22.)
H. Helmers: Didaktik der deutschen Sprache. Einführung in die Theorie der muttersprachlichen und literarischen Bildung. Stuttgart 1969[3]
H. Ivo: Kritischer Deutschunterricht, Frankfurt/M. 1969
D. C. Kochan: Sprache als inhaltliche Variable in Lehr- und Lernprozessen. Ein linguo-didaktischer Entwurf. In: Die Deutsche Schule 61 (1969) H. 11 u. 12
H. C. Meckel/ D. C. Kochan: Unterrichtsforschung zur Didaktik der deutschen Sprache und Literatur. In: Handbuch der Unterrichtsforschung. Hrsg. von K. Ingenkamp und E. Parey. Weinheim 1970
U. Oevermann: Schichtenspezifische Formen des Sprachverhaltens und ihr Einfluß auf die kognitiven Prozesse. In: Begabung und Lernen. Ergebnisse und Folgerungen neuer Forschungen. Hrsg. von H. Roth. 2. Aufl., Stuttgart 1969, S. 297–355. (Deutscher Bildungsrat, Gutachten und Studien der Bildungskommission, 4.)
W. Schmidt: Grundfragen der deutschen Grammatik. Eine Einführung in die funktionale Sprachlehre, Berlin 1966
Sprache und Erziehung. Bericht über die Arbeitstagung der Deutschen Gesellschaft für Erziehungswissenschaft vom 7. bis 10. April 1968 in Göttingen. Hrsg. von O. F. Bollnow. Zeitschr. f. Pädagogik. 7. Beiheft, Weinheim 1968 – Darin besonders die Beiträge von Roeder, v. Hentig, Eggers und Glinz.

| Zur Sprache des Kindes. | Hrsg. von H. Helmers, Darmstadt 1969. (Wege der Forschung, Bd. XLII) – Darin besonders die Beiträge von Bernstein, Gerth, Bakker, Pregel und Helmers. |

Neuere Sprachen

F. Billows:	The Techniques of Language Teaching, London 1962
K. Flechsig:	Neusprachlicher Unterricht I u. II, Weinheim 1965 u. 1969
J. Gauntlett:	Teaching English as a Foreign Language, London 1957
A. Hornby:	A Guide to Patterns and Usage in English, 5. Auflage, London 1959
H. Hörmann:	Psychologie der Sprache, Berlin 1967
P. Kahl:	Muttersprache und Fremdsprache im Englischunterricht der Volks- und Mittelschulen, Weinheim 1962
P. King:	Technik und Arbeitsformen des Sprachlabors, Berlin 1964
R. Lado:	Language Teaching, New York 1964
R. Lado:	Language Testing, London 1961
F. Leisinger:	Elemente des neusprachlichen Unterrichts, Stuttgart 1966
W. Mackey:	Language Teaching Analysis, London 1965
E. Stack:	The Language Laboratory and Modern Language Teaching, New York 1960
H. H. Stern:	Languages and the Young School Child, London 1969
M. West:	A General Service List of English Words, London 1953
R. Zandvoort:	A Handbook of English Grammar, London 1950[4]

Mathematik

W. Breidenbach:	Methodik des Mathematikunterrichts in Grund- und Hauptschulen, Hannover 1969
F. Drenckhahn:	Der mathematische Unterricht für die 6–15jährige Jugend in der Bundesrepublik Deutschland, Göttingen 1958
E. Fettweis/ H. Schlechtweg:	Didaktik und Methodik des Rechenunterrichts, Paderborn 1965
H. Griesel:	Moderne Mathematik für Lehrer und Studenten, Hannover 1971
H. Meschkowski (Hrsg):	Mathematik-Duden für Lehrer, Mannheim 1969
W. Oehl:	Der Rechenunterricht in der Hauptschule, Hannover 1965
H. Schupp:	Lehrerhandbuch – Mathematik, Weinheim/Berlin 1967
H. Schwartze:	Grundriß des mathematischen Unterrichts, Weinheim 1967
K. Strunz:	Der neue Mathematik-Unterricht in pädagogisch-psychologischer Sicht, Heidelberg 1968
G. Wolff (Hrsg):	Handbuch der Schulmathematik, Hannover 1960–63

Kunstunterricht

R. Arnheim:	Kunst und Sehen, Berlin 1965
W. Ebert:	Didaktik der Bildenden Kunst, München 1969 Kunstdidaktik zwischen Kunst und Wissenschaft, Weinheim 1971[2]
H. K. Ehmer (Hrsg):	Kunstunterricht und Gegenwart, Frankfurt 1967

K.-H. Flechsig:	Erziehen zur Kreativität. In: Die Neue Sammlung, 6. Jg. (1966)
K. Kowalski:	Praxis der Kunsterziehung, Stuttgart 1968
ders.:	Praxis der Kunsterziehung 2, Stuttgart 1970
H. R. Möller:	Gegen den Kunstunterricht, Ravensburg 1970
G. Mühle:	Entwicklungspsychologie des zeichnerischen Gestaltens, München 1955
G. Otto:	Kunst als Prozeß im Unterricht, Braunschweig 1969[2]
ders.:	Bildende Kunst. In: Westermann Lesebuch für die Hauptschule – Analysen und Interpretationen, Braunschweig 1969
R. Pfennig:	Gegenwart der Bildenden Kunst – Erziehung zum bildnerischen Denken, Oldenburg 1967[2]
H. Ronge (Hrsg.):	Kunst und Kybernetik, Köln 1968
Otto Trümper (Hrsg.):	Handbuch der Kunst- und Werkerziehung, Berlin seit 1953 ff.

Leibeserziehung

	Beiträge zur Lehre und Forschung der Leibeserziehung Schorndorf, ab 1959
	Schriftenreihe zur Praxis der Leibeserziehung Schorndorf, ab 1962
H. Altrock/ H. Karger:	Schule und Leibeserziehung, Bde. 1–4, Frankfurt 1957/61
H. Groll:	Idee und Gestaltung der Leibesübungen von heute, Wien 1957
O. Hanebuth:	Grundschulung zur sportlichen Leistung, Frankfurt 1961[3]
derselbe:	Der Rhythmus in den Leibesübungen, Frankfurt 1961
K. Meinel:	Bewegungslehre, Berlin-O (DDR) 1962
L. Mester:	Planvolle Leibeserziehung im Kindesalter, Homburg 1961
H. Möckelmann:	Leibeserziehung und jugendliche Entwicklung, Schorndorf 1964[5]
O. Neumann:	Sport und Persönlichkeit, München 1957
K. Paschen:	Didaktik der Leibeserziehung, Frankfurt 1961

Chemie

W. Flörke:	Unfallverhütung im chemischen Unterricht, Heidelberg 1955
G. Kerschensteiner:	Wesen und Wert des naturwissenschaftlichen Unterrichts, München/Düsseldorf 1952[4]
W. Kinttof/ A. Wagner:	Handbuch der Schulchemie, 2 Bde., Köln 1961/62
H. Mothes:	Methodik und Didaktik der Naturlehre, Frankenberg 1957
H. Römpp:	Chemie des Alltags, Stuttgart 1959
C. Schietzel:	Technik und Natur, Theorie und Praxis einer Sachkunde, Braunschweig 1960
K. Schmitt:	Naturlehre, polytechnisch oder exemplarisch? Bochum o. J.
M. Wagenschein:	Die pädagogische Dimension der Physik, Braunschweig 1962
K. Zietz:	Kind und physische Welt, München 1963[2]

Überfachlicher Unterricht

P. Heimann: Zur Bildungssituation der Volksschuloberstufe in der Kultur und Gesellschaft der Gegenwart. In: H. Roth/ A. Blumenthal (Hrsg.), Das 9. und 10. Schuljahr, Hannover 1963

W. Klafki: Die Einführung in die Arbeits- und Wirtschaftswelt und ihre gesellschaftlich-politische Bedeutung als Aufgabe der Volksschuloberstufe. In: W. Klafki/G. Kiel/ J. Schwerdtfeger, Die Arbeits- und Wirtschaftswelt im Unterricht der Volksschule und des Gymnasiums, Heidelberg 1964

U.-J. Kledzik
(Hrsg.):   Entwurf einer Hauptschule, Hannover 1967
ders.:   Unterrichtsplanung – Beispiel Hauptschule, Hannover 1969

I. Lichtenstein-
Rother: Gedanken zur inhaltlichen und methodischen Struktur der Volksschule. In: Zeitschrift für Pädagogik, 3. Beiheft, Weinheim 1963

B. Linke: Das 9. Volksschuljahr, Bochum o. J.
W. G. Mayer: Oberstufe heute – Theorie und Praxis der ganzheitlichen Bildung auf der Volksschuloberstufe, Bd. 1, Essen 1960, Bd. 2, Essen 1961

E. Meyer: Praxis des Exemplarischen, Stuttgart 1962
H. Newe: Politische Weltkunde in der Schule, Kiel 1963
W. Northemann: Überfachlicher Unterricht in Abschlußklassen der Volksschuloberstufe. Die Deutsche Schule, 3/1967
ders.:   Überfachlicher Unterricht. In: U.-J. Kledzik (Hrsg.), Entwurf einer Hauptschule, Hannover 1967
ders.:   Weltkunde. In: U.-J. Kledzik (Hrsg.), Unterrichtsplanung – Beispiel Hauptschule, Hannover 1969
ders.:   Weltkunde – Komplexe Sachverhalte der umgebenden Wirklichkeit als inhaltliche Variablen in Lehr- und Lernprozessen der Hauptschule. In: W. Northemann/ G. Otto, Geplante Information, Weinheim 1969

R. Rahmeyer: Politische Bildung durch Unterricht im 6.–10. (11.) Schuljahr, Hannover 1968
E. Schade: Formen des Gesamtunterrichts und des ganzheitlichen Unterrichts auf der Volksschuloberstufe, Frankfurt 1963
G. Schlaak: Zur Formalstruktur überfachlicher Unterrichtseinheiten in 9. und 10. Hauptschulklassen. Die Deutsche Schule, 10 und 11/1968
ders.:   Sachbibliographie für Weltkunde. In: U.-J. Kledzik (Hrsg.), Unterrichtsplanung – Beispiel Hauptschule, Hannover 1969
K. Stöcker: Die Problematik des Fach- und Gesamtunterrichts. Handbuch f. Lehrer, Bd. 2, Gütersloh 1961
E. Voigt: Der fächerübergreifende Unterricht in der 9. und 10. Klasse. In: U.-J. Kledzik (Hrsg.), Die OPZ in Berlin, Hannover 1963

REGISTER